誰教壞了你的孩子

愛說謊、亂打人、沒禮貌，
不立即糾正，小心孩子越長越歪！

上學就要遲到了，孩子卻滿不在乎？
催孩子寫作業，總是不得不拿出「愛的小手」？
逛街不買玩具，孩子當場大哭大鬧，讓你又氣又尷尬嗎？

任性、愛拖延、不負責任、衛生習慣差……
偶爾的放任和縱容，竟成為孩子日後走上歧途的原因？

為人父母，絕對不是一件容易的事；

也因此，你更需要專家的建議，教出有好習慣的孩子！

孫桂菲，陳雪梅 編著

目錄

目錄 ————————————————————

第五章　培養孩子的社交能力

第六章　教孩子從小「會說話」

目錄

第七章　讓孩子養成良好的學習習慣

第八章　杜絕小問題，塑造好品行

目錄 —————————————————————

前言

　　什麼是「習慣」？所謂「習慣」就是指在長時間裡逐漸養成的、一時不容易改變的行為或傾向。曾有位專家觀察過德國的酒鬼，他發現：在德國，即使是一個喝醉酒的人，也不會隨地亂丟酒瓶，而是搖搖晃晃地為手裡的空酒瓶尋找垃圾桶……這就是典型的習慣。從這一調查中我們不難得出這樣的結論：德國人之所以以認真聞名世界，與他們平時注意細節的養成是分不開的。從細節看習慣，說的就是這個道理。

　　偉大的思想家培根（Francis Bacon）說過：「人們的行動，多半取決於習慣。一切的天性和諾言，都不如習慣有力。」俄羅斯著名的教育家烏申斯基（Konstantin Ushinsky）也說過：「如果你養成好的習慣，它的利息，你一輩子都享受不盡；如果你養成壞的習慣，它的債務，你一輩子都償還不清。」而任何一種習慣的養成都是一個長期的過程，是由一切看似不經意的細節行為累積而成的。由此看來，家庭教育有著不容忽視的重要性。

　　美國一位心理學家為了研究早期教育對人一生的影響，在全美選出 100 個人，分別寄信給他們，請他們談談自己的母親對他們的影響。信發出去不久，他收到了許多回信，其中有兩封回信談到的是同一件事情：小時候母親分蘋果給他們。

　　這兩封信，一封來自美國白宮的一位著名人士，一封來自一個仍在監獄服刑的犯人。

　　那封來自監獄的信說：「小時候，有一天媽媽拿來幾個蘋果，紅紅的，大小各不相同。我很想要那個又大又紅的，這時，弟弟搶先說出了我想說的話，媽媽聽了很不高興地瞪了他一眼，並責備他。我靈機一動，改口說：『媽媽，我要那個最小的，最大的留給弟弟吧。』媽媽聽了非常高興，在我的

臉上親了一下，並誇我是一個好孩子，還把那個又紅又大的蘋果給了我。我說謊話，卻得到了我想要的東西，從此，我學會了說謊。後來我又學會了打架、偷盜、搶劫，為了得到想要的東西，我不擇手段，直到我被送進監獄。」

那封來自白宮的信說：「小時候，有一天媽媽拿來幾個大小不一的蘋果，我和弟弟們都急著要大的，但媽媽把那個最大的蘋果舉在手上，對我們說：『你們誰都想得到它，很好，現在讓我們來比賽。我把門前的草坪分成三塊，你們三個人一人一塊，負責修剪好，誰做得最快最好，誰就有權得到它。』比賽結束後，我贏得了那個最大最紅最好吃的蘋果。我非常感謝母親，她讓我明白了一個最簡單而又最重要的道理：要想得到最好的，就必須努力爭取第一。你想要什麼、想要多少，就必須為此付出多少努力和代價。」

播下什麼樣的種子，就會收穫什麼樣的果實。拿幾個蘋果分給孩子們，這件事看似簡單，卻因家長不同的教育方式而成就了兩個不同命運的孩子，可見，家庭教育對孩子一生習慣的養成具有決定性的力量。

很多時候，孩子因自身理解能力的有限，不具備明辨是非曲直的能力，當孩子在一些細節、認知上出現問題的時候，家長如果不能及時地給予引導和幫助，長此以往，就可能使孩子養成不良的行為習慣。古人說：「求木之長者，必固其根本；欲流之遠者，必浚其泉源。」可見，從小讓孩子養成良好的行為習慣有著極為重要的意義。

當然，良好習慣的養成，與家長正確的教育觀念和教育方式是分不開的。對於孩子來說，良好的習慣不是一蹴而就的，它是一個長期鍛鍊的過程。要培養孩子良好的習慣，家長應從細節入手，有小問題馬上讓孩子改進，有好行為則讓他持之以恆，不求一時的速度和效率，尊重每個孩子的差異，長此以往，必然能夠培養出一個習慣良好的孩子。

本書的編者憑藉多年的實踐經驗，在十多個國家的相關教育基礎之上，編著此書。書中宣導「壞毛病快快改，好習慣慢慢養」的教育理念，以生動、詳實的事例為輔，為家長教育孩子提供一些參考。

　　最後，身為本書的作者，衷心希望每一位家長都能從本書中受益，輕鬆解決孩子的種種問題，讓孩子們健康快樂地成長。

第一章　好習慣，一生的本錢

俄國教育家烏申斯基說：「好習慣是人在神經系統中存放的資本，這個資本會不斷增長，一個人畢生都可以享用到它的利息。」

成功的教育不是傳授給孩子多少知識，而是從孩子良好習慣的養成開始的。讓孩子從小養成一些好的習慣，等於為孩子的一生存下了本錢。

第一章 好習慣，一生的本錢

好習慣是一種力量

在太極洞內，有一塊狀如臥兔的石頭。石頭正中央有一個光滑圓潤的小洞。這個小洞是怎麼形成的呢？原來，在這塊石頭的上方，有水滴接連不斷地從石縫中滴落，而且總是落在同一個地方。幾百年過去了，幾千年，甚至幾萬年……水滴鍥而不捨，終於滴穿了這塊石頭，成為今天太極洞內的一大奇觀。

我們知道，一滴水的力量微不足道，然而，它目標專一，持之以恆，日積月累之下，就把石頭滴穿了。這就是「習慣」的力量。培根說：「習慣是一種頑強的巨大力量，它可以主宰人的一生。」愛比克泰德（Epictetus）也說：「是否真有幸福並非取決於人的大性，而是取決於人的習慣。」事實也是如此，良好的習慣帶給人的不僅是機會、成功、驚人的爆發力，還有終身享用不盡的利息。

在巴黎的一個宴會上，與會者都是各國的諾貝爾獎得主。

在宴會上，主人問其中一個來賓：「你的成功是從哪所大學、哪間實驗室裡學到的呢？」這個來賓給了主人一個出乎意料的回答：「不是別的地方，而是幼稚園！」主人睜大了雙眼問：「哦，是嗎？說說看，你在幼稚園都學到了什麼，以至於讓你後來拿到諾貝爾獎！」

這位來賓回答說：「沒有什麼，我只是學會了把自己的東西分一半給朋友們，不是自己的東西不要拿，自己的東西不亂放，飯前和如廁後要洗手，做錯事要表示歉意，午飯後要休息，學習要多思考，要仔細觀察大自然。從根本上說，我學到的全部東西就是這些。」

與會的所有人都對這位諾貝爾獎得主的回答報以熱烈的掌聲。與這位科學家一樣，其他在學術、事業上卓然有成的人也都普遍認為，他們終生所學到最重要的就是家長和老師們從小教給他們的良好習慣。

英國詩人德萊頓（John Dryden）說：「首先我們養出了習慣，隨後習慣養出了我們。」事實也是如此。

富蘭克林（Benjamin Franklin）不僅是偉大的科學家，而且還是著名的作家、外交家、畫家、哲學家，他自修法文、西班牙文、義大利文、拉丁文，並引導美國走上獨立之路，他的成功都源自於小時候就養成的良好習慣。

在富蘭克林還是個小孩的時候，他就列出了獲得成功不可缺少的幾種習慣：節制、沉默、守序、果斷、節儉、勤奮、誠懇、公正、中庸、整潔、冷靜、純潔和謙遜。富蘭克林每天都看著這張清單，然後告誡自己，一定要養成這些可以獲得成功的習慣。

為了督促自己，他設計了一個成功紀錄表，每一種習慣都占據一頁，畫好格子，每天睡覺前都要反省自己，看看是不是按照紀錄表上的要求去做了，是不是養成習慣了。

伴隨著這些習慣的養成，富蘭克林越來越有成就，最後帶著這些習慣走向成功。

富蘭克林在 79 歲時，把自己的一生記錄在自傳當中。在那本不朽的自傳中，富蘭克林花了整整 15 頁紙，特別記述了他的一項偉大發明，他認為，他的一切成功與幸福都來自於這項偉大的發明，那就是要養成良好的習慣。

富蘭克林在自傳中強調：「我希望我的子孫後代都能夠擁有良好的習慣，並從這些習慣中收獲最大的成功。」

與富蘭克林的故事有異曲同工之妙的還有蘇聯空軍的太空飛行員 —— 尤里‧加加林（Yuri Gagarin）的故事。

1960 年代，蘇聯的科技發展迅速，他們發射了世界上第一艘太空梭，飛行員加加林很幸運地成為第一個進入太空的地球人。

第一章　好習慣，一生的本錢

但是，在選拔第一個進入太空的人時，蘇聯空軍費了很大的工夫，因為他們要從幾十個飛行員中選出僅有的一個人。在這些飛行員中，他們各方面的能力都很接近，沒有什麼太大的差別，但是名額只有一個，要在這些人中選出最優秀的一個，的確不容易。

蘇聯空軍安排這些飛行員去參觀即將發射的太空梭，在進艙門的時候，只有加加林一個人是脫了鞋子進艙的，正是這個動作被太空梭的設計師看到了，設計師想，只有把這太空梭交給一個如此愛惜它的人，他才放心。在他的推薦下，加加林就成為人類史上第一個飛上太空的太空人。所以有人開玩笑地說：「成功從脫鞋開始。」

加加林的成功，實際上源於他那個不經意的動作。這個看上去不起眼的動作卻得到了太空梭的設計師的肯定，獲得了「飛天」的機會。所以有人說，一個人能否成就一番大事業，能否擁有美好的未來，不用去聽他口若懸河的言語，只需要看他是否有良好的行為習慣就足夠了。

.... ※ ....

有一位老師如此形容他教過的學生：「我每年接觸大量的優秀學生，幾乎每一個最終被證明為優秀的孩子，都有這類特徵：他們做事有條不紊，他們習慣良好。」此外，他還講了一個故事：

幾年前，我教過一個小女生。現在她在耶魯大學讀書。

第一次與她溝通的時候，就知道這孩子實力非凡。我是從哪裡看出來的呢？當然有很多細節。不過，有一個細節格外引人注意。

坐下之後，我問她：「今天要處理的事情有哪些？」

通常在我這麼問學生的時候，他們都會很自然地開始回答這個問題，她卻不同，說的是：「老師，稍微等我一下好嗎？」我說：「好。」

她從包裡拿出一個資料夾、鉛筆盒、幾張白紙。我注意到她是把這些東

西「擺好」，而不是「隨手放在桌子上」。把書包放好之後，再打開那個資料夾，我看到她把每一項任務寫在單獨的紙上並分開放在不同的夾層裡面。大約一分鐘的時間，她完成了這一系列的動作，不疾不徐。把寫著第一項任務的紙擺到桌子上，拿起鉛筆之後，她對我說：「老師，今天要處理的事情一共有六項，第一個是……」

一兩分鐘過後，我就得到一個結論，這孩子十分優秀，這些良好的習慣，會使她不知不覺之間就比別人做得更好，而且好很多倍。後來得知她被耶魯大學提前錄取時，我一點都不感到驚訝，只說：「嗯，那是當然。」

.... ※ ....

對於孩子來說，是否從小養成良好的行為習慣，對他以後的成功與發展將有著決定性的影響。因此，身為家長，與其為孩子留下百萬家產，不如幫助孩子從小養成一些良好的習慣。比如，在幼兒時期，要培養孩子自己學會整理、獨立、自覺、禮貌的習慣；等孩子上學了，就要培養他愛讀書、積極學習的好習慣等，這些好習慣都將陪伴、影響他們一生。

對於孩子來說，多一個好習慣，他們的心中就會多一分自信；多一個好習慣，他們人生中就多一分成功的機會；多一個好習慣，他們從此就多了一分享受美好生活的能力。

第一章　好習慣，一生的本錢

一個馬蹄鐵丟了一個國家

俗話說「金無足赤，人無完人。」每個人身上都有各式各樣的小問題，這些問題有的是與生俱來的性格缺陷，有的是後天養成的習慣。這些看似不起眼的問題，對人和事的影響卻是深遠的。相信大家都聽過這個耳熟能詳的故事。

.... ※ ....

1485 年，英格蘭國王理查三世（Richard III）與亨利伯爵（Henry VII）在博斯沃思（Bosworth）展開決戰。此戰役將決定王位新的得主。

戰前，馬夫為國王準備馬蹄鐵。鐵匠因近日來一直忙於為國王軍隊的軍馬打造馬蹄鐵，鐵片已用盡，於是向馬夫請求給他一點時間去找。但馬夫不耐煩地催促道：「國王要打頭陣，等不及了！」

鐵匠只好將一根鐵條截為四份加工成馬掌。當釘到第三個馬掌時，鐵匠又發現釘子不夠了，請求給他時間去找釘子。馬夫道：「上帝，我已經聽見軍號了，我等不及了。」

鐵匠說：「即使只缺少一根釘子，也會不牢固的。但先將就著用吧，不然，國王會降罪於我的。」結果，國王戰馬的第四個馬掌就少了根釘子。

戰鬥開始了，國王率軍衝鋒陷陣。戰鬥中，意外的不幸發生了，他的坐騎因為突然掉了一隻馬蹄鐵而「馬失前蹄」，國王栽倒在地，驚恐的戰馬脫韁而去。國王的不幸使士兵士氣大衰，紛紛調頭逃竄，潰不成軍。伯爵的軍隊圍住了國王。絕望中，國王揮劍長嘆：「上帝，我的國家就毀在了這匹馬上了！」

戰後，民間傳出一首歌謠：少了一根鐵釘，掉了一隻馬蹄；掉了一隻馬蹄，失去一匹戰馬；失去一匹戰馬，失去一場戰役；敗了一場戰役，毀了一個王朝。

一個馬蹄鐵看似微不足道，但它卻決定了一場戰爭的勝負。同理，一些小問題看似不起眼，然而正是這種不起眼的小問題釀出大禍的事情卻並不少見。「挑戰者號」太空梭空中爆炸，飛行員命喪太空，就是因為機身上一道裂縫沒有焊好；有人從高樓隨手往外扔一個酒瓶，結果卻剛好砸死從樓下經過的行人；某人有亂丟菸蒂的壞習慣，一天，他隨手把菸蒂丟進垃圾桶裡，結果垃圾桶著火了，他們家發生火災，甚至殃及住處所在的那棟大樓⋯⋯

由此可見，這些看似不起眼的小問題，其實絕非無傷大雅、無足輕重。很多時候，小問題對一個人的影響不僅僅是當下的、即時的，更是久遠的、深刻的。

⋯⋯⋯⋯⋯⋯⋯⋯⋯⋯⋯⋯⋯⋯⋯⋯⋯ ※ ⋯⋯⋯⋯⋯⋯⋯⋯⋯⋯⋯⋯⋯⋯⋯⋯⋯

有一個年輕人長得高大英俊，高職畢業後，進入了當地的一間高級飯店當服務生。有一天，他從總經理面前走過，被總經理叫住了：「年輕人，過來。」他一看總經理叫他，心裡頓時激動起來。畢竟在五星級飯店，一個總經理是不會隨便跟員工交談的。

總經理問：「年輕人，你會走路嗎？」

「會呀，我這不就是在走路嗎？」年輕人滿臉疑惑地回答。

總經理說：「那你走一遍讓我看看。」

年輕人的肩膀一高一低，晃來晃去地來回走了一遍。總經理說：「走路就要有走路的樣子，你這樣肩膀一高一低，晃來晃去，是不是不太好看？你站著，看我走一遍。」

總經理已經是快 60 歲的人了，但是身板挺直，精神奕奕。只見他抬頭挺胸，目視前方，四平八穩地走了一遍，然後告訴年輕人：「這才叫走路，給你一個星期的時間回家練習。練好了，你就來上班；練不好，就不用再來了。」

第一章　好習慣，一生的本錢

　　也許，當初年輕人的家長在教育孩子的時候，根本沒有意識到孩子走路時肩膀一高一低、晃來晃去這樣細微的行為也是一種問題，甚至會影響到他長大以後的某個工作。無獨有偶，還有一個同樣是職場招聘的故事——

　　有一家知名企業招募人才，開出的條件非常豐厚，但是要求也非常嚴格。一群高學歷、有經驗的年輕人經過層層選拔，到了最後一關。最後一關是由公司的總經理面試，他們來到會議室，總經理對他們說：「我有點急事，你們先等我幾分鐘。」總經理離開後，這些人走到總經理的座位前，隨手拿起總經理的文件翻看，有的一邊看還一邊指指點點，甚至說些粗魯的話。

　　過了幾分鐘，總經理回來了，宣布說：「面試已經結束，很遺憾，你們都沒有被錄取。」

　　這些人感到很吃驚：「怎麼面試還沒開始就把我們拒之門外了？」

　　總經理說：「在我剛剛離開的幾分鐘裡，對你們的考察就是公司最後一道面試題，而你們的表現令公司很失望，公司不會錄用一些習慣不好的人。」這些人聽到後，都愣住了。因為從小到大，沒有人告訴過他們這一常識，更談不上如何注重習慣的養成。

　　據說，哲學家柏拉圖（Plato）有一次因為一件小事毫不留情地訓斥了一個小男孩，因為這小男孩總是在玩一個很愚蠢的遊戲。

　　小男孩很不服氣：「您為什麼因為一點雞毛蒜皮的小事而訓斥我？」

　　「如果你經常這樣做就不是雞毛蒜皮的小事了。」柏拉圖回答說，「長此以往，你會養成壞習慣，終生受害。」

　　因此，如果想讓孩子養成良好的習慣，家長千萬不要忽視孩子的「小問題」。正所謂，小洞不補，大洞難防。在日常生活中，我們發現，孩子身上常常有懶惰、依賴心強、不懂禮貌、任性、亂花錢、學習不專心等問題，家長不要以為這不過是些小問題就不加以重視。如果孩子身上的這些小問題

不改，隨著年齡的增長，他們的問題也會越來越多，也越來越難處理！因此，及時糾正孩子的壞毛病，培養孩子良好的習慣，是家長教育孩子的最佳方式。

別讓壞毛病「跑」起來

會開車的家長都有這樣的經驗：車子停下來時，為了防止車子因為慣性而滑行，會在車輪下塞一塊石頭。

車沒有跑起來時，一塊石頭就能幫你擋住一輛車，如果車跑起來，而且跑得很快，一棵樹都能被它撞斷，要再攔住它就很難了。「習慣」也是同樣的道理，壞習慣還沒養成，防範就很容易；壞習慣一旦養成，想改就很麻煩了。因此，家長要做到，防範孩子養成壞習慣，在孩子的壞毛病剛萌芽，還沒「跑」起來的時候，家長應該及時「用塊石頭」擋住它。

那麼，如何才能防止孩子出現不良的行為習慣呢？專家認為，要防止孩子養成不良的行為習慣，家長需要為孩了制訂一些基本的規則。以下是防止孩子出現不良行為的七個步驟。

1. 設定簡單明瞭的規矩。你可以這樣想：如果你把話說死，不留下重新詮釋的空間，就可以避免以後的爭論。請好好想想以下兩句話的區別：「哦，好吧，你可以吃一塊餅乾。」（這為你的孩子留下了無窮的希望，也許要第二塊也沒問題哦！）和「你可以吃一塊餅乾，不過，不能再要第二塊。」

2. 不管怎樣都要堅持這些規矩。我們都有過這樣的時候，我們對孩子說不能再吃第二塊餅乾，可是之後又會勸告自己其實沒必要這麼苛刻。也許這一次吃第二塊餅乾其實沒什麼問題，可是你真的想要每次你設定了一

個規矩之後就來反悔嗎？如果你第一次反悔了，可能以後都會反悔。可見，堅持定下的規矩十分重要。

3. 不要對孩子的乞求讓步。很多時候，家長容易心軟，孩子稍微露出可憐的模樣，家長就會「繳械投降」，家長的這種做法讓孩子意識到「乞求」非常好用，以後他要違反規矩的話，他自然會想到這一招。這無疑是在幫助孩子加固他的壞習慣。

4. 讓你的孩子說服你。如果你的孩子想要某樣東西，而你還沒想好要不要答應他，那就讓他給出充分的理由來吧。比如說，他想看喜歡的電視節目，如果他說他的作業都做完了，鋼琴也練完了，你就完全可以放心地答應他的要求！

5. 要求孩子做家事。什麼家事都不會做，對你的孩子來說沒有一點好處。有研究表明，能把家務做好並有責任感，有助於孩子具備應對挫折的能力。

6. 不要害怕讓孩子失望。我們都不願意看到自己的孩子傷心難過，有句話說得好：「你不可能總是想要什麼，就能得到什麼。」而且也有研究表明，學會接受失望，會讓你的孩子受益匪淺，他在今後的人生中會更懂得如何應對心理壓力。

7. 讓孩子努力爭取自己想要的東西。很多專家都認為，如果太容易取得想要的東西，孩子們就會被寵壞，因為這會讓他們認為自己得到的一切都是應該的。如果你的孩子想要一輛新的腳踏車，你就可以建立一套獎勵機制，讓他自己一步步地努力。

總之，在孩子還沒養成壞習慣以前，只要家長注意自己的教育方法，給予孩子正確的引導，就能收到意想不到的成效。

良好的習慣應從小培養

壞毛病要防範，而好習慣更應該培養。良好習慣的內容包括很多方面。為了方便實際操作，我們把良好習慣分為生活習慣、行為習慣和學習習慣。

- 生活習慣：勞動習慣、衛生習慣和生活規律習慣等都屬於生活習慣。培養生活習慣是為了培養孩子生活自理的能力。如吃飯前、如廁後、遊戲後洗手；吃飯安靜、不浪費、衛生；按時午睡，不影響他人休息；衣著整潔；休假日的生活安排合理、有規律；物品擺放整齊、有秩序等。

- 行為習慣：強調「遵守秩序，講究公德」。要求孩子見到老師和客人主動問好；搭車排隊、安靜、有秩序，在公共場所要有禮貌，有安全意識；上、下樓梯輕聲慢步靠右行，懂得謙讓；愛護環境，看見垃圾能主動撿起；活動時不追逐打鬧、大聲喧嘩，積極參與健康的活動等。禮儀、言行舉止等都屬於行為習慣。

- 學習習慣：我們根據年齡段的不同提出不同的要求。幼稚園培養注意傾聽，回答問題聲音洪亮、大方得體；讀書、握筆姿勢正確，專心聽講，積極思考，不懂就問。說話習慣、思維習慣、專心聽講的習慣、書寫認真的習慣、獨立完成作業的習慣等都屬於學習習慣。

有句俗語說：「少成若天性，習慣成自然。」意思就是小時候形成的良好行為習慣和天生的一樣牢固。的確，兒童期是形成習慣的關鍵時期。因為，孩子年齡小的時候可塑性強，比較聽話，好訓練，所以培養各種良好習慣最容易見效。從長遠來看，養成良好的習慣，對孩子的影響是一生的。

那麼，如何才能讓孩子從小養成良好的習慣呢？

- 提高自覺：我們可以以講故事的形式，讓孩子透過分析案例等各種方式來進行，使他們切身感受到習慣的重要性。要讓孩子自己覺得：習慣這

第一章 好習慣，一生的本錢

麼重要，我非常需要形成一種好習慣。用各種教育行動進行榜樣教育，也是提高自覺的好方法。

- 明確規範：定家規，定班規。制訂習慣培養目標，一定要讓學生、父母和老師都參與。要一個一個制訂具體的培養目標，能夠三個月或半年培養一個習慣都是很好的。

- 持久訓練：美國著名教育家賀拉斯‧曼（Horace Mann）說過：「習慣像一根纜繩，我們每天在上面纏上一股新索，過不了多久，它就會變得牢不可破。」任何行為習慣的養成，都需要訓練乃至於強化。

  習慣的培養最主要的方法是訓練，習慣不是說出來的，而是練出來的。訓練要反覆、嚴格，更要貼近生活，具體而有實際效果。只有反覆訓練才能形成自然的、一貫的、穩定的習慣，這是人的生理機制所決定的。

  如一位家長所述：從孩子一歲半開始，我堅持每天晚上睡覺前說故事給他聽，在每天做飯的空檔有意識地提問，讓孩子回顧曾聽過的故事內容，逐漸地孩子愛上了閱讀並養成了習慣，當他四歲半時，參加全國舉行的幼兒故事大賽獲得了前 20 名的好成績。上小學時由於孩子閱讀的知識面很廣泛，老師曾問我，孩子是不是上過學，為什麼知道那麼多知識。那時由於條件有限，我給孩子的獎勵都是書，如《十萬個為什麼》、《植物奇觀》、《西遊記》等等。一直到孩子長大以後，孩子依然有愛看書的好習慣。

  值得家長們注意的是，一個行為習慣的形成一定要訓練兩個月以上。但是這訓練要進行分析、評估、引導、訓練等，這些都是不可缺少的環節。

- 及時表揚：每個孩子都需要表揚。因此，在孩子的好習慣的培養過程中，家長一定要注意孩子的積極性。用各種方式給予孩子表揚、引導。當然必要的批評也是需要的，在指出孩子某個缺點前，首先表揚他兩個優點，

這樣孩子就會樂於改正缺點。家長的表揚適時，對孩子的督促力量也是巨大的。從另一方面來說，還能讓孩子鞏固其良好的習慣。

· 形成環境：孩子的心理特點之一就是愛模仿。「榜樣」在行為習慣的養成上力量不容小覷。培養孩子良好的習慣，不能只靠說教，更重要的是以身作則，塑造環境，給孩子一個看得見的「標竿」。在孩子每天的學習生活中耳濡目染的都是好習慣，再加上孩子年齡小，可塑性、模仿能力強的特點，孩子的行為習慣就很容易得到強化。

另外，家長要有教育意識，什麼可以在孩子面前說，什麼不可以在孩子面前說，要有所區別。

習慣是在不斷重複和練習中逐步形成的，要培養孩子良好的習慣不能貪快，而應有計畫地一步一步實施，一個習慣一個習慣漸次培養。例如，想在孩子剛入幼稚園時就要求他們高高興興地上學，家長就得要堅持每天送孩子去學校，要看到孩子身上一天一天的進步。

當然，良好習慣的養成不是一朝一夕的，在養成良好習慣的過程中，往往會出現反效果，這樣，平時的督促就顯得更為重要了，要透過慣例的督促檢查，使孩子在不斷實踐中養成自覺的習慣。

第一章　好習慣，一生的本錢

有「問題」要立即糾正

當你發現自己的孩子身上居然存在很多說大不大、說小不小的「毛病」時，你會怎麼辦呢？是搖頭嘆息、遷就放任？還是發怒、打罵、強迫他改正呢？事實證明，以上的兩種教育方式非但不能讓孩子的壞毛病得到有效的遏制，還可能讓孩子形成其他壞毛病。正確的方法是：認真思考孩子壞毛病形成的原因和動機，然後採用正確的方法，輕輕鬆鬆地處理孩子的「壞毛病」。

烏申斯基說：「神經體不僅可以有先天的反射，而且在活動的影響下也有掌握新的反射能力。」也就是說，經過教育、培養，人是可以形成新的習慣、新的反射的。我們完全可以透過訓練來矯正孩子們的不良行為。以下是糾正孩子不良行為的具體方法：

1. 要善於發現：很多家長在孩子的壞習慣已經形成很久了之後，還渾然不覺。因此，要想有效地將孩子的壞習慣遏制在萌芽狀態，家長應有一雙善於發現的眼睛。比如，孩子第一次因為不讓他買喜歡的東西哭泣時，家長不要為了讓孩子不哭就滿足他。應該知道，這是孩子形成任性壞習慣的端倪。這時候，家長可以採用暫不搭理的方式教育孩子。等到孩子的情緒趨於平靜以後，再向孩子講道理。

2. 重視孩子的第一次：習慣的養成往往是從第一次開始的，家長應重視並抓住這每一個「第一次」的教育時機，這是防範不良習慣、養成良好習慣的開端。

有一位母親這樣談到：記得女兒在三歲時，有一次吃飯，她第一次將自己最喜歡吃的菜整盤移到自己的身邊，害怕別人吃光了，我指責她時，她甩掉筷子賭氣不吃飯了。我就狠下心，不但不哄她吃飯，反而將菜全部吃掉，將她冷落在一邊不管，過了一陣子，她看我不理她，反而主動

跟我說：「媽媽，對不起，我再也不敢了。」這時，我才跟她說：「這樣做太沒禮貌了，不是個聽話的好孩子。」然後重新去炒了菜給她吃。

有了這「第一次」經驗，孩子顯得比其他的孩子懂事、有禮貌多了，有好吃的東西，總會自覺地說：「好東西我們一起吃！」

這就是第一次的重要性。因為有了第一次，才會有第二次、第三次⋯⋯壞的習慣一旦養成了，以後想要再改就比較費力了。

3. 要「及時」，不可錯過時機：對孩子的引導和教育要適時，一般情況下，可以在壞習慣出現後立即進行。例如，孩子不洗手就吃東西，一發現，就應該馬上教育他。可一邊跟他講病從口入的故事，一邊督促其洗手。如果下次吃東西時孩子先洗手了，就要及時地表揚他。

4. 用遞減法減去孩子的不良行為：有一位媽媽，兒子已經上五年級了，但寫作業總是慢吞吞的。在專家的指導下，媽媽開始採取培養習慣的措施。

有一天，媽媽經過觀察發現兒子寫 10 分鐘的作業就會站起來，一下子打開冰箱看看有沒有什麼好吃的，一下子打開電視看看卡通開始了沒，一下子又在屋子裡走兩圈。這樣寫作業能不慢吞吞嗎？

媽媽對兒子說：「你是一個很聰明的孩子，但是我剛才幫你數了數，一個小時你就站起來了 7 次，這是不是太多了。我看你寫一個小時的作業站起來 3 次就差不多了吧。」兒子愣住了，想不到媽媽還會留有空間。

媽媽繼續說，「你如果一個小時內站起來不超過 3 次，當天晚上的卡通隨便看。」兒子聽了高興得不得了。媽媽又說，「先不要急著開心，有賞必有罰。如果你寫作業一小時內站起來超過了 3 次。當天晚上的電視就不能看，包括卡通。」

於是，母子倆達成了協議。

第一章　好習慣，一生的本錢

5 天下來，兒子有 3 天做到寫作業一小時內站起來不超過 3 回，於是興高采烈地看了卡通。但是有 2 天忘了，沒做到，一到了 6 點就著急了，因為不能看卡通。但是怎麼央求媽媽都不給看。

在媽媽的嚴格訓練下，孩子終於慢慢養成了自我控制的能力和寫作業專心的習慣。其實，對於孩子來說，真正的教育是自我教育，真正的控制是自我控制。孩子唯有養成自我控制的習慣，才能改掉自身的壞毛病。

5. 冷靜地與孩子溝通：如果孩子表現出某種不良行為，大人盡量不要大動肝火，要用平靜、愛護的口氣與其對話。每次在和孩子說話前做一個深呼吸，盡量讓自己保持冷靜。這樣，孩子才能在感情上與父母接軌並互相溝通。如果父母居高臨下、盛氣凌人，甚至大動肝火、怒氣沖沖，孩子就會在感情上懼而遠之。這不但不利於大人了解孩子壞習慣的形成原因與動機，也不利於教育行動的落實。

6. 落實協議，當場糾正孩子的錯誤行為：即使孩子的不良行為依然沒有改正的跡象，也要堅持完成你和孩子之間達成的協議。你必須維持協議的一致性，而且要做到言出必行，這樣孩子就會明白你是認真的。一旦孩子出現不恰當的行為，你就應該馬上加以糾正。

7. 不可要求太高：糾正孩子已養成的壞習慣，家長的要求不能太高，要切合實際，保有耐心，不要指望孩子在短時期內發生奇蹟般的轉變，只要孩子每次都有一點進步就可以了。曾經的壞習慣也可能再次出現，這是正常的，要寬容和理解孩子，不必操之過急，只要引導和教育方法得當，持之以恆，就一定會取得良好的成效。

8. 不可有成見：孩子有了壞習慣，即使是「屢教屢犯」，大人也不能抱有成見，認為「孺子不可教也」。因為這種態度會傷害孩子的自尊心，造成孩子形成壞習慣的動機。這不僅不利於糾正孩子的壞習慣，而且也不

利於孩子其他方面的發展和成長。

9. 務必做到公平：教育的目標不是要把孩子表現出的每個小問題都演變成一場「世界大戰」，因此必須把握尺度，盡力在孩子的養育過程中做到嚴格與公平共存。當孩子的行為與你制訂的規矩有所衝突的時候，一定要調查清楚事情的來龍去脈。在解決你和孩子的爭端時，以下列出的幾個方法或許會對你有所幫助：

- 折衷。「這個時候你本該去寫作業，但是我看你現在專注於練習運球，你能夠答應我在半小時後去寫作業嗎？」請記住，不要讓孩子影響你的判斷，不要做出你認為不公平或不適當的讓步。

- 讓孩子進行選擇。「今天你必須要把家事做完。你想在晚飯前做完還是等吃完晚飯再做呢？」

- 共同解決問題。首先要搞清楚你和孩子是否有可能達成雙方都贊同的協議。這就意味著你需要適當改變一下為孩子制訂的行為規範讓你和孩子都能接受。

- 讓步。如果孩子出現的行為問題是微不足道的瑣碎小事，那麼你不妨答應孩子的要求，但是要確保孩子能給出一個充分的理由。同時你也要向孩子解釋清楚這次通融的原因。此外，不管什麼時候如果你犯錯的話，一定要做出讓步，並且要向孩子承認錯誤。

10. 對孩子的努力進行表揚和鼓勵：在改變孩子的行為時，請不要忽視那些最簡單，但往往也是最有效的方式。比如「你剛才和我說話時表現出了對我的尊重，我喜歡這種說話方式。」你說清楚了，孩子才會明白，原

來這種方法是好的。要知道，改變對於每個人來說都是非常困難的，尤其對於孩子而言。因此，你要適時肯定、讚賞孩子付出的努力，表揚孩子的每次進步。

好習慣的養成是一項「長期工程」

大家都知道，一個人的行為習慣是好是壞，並不是與生俱來的，也並非一朝一夕形成的。它是一個日積月累的細節，是長期教育、「慢養」而成的。

生活中，有一些急性子的家長，總想「一蹴可幾」，總是急切地盼望那棵「幼苗」快點長成棟梁。為了能讓孩子盡早養成良好的習慣，家長們完全憑著自己的主觀意願，強迫著孩子向「既定」的方向前進，孩子稍有怠慢，父母就會恨鐵不成鋼。

以下就是這樣的例子 ——

小剛很聰明，可是有一些表現讓媽媽很頭痛。他不是作業沒完成，就是聽寫詞語不會寫，甚至是背不好課文，最後成了班級的吊車尾。

為了讓小剛的學習成績盡快跟上同學，爸爸媽媽對小剛盯得很緊，不讓他上網，不讓他看電視，做完學校的作業還要做爸媽出的習作。

然而，令小剛的爸爸媽媽難過的是，小剛是一塊「朽木」，他們用盡了一切方法都沒有奏效。小剛的成績越來越差，最後開始拒學。

實際上正是因為小剛的爸爸媽媽過於著急想要看到教育效果，才導致小剛出現今天這種局面。試想，一個孩子整天讀書，既不運動，又不玩耍，怎麼會對學習有興趣呢？過度的學習，只會讓孩子身心俱疲，一個厭倦學習的孩子如何能有好表現？又如何能養成良好的學習習慣呢？

俗話說：「欲速則不達。」急於取得教育的成果只能使孩子的發展背離教育者的初衷，致使孩子難以健康發展，甚至還會傷害孩子的心靈，引發多

方面的心理問題。

教育只有「慢」才能出效果。讓「愛」放慢腳步，是以人為本的教育理念的充分體現。其實，父母只要能從「愛」的角度出發，真正從心靈上尊重孩子、關愛孩子，尋求適合他的教育方法，雖然看似慢了，卻可能收到意想不到的效果。讓愛放慢腳步，孩子會在父母的等待中得到信心、勇氣和力量。

不過，現實生活中還是會常常看到下面這種情況：

有一位博士，無論在學術工作、職場上或者為人處世等各方面都做得非常好。

這位博士中年得女，視若掌上明珠。他知道做人比做學問更重要，所以特別注意對女兒性格的培養。

女兒兩歲時，喜歡自顧自地玩耍，大人和她說話她充耳不聞。

博士認為禮貌要從小培養，特別是女孩，更應該「賢慧貞淑，知書達理」。因此，博士就認為不能放任孩子對別人的話充耳不聞。但博士很心急，直接走過去把孩子手裡的東西拿走，嚴肅地告訴她，大人和你說話必須要回答。孩子對他的話毫不在意，反而哭鬧一番，之後還是「故技重施」。

博士不死心，一次次地把女兒從玩耍中拉出來。他堅定地說，我一定要把孩子的壞毛病糾正過來！

要求這麼小的孩子注重禮貌，有如對牛彈琴，她不僅聽不懂，還會受到驚嚇。

這位身為博士的父親並不知道，兩歲的孩子所處的認知發展階段，還沒有建立起人際社交的互動概念。最重要的是，他們這時正處於開始認識世界的關鍵期，對一切都充滿好奇。一張小紙片、一個小玩具就可以讓他沉迷其中。兒童的智力發育、注意力培養、興趣發展都離不開這種「沉迷」。

這些看似無聊的玩耍，正是孩子對未來真正的學習研究進行的「準備工作」。如果父母不了解這一點，無端地經常打擾孩子，不僅會破壞他的注意

第一章 好習慣，一生的本錢

力，使他以後很難集中精力去做一件事情，更會讓他失去探究事物的興趣。

此外，「禮貌教育」頻頻引發的親子衝突，還會導致孩子在認知上的不知所措，打亂孩子正常的心理成長秩序，使他情緒煩躁，並且對環境產生敵意，影響他品行的發展。

教育孩子一定要考慮孩子的認知發展階段，要選擇適合孩子的認知結構或智力結構的教育方法，以孩子認知結構為出發點，按照孩子的認知結構或智力結構來調整內容、進行教育。具體方法如下：

1. 遵循孩子認知發展的階段特徵：孩子認知發展具有明顯的階段性，不同階段有其主要特徵，如 0～2 歲屬於「感覺運動時期」，為了對付當前世界，嬰兒利用天然的動作，如吸吮、抓握、拍擊等，在主觀與人際社交中逐漸實現感覺與動作的分化和精確化；2～7 歲屬於「前運思期」，由於語言的參與，兒童學會了用符號和想像去思維，但其思維不夠系統化，運算規則不合邏輯，有極強的「自我中心主義」；7～11 歲是「具體運思期」，兒童發展了有條不紊的思維能力，但只有在他們能借助於具體對象與活動時才能做到。

2. 等待孩子成長：孩子的成長需要時間，他們的各種能力是慢慢培養出來的。這就是說，父母不要以孩子將來才能達到的能力水準來要求此時的他，不要把自己急於求成的教育理念強加在還沒有成熟的孩子身上。

3. 遵循孩子的成長規律，切勿揠苗助長：父母在讓孩子選擇教育方式時要選擇適合他們年齡階段的教育方式，也就是說不能超出孩子在該年齡階段的認知能力。過早開發孩子潛能是目前社會上的教育風氣，但其實往往是產生反效果。比如讓孩子學畫畫，父母們很早就把孩子送到才藝班去，結果是很早就能畫什麼像什麼，但卻導致孩子喪失了應有的想像力和創造力。為何不讓孩子敞開心扉，自由地塗鴉，體驗自由想像、不受

限制的快樂呢？

4. 不要對孩子無限施壓：大家都知道，若想讓水流得快一點，可以透過施加壓力來達到。現在不少父母對待孩子也與此類似。眼下，許多父母把大部分精力、物力、財力都傾注在孩子身上，希望孩子快點成才。這種高投入產生的高要求，必然使父母少了平常心和耐心，多了苛刻與責難。孩子的自信與能力在這樣的壓力下往往每況愈下，難如人意。因此，在孩子成長的問題上，父母不要給孩子過大的壓力，要在孩子的成長過程中積極地加以引導，不能一味地對孩子提高要求，加重負擔。

總之，教育的長遠性決定了習慣培養的長遠性，因為孩子的成長是一個漫長的體驗過程。只有在慢慢的「體驗」中，孩子才能形成一種穩定的、不易改變的習慣，它像一套自動化程式，支配著孩子不自覺地表現出各種行為。因此，要讓孩子養成好的習慣，需要家長用自己的愛心與耐心，持之以恆地陪伴孩子，在一舉一動、一言一行中逐漸讓孩子養成好習慣。

父母應做好孩子的榜樣

「家庭是習慣的學校，父母是習慣的老師。」這是一位教育家的名言。對於孩子來說，父母的身教是最好、最有效的教育。

有一位父親說：「我是個粗人，職業是計程車司機，每天跑車回來，就愛打幾圈麻將。只要第二天不工作，我就會通宵打麻將。孩子他媽為了這個老是唸我，還叫孩子把我喊回去幾次，我呢，老習慣，改不了了。可是後來我還是狠下心，戒掉了『麻將癮』。你知道為什麼嗎？嘿，我那寶貝兒子，學好的沒那麼容易，學壞的居然一看就會。不知道什麼時候，他就已經學會打麻將了。不敢在家打，也不能到同學家打，他就在外面的遊戲機上玩。我

第一章　好習慣，一生的本錢

打麻將賭錢只是為了刺激，沒有玩太大，但我那兒子可不得了，在遊戲機玩，幾千幾千地輸，輸光了就偷同學的錢、偷家裡的錢。孩子他媽懷疑孩子偷家裡的錢，跟我說，我還不相信，盤問了他兩次，也沒問出來。後來老師找上門來，說孩子在學校偷了同學的錢，還有證人。我頓時火冒三丈，打了孩子一頓。孩子哭得很傷心，說再也不偷了。問他為什麼要偷錢，他說：『你們大人有錢，想怎麼賭就怎麼賭，我沒錢，只能偷。』那一夜我失眠了，想了整整一夜。第二天，我在孩子面前發誓說：『爸爸今後再也不賭了，再賭一次，就剁了這隻手。』從那以後，我不管我的『麻將癮』有多嚴重，都不曾上過麻將桌。孩子也改掉了壞毛病，不再偷錢了。」

這位父親的做法是令人敬佩的，他知錯能改的精神值得我們家長學習。但是我們也許可以試著提出更進一步的要求，在孩子養成這種壞毛病之前，家長就提前做好預防工作，讓孩子不受不良習慣的影響。

人無完人，生活在這個社會裡的人們都具有各式各樣的缺點。有的家長養成了一些不太好的習慣，毫無疑問，這些有著壞習慣的家長，必將為孩子帶來嚴重的負面影響。比如，某個父親好吃懶做，回到家裡只是看電視、看報紙，翹著二郎腿等飯菜上桌。那麼，他的孩子肯定會將這一切看在眼裡，於是也飯來張口，茶來伸手。再比如，某個母親愛趕潮流，買化妝品、保養品，塗脂抹粉，那麼她的女兒也很可能從小就對著鏡子塗口紅，打扮得花枝招展。

父母的生活習慣是他們的私事，任何人都無權說三道四。但一遇上教育子女這個大問題，這個私事也就有了公開討論的必要了。為了孩子的將來，做父母的應該考慮一下自己的一言一行對子女的影響，不要等到出現難以挽回的後果時才亡羊補牢，那就太晚了。

父母的壞習慣會為孩子帶來不容忽視的負面影響，父母的好習慣也同樣會在孩子身上施加難以估量的正面影響。「其身正，不令而行」，當父母所

做的一切都能贏得孩子的尊敬時，不用三令五申，不用大發雷霆、拍桌子、踹板凳，孩子也會自覺地去做。

那麼，家長應養成哪些良好的習慣呢？以下是教育專家對家長應養成的好習慣的建議：

1. 無論什麼時候，都不說「不可能」三個字。
2. 凡事第一反應：找方法，而不是找藉口。
3. 遇到挫折時對自己大聲說：太棒了！
4. 不說消極的話，不陷入消極情緒，一旦出現立即積極處理。
5. 凡事先訂立目標。
6. 凡事預先制定計畫，盡量將目標具象化。
7. 工作時間，每一分、每一秒都做有利於生產的事情。
8. 隨時利用零碎的時間（如等人、排隊等）做事。
9. 守時。
10. 有事情要做，先寫下來，不要太依靠大腦記憶。
11. 隨時記錄自己的靈感。
12. 把重要的觀念、方法寫下來，並貼起來，以隨時提醒自己。
13. 肢體語言要健康有力，不懶散、萎靡。
14. 每天出門前照照鏡子，給自己一個自信的微笑。
15. 每天自我反省一次。
16. 堅持每天運動一次。
17. 在做重要事情前、疲勞時、心情煩躁時、緊張時，靜下來默數一分鐘。
18. 開會時坐在前排。
19. 微笑待人。
20. 用心傾聽，不打斷對方說話。

第一章　好習慣，一生的本錢

21. 說話時聲音有力。

22. 說話之前，先考慮一下對方的感受。

23. 每天有意識、真誠地讚美別人三次以上。

24. 及時寫感謝卡，哪怕是用便條紙寫。

25. 不用訓斥、指責的口吻跟別人說話。

26. 被指責時，不要第一時間先為自己辯護。

27. 每天讀半個小時左右的書。

28. 不管任何方面，每天必須至少做到「進步一點點」。

29. 每天提前 15 分鐘上班，推遲 30 分鐘下班。

30. 每天在下班前用 5 分鐘的時間做一天的整理工作。

31. 定期存錢。

32. 節儉。

33. 時常「腦力激盪」。

34. 恪守誠信，說到做到。

35. 關心家人。

　　總之，擁有好習慣的家長才有可能培養出擁有好習慣的孩子，孩子才有可能走向成功。因此，若想做一個稱職的家長，應該從自身養成良好的習慣開始。

第二章　從生活點滴做起

正所謂，優秀的品格立足於良好習慣的養成。若想把孩子培養成優秀的人才，家長就應該從生活中的小細節著手，杜絕孩子的壞毛病，讓孩子從小養成良好的生活習慣。

第二章　從生活點滴做起

按時作息，早睡早起

　　小遠是小學三年級的學生，今年 8 歲。比起同齡人，他顯得矮小、瘦弱得多。在班上幾乎聽不到他的聲音，他因為經常遲到總是挨老師的罵，上課的時候還老是恍神，一副精神恍惚的樣子，很多時候老師在講什麼他都不知道。於是，班上的同學經常嘲笑他。因此，他也更怯懦、更自卑。

　　可是，一回到家，小遠就像換了一個人似的，跟著鄰居家的哥哥到處跑，玩得不亦樂乎。他最喜歡的就是跟鄰居的哥哥比賽車，通常都是玩到晚上 8 點多才回家，匆匆忙忙寫完作業，他便又自己沉浸在賽車技巧上。這樣一沉迷，通常都要到 10 點多甚至 11 點才睡覺。第二天自然起不來，沒時間吃早餐且又遲到了，只得挨老師的罵，以至於一整天都精神恍惚了。

　　如此惡性循環，小遠的成績遠遠落在班級同學的後面，每次媽媽去開懇親會都覺得很沒面子。究其原因，就是小遠沒能養成按時作息的習慣造成的。

　　生活中像小遠這樣的孩子有很多，因為沒能從小養成良好作息習慣，他們總是晚上玩得不亦樂乎，早上卻怎麼樣都起不來，以至於連早餐都沒吃，還經常遲到，上課也沒有精神。最後影響學習表現、學習成績，甚至嚴重地影響到身體乃至情緒的健康。這對孩子的成長是很不利的。事實上，良好的生活習慣的養成，往往是從每天的作息開始的。按時作息，早睡早起，對孩子的成長有著積極的作用。

- 早睡早起能保證孩子優質的睡眠：衡量孩子是否休息好了的指標不單是睡眠時間，更重要的是睡眠品質。如果孩子能夠早起，白天上課的時間就可以思維活躍，下課就能進行各種活動，一天下來身體能夠適度疲憊，晚上就能夠早點入睡。

- 早睡早起有助於孩子健康成長：睡眠分為深度睡眠和淺度睡眠。當人進入深度睡眠的時候，激素分泌旺盛。激素可以促進人體新陳代謝，對於白天身體和大腦的疲勞有很好的修復效果；如此就能夠促進孩子肌肉與骨骼的成長。早起後如果開始活躍的活動，還能夠強健腿部、腰部，使身體強壯。

- 早睡早起能讓孩子的情緒安定：長期晚睡晚起會引起「時差狀態」，這種狀態下還會產生因睡眠不足而引起的腦內神經傳導物質分泌低下，其後果就是注意力不集中、心情鬱悶、情緒急躁。這都不利於孩子的心理和身體的發育。

- 早睡早起還能增進孩子的食欲：通常早上起床後，如果馬上進食會有食欲不振的感覺。但是如果早上早一點起來後，在吃早餐前有 30 分鐘～ 1 個小時的時間進行活動，這樣就能夠讓孩子好好地吃早餐。上午孩子活動之後會有空腹的感覺，午餐也可以吃得很好。下午 3 點左右的零食時間可以幫孩子稍微補充一下能量，到了晚上 6 ～ 7 點的晚餐時間，孩子吃過的食物基本上也已經消化了，晚餐就能夠很好地吃完。這樣，慢慢地，孩子用餐的節奏也能夠控制得很好。長此以往，有助於孩子建立良好的飲食習慣。

- 早睡早起，孩子的學習效率高：早睡早起的孩子能在白天上課時間更專注地聽課，由於睡眠充足，大腦反應敏捷，學習效率更高。

總之，按時作息、早睡早起有利於孩子養成良好的生活、學習習慣，有利於孩子的身心健康。那些能夠按時作息的孩子，大多身體健康、成績優良。身為家長，應該從小培養孩子按時作息、早睡早起的好習慣。專家建議，要培養孩子按時作息、早睡早起的習慣，家長可以從以下幾點做起。

第二章　從生活點滴做起

· 制訂合理的時間表：如果決定要讓孩子養成早睡早起的好習慣，就要規定好睡覺、起床的時間，並讓其嚴格遵守。如，每天晚上 9 點左右就讓孩子做好睡前準備，準時上床睡覺。時間表的執行，原則上靠孩子的自覺，讓孩子自己學會按時睡覺，按時起床，家長千萬不要三催四請，可以委婉地提醒，但提醒的次數不要太多，以免孩子產生依賴感或厭煩感。

· 睡前要抑制刺激：孩子晚上睡覺前，不要讓他看電視和電影，不打罵、訓斥，不強迫孩子做他不願做的事情。此外還要注意，入睡前不要讓孩子吃宵夜，不能喝茶、咖啡、飲料，不要吃巧克力等。晚餐不要吃得太飽，可以吃一些含有蛋白質的食物。

· 及時表揚，給予正向的強化：孩子在早睡早起方面有所進步時，家長應及時給予表揚或獎勵，但要注意把握分寸，不要表揚得太誇大，也不要漠不關心。

· 不要讓孩子在睡前做劇烈運動：晚上不要讓孩子做一些劇烈的運動，劇烈運動會導致孩子因為興奮而長時間無法入睡，第二天便不能按時起床。睡前可以幫孩子營造一個舒適安靜的氛圍，床鋪要符合孩子的需求，讓孩子做一些安靜的事情，比如看看書、聽聽音樂，或者寫字、畫畫之類的。等孩子感覺到疲倦了，自然就能睡著。

· 要持之以恆，不要打亂固定睡眠時間：無論什麼情況家長都不要輕易打亂孩子固定的睡眠時間。這一點不太容易做到，很多時候，特別是假日，許多家長看孩子早上睡得很香甜，不忍心把孩子叫醒，任其貪睡。這樣，孩子沒能將不睡懶覺的習慣貫徹始終，便很難養成按時睡覺、起床的習慣。因此，若想讓孩子做到按時作息，家長不能遷就孩子，不要因假日、家裡來客人、看電視或打遊戲等改變孩子的睡眠習慣。

值得家長們注意的是，培養孩子早睡早起的習慣，家長同樣要以身作則。

如果家長自己都不講究生活規律，睡覺起床隨心所欲，孩子自然會有樣學樣。

當然，良好睡眠習慣的養成是一個需要持之以恆的工作。孩子因為意志力弱、時間觀念差、獨立性不夠等原因，並不是很容易就能貫徹「按時作息，早睡早起」的準則，這就得要由家長們給予孩子充分的耐心與信心，有始有終地堅持，慢慢地，孩子必能養成良好的睡眠習慣，以充沛的精力投入到生活與學習中去，從而贏得好心情、好成績！

不良的飲食習慣影響健康

我們知道，人體健康成長所需要的一切營養都是從食物中獲得的，食物是一個人維持生命、保證生長發育的基本要素。

當今社會，人們的生活條件日益優越，孩子們想吃什麼就有什麼，理應不存在什麼營養不良的問題。然而，這一問題卻實實在在存在著，孩子因為營養不均衡導致的肥胖、瘦弱等情況屢見不鮮。營養師認為，這些孩子之所以會出現營養不良的情況與他們從小沒有養成良好的飲食習慣有著很大的關係。

在生活中，孩子經常有以下這些不良的飲食習慣。

- 主食吃得很少：現在的孩子主食吃得很少，而且主食越來越精緻，會導致孩子缺乏維生素 B1，容易出現煩躁、夜驚等症狀。
- 不吃蔬菜：現在有些孩子不吃蔬菜和水果，導致缺乏水溶性維生素、膳食纖維、不飽和脂肪酸、胡蘿蔔素等，以至於出現多種不適症狀。如胡蘿蔔素缺乏可導致體內維生素 A 合成不足，抵抗力降低，出現反覆的呼吸道感染。
- 愛吃零食，沒有定時定量吃飯：很多孩子在日常生活中都喜歡吃零食。

第二章　從生活點滴做起

孩子的胃本來就不大，胃內食物排空需要 3～4 個小時，如果吃了零食，胃裡總是有食物，到了吃飯的時間孩子自然不會覺得餓，就不會有食欲，影響到正常的飲食。

而且，這些加工食品香、脆、酥、甜，孩子們越吃越愛吃，甚至將其作為主食。其實，加工食品不但添加大量的膨鬆劑，更是高糖分、高熱量、高脂肪。吃得過多會破壞孩子體內營養均衡，妨礙身體對營養物質的吸收。

- 偏食和挑食：人體健康成長所需要的蛋白質、脂肪、碳水化合物等六種營養物質存在於某一類或幾類食物中，只有保持均衡的飲食，才能保證營養均衡攝取。但現實生活中很多孩子都有這樣的問題：遇見自己喜歡吃的東西就猛吃，看到自己不喜歡吃的東西不是拒絕進食，就是吃得很少，孩子對食物的挑剔，導致營養不均衡，嚴重地影響到孩子的身體健康和智力發育。

- 愛喝飲料：白開水淡而無味，對孩子的吸引力自然沒有甜甜的飲料那麼大。然而飲料雖好喝，卻極大地影響了孩子的生長發育和智力發展。

  - 甜飲料影響發育。兒童因為處在生長發育期，對蛋白質的需要量很大。但甜飲料裡的糖分偏高，如果兒童從甜飲料中攝取了過量的糖分，血糖濃度一直處在高水準狀態，兒童就沒有饑餓感，也就不能正常吃飯。這樣勢必對其他營養成分的吸收帶來障礙，從而影響孩子的身體正常發育。此外各種飲料都含有糖分和大量電解質，進入胃後會與胃酸、酶等發生複雜的化學反應，不但影響消化功能，還會增加腎臟負擔，影響腎功能，長期下去可能導致腎臟疾病。

  - 酸性飲料會造成牙齒酸蝕。市面上的大部分軟性飲料為了風味和防腐等需要，通常都呈酸性，因此當飲料接觸牙齒表面

時，會造成牙齒酸蝕。頻繁地長時間飲用各種含酸飲料都會使得牙齒受損。

兒童時期是飲食行為形成的關鍵時期，此時的飲食習慣很容易持續到成年後。因此，家長要從小培養孩子良好的飲食習慣，以保證他們健康成長。而想要培養孩子良好的飲食習慣，家長應做到以下幾點。

· 注意言傳身教，隨時教給孩子有關食物和營養的知識：如在吃飯前，家長要主動、積極、耐心地向孩子逐一介紹各種「食療」的相關知識，激發孩子對進餐的興趣和好感，引發食欲。雜糧為優，偏食為忌；粗糧為好，淡食為利；暴食為害，慢食為宜；鮮食為妙，過食為弊……並且要與孩子一起品嘗食物的味道、觀察食物的顏色、點評和討論飯菜的健康功用。

· 定時定量定點吃飯：對每個人來講，一日三餐定時，就能夠形成固定的飲食規律。孩子的兩餐間隔時間宜在 4 ～ 6 小時，這正是腸胃對食物進行有效的消化、吸收和胃排空的時間，能保證充分地消化、吸收營養和保持旺盛的食欲。

根據孩子的食量給予適量的飯菜，並堅持要求他們頓頓吃完。千萬不能一味要求孩子吃多，更不能讓孩子愛吃多少就吃多少，一頓飽一頓饑，然後用零食填補，這會影響下一頓的食欲，同時會養成任性浪費的不良習慣！

定點吃飯，這需要從小開始養成習慣。在孩子幾個月大的時候可以讓他坐在嬰兒餐椅裡，放在固定的地點餵，再大一點就可以在大椅子上放小凳子墊高，或者為孩子準備一張可調高度的椅子，讓孩子上餐桌與大人一起進餐。

不管哪種方式，都是為了讓孩子有一個屬於他自己的固定的用餐地點，而且要讓孩子在吃完自己的飯菜後才能離開座位，這樣堅持要求，持之以恆，孩子就會形成吃飯時間一到就去找餐椅的意識和習慣，而不至於

養成追到哪裡餵到哪裡的不良習慣。

- 飯前不吃零食，更不要喝過多的果汁或含糖飲料：飯前吃零食、喝過多的果汁或含糖飲料會影響到孩子吃飯時的食欲，以至於吃飯時挑挑揀揀，長此以往，就很容易讓孩子養成挑食、偏食的問題。

- 教育孩子不要偏食：若要讓孩子不偏食，家長必須有意識地用語言對孩子進行積極的心理暗示，如「今天的涼拌黃瓜真好吃，又新鮮又清脆」，或「我最喜歡吃肉圓，真香」等，從而激發起孩子對食物的興趣和食欲。抓住孩子的心理特點，用遊戲的方法激發，讓孩子去嘗他平時不太愛吃的食物。如「我們來當小白兔吧，小白兔最愛吃青菜和蘿蔔了」，「看誰先讓小魚遊到嘴巴池塘裡。」年紀越小的孩子，這種方式便越奏效。

- 了解孩子的需求：比如孩子患病期間，食物一定要做得清淡，多做流質食物，以適應小孩的口味。為了增進孩子的食欲，要盡量把飯做得好吃一些，變換花樣，烹調時使色香味俱全，一種菜可以有多種做法，再取上好聽的名字，引起孩子的好奇與興趣，從而想吃、愛吃、多吃。
  孩子不喜歡吃某種食物，不用強迫的方法。實際上，孩子的口味較為挑剔，只要家長加以教育和引導，就能形成好的習慣。教育孩子每一種食物都要吃一些，避免不愛吃的食物吃得少，愛吃的食物吃得多。

- 讓孩子了解什麼是健康飲食：例如，多喝牛奶既健康又可以長高。可樂雖然好喝，但是會長胖，也可能影響身體健康；含糖飲料很好喝，但會影響食欲，也容易造成蛀牙，所以，不妨試試有益健康的現榨果汁。

- 營造愉悅的飲食氣氛：保證在最佳的生活和心理狀態下進餐，可以試著播放輕音樂，讓孩子的精神得到放鬆，有助於孩子提起食欲，造就良好的飲食習慣，要避免餐前責備孩子、強迫孩子進食等不良行為，這些都會造成環境壓抑、心理負擔，影響孩子進食。

　　總之，孩子的可塑性較強，如果家長能精心培養孩子按時進餐，並做到定時定量、吃飯專心、食物多樣、細嚼慢嚥等，就可以改變孩子的不良飲食習慣。大一點的孩子，除了要說明必要的道理外，最重要的是反覆實踐，持之以恆，並利用鼓勵、讚揚和合理的懲罰來鞏固並逐漸養成他的飲食習慣。同時，家長要以身作則，讓孩子在耳濡目染中受到啟發。家長自身難以改變的飲食習慣，要盡量改正。

杜絕孩子不注重衛生的行為

　　隨著社會衛生觀念的提升，越來越多的人將衛生習慣作為衡量一個人是否有素質的基本標準之一。一個人如果不注重個人衛生，常常衣冠不整，邋裡邋遢，必定會影響到別人對他的印象，影響到人際關係與個人發展。

　　有這樣一個故事：

　　一個企業家與外商洽談一個合作專案，很快地透過洽談，準備第二天簽約。洽談休息期間，企業家陪外商到廠區參觀，參觀時，這個企業家像在家裡一樣隨便吐了一口痰，隨地吐痰在企業家看來沒什麼大不了的，卻在外商面前留下了極壞的印象。外商認為，身為企業家如此野蠻隨便，怎麼能做好大事呢？於是，外商決定放棄簽約。企業家怎麼想也想不通自己錯在哪裡。

　　事實上，正是因為企業家不注重衛生，導致他失去了一個大專案，失去了一個大好的發展機遇。羅馬不是一天造成的，大多習慣都是日積月累養成的，有的甚至是在年紀很小的時候養成的，難以改變，不注重衛生的習慣同樣如此。

　　注重衛生對於個人來說，反映出這個人的思想、道德水準和受教育程度的高低。

第二章　從生活點滴做起

　　身為家長，培養孩子良好的生活衛生習慣特別重要。因為它不僅體現了孩子的個人素養，還是孩子身體健康的重要保證。

　　首先，良好的衛生習慣可以降低皮膚病、寄生蟲、胃腸道疾病、傳染病的發生。對於年幼的孩子來說，他們的體質較弱，如果沒有良好的衛生習慣，就很容易染上各種疾病。俗話說「病從口入」，就說明了是否講究衛生會直接關係到人的健康。所以，注重衛生的孩子，身體通常會更加健壯。

　　其次，良好的衛生習慣能讓孩子的心情保持愉悅。如果孩子整天髒兮兮、邋裡邋遢的，自己的髒衣服、髒襪子堆積如山，書本、玩具隨便亂放……在混亂的環境下，孩子會沒有辦法集中精力做好一件事情。這樣的孩子心情往往煩躁不堪。相反地，一個講究衛生的孩子，勢必會整理好自己的生活環境，這樣，孩子做什麼事情都會神清氣爽，造成高效率，從而促進了其良好情緒的產生。

　　整潔的服裝能使人產生自尊心，有良好衛生習慣的孩子往往比較有自信，因為他們從鏡子中看到的自我形象是讓人滿意的。在自我認可的情況下與人社交，孩子的自信心自然倍增。相反地，如果一個孩子不注重衛生、不修邊幅，他很可能從他人那裡感覺到嫌惡與不友善，這將導致孩子產生自卑感。

　　總之，良好衛生習慣的養成非常重要。它不僅影響到孩子的現在，還影響到孩子的未來！兒童時期是養成良好衛生習慣的重要時期，抓住這個時期進行培養，能讓孩子終生受益。那麼，如何培養孩子良好的衛生習慣呢？想讓孩子每一天乾乾淨淨，家長要特別注意以下幾個方面。

1. 讓孩子意識到不注重衛生的危害：一個媽媽最近發現孩子有了一些新變化，那就是他比以前愛乾淨了。以前，他並不是這樣的，他不重視個人衛生，就連飯前洗手、睡前洗漱這樣的小事都要父母盯著做。如果沒人盯著，他就敷衍了事。可是，最近他變了。媽媽問他：「為什麼突然愛

整潔了？」孩子說：「因為老師向我們講了很多注重衛生的故事，而且還讓我們把自己的手放在顯微鏡下面觀看，我的髒手真的太可怕了，我覺得不愛注重衛生的人簡直就是野蠻人。」

可見，只有讓孩子意識到不注重衛生的危害，才能樹立起孩子注重衛生的意識。因此，家長應該從小向孩子灌輸衛生意識。

2. 讓孩子保持身體衛生：家長要從小要求孩子勤洗手、洗臉、洗頭、洗腳、洗澡、剪指甲，這不僅能清潔身體，保持個人衛生，而且能夠促進血液循環，促進健康。

3. 要求孩子保持儀容整潔：家長應該教導孩子時刻注意自己的衣服是否乾淨整齊，所有的扣子是否扣上了？鞋帶是否綁好了？頭髮是否整齊？讓孩子了解，注意自己的儀容是重要的，不在乎自己儀容的孩子會讓人不喜歡的。

4. 要求孩子飯前廁後洗手：身為家長應該注意，在孩子 3 歲時就應該培養孩子飯前廁後洗手的習慣，到了 5 歲時孩子大概就已經養成了這個習慣。家長要幫助孩子鞏固這個習慣，並讓孩子學會正確的洗手方法。正確的洗手方法應先浸溼雙手，再抹上肥皂搓一搓，然後沖洗乾淨，最後用毛巾擦乾。家長可以做好示範，讓他們模仿。為了讓孩子記住正確的方法，家長可以故意在洗手時不抹肥皂，然後問孩子有沒有哪裡做錯，或進行「看誰的手洗得乾淨」的比賽，以此來促使孩子認真洗手。

5. 督促孩子保護好牙齒：家長要督促孩子早晚刷牙、飯後漱口、睡覺前不吃糖果餅乾等，並且養成習慣。

6. 教育孩子保持環境衛生：不亂丟果皮、紙屑，不隨地吐痰和擤鼻涕，不隨地大小便，不亂畫牆壁，不踩桌椅。不僅在家裡要做到這點，而且在公園、電影院、公共汽車等公共場所也要做到。家長要讓孩子隨身攜帶

衛生紙，將吃過的口香糖、要吐的痰等吐在衛生紙裡。讓孩子時刻切記，愛護環境人人有責。

7. 要多對孩子督促、檢查：孩子的自覺性、堅持性和自制力都比成人差，需要不斷地督促、提醒和檢查，這樣才能使得他良好的衛生習慣得到不斷強化與鞏固，逐步形成自覺行動。有的孩子喜歡吃手指或咬指甲，這樣容易得腸道等傳染病，類似這樣的壞習慣，應督促孩子從小改正。

家長們要做到用愛心督促孩子的成長，用耐心關注孩子的健康。唯有如此，孩子才能慢慢養成良好的衛生習慣。

別讓孩子養成愛睡懶覺的習慣

10 歲的小蘭今天早上因為遲到又被老師罵了。小蘭很鬱悶，回家哭哭啼啼地抱怨媽媽不叫她起床。媽媽很無奈，實際上，媽媽叫了很多遍，發生這樣的情況並不是一次兩次了。

像小蘭這樣的孩子在生活中並不少見。因為冬天怕冷，春天、秋天容易困倦，夏天貪涼，因此，很多孩子在早上總想賴床，很多時候，都要家長三催四請才懶洋洋地起床。好不容易從床上起來了，卻依然是睡眼惺忪，刷牙、洗臉、穿衣都拖拖拉拉。家長在一旁急得團團轉，擔心孩子來不及吃飯，擔心孩子上課遲到被老師罵，擔心孩子上學忘了帶東西……最後連自己上班也遲到了。而孩子愛睡懶覺的弊端遠不止這些，以下歸納幾點。

· 影響胃腸道功能：孩子最佳的早餐時間通常是 7 點左右，此時前一天晚餐的食物基本上已經消化完，胃腸會因饑餓而引起收縮。很多孩子為了睡懶覺常常省去吃早餐，時間長了，容易罹患慢性胃炎、胃潰瘍等疾病，也容易產生消化不良、厭食等現象。

- 打亂生物鐘：人體的內分泌系統及各種器官的活動都有一定的晝夜規律，這種規律調節著孩子自身的各種生理活動，可以讓孩子在白天有充沛的精力去學習，晚上能有一個高品質的睡眠。如果總是睡懶覺，就會擾亂體內生物鐘的規律，使內分泌出現異常。長時間下去，孩子就會精神不振，情緒低落。

- 影響肌肉的修復：孩子在經過一夜的休息之後，早上是肌肉最為放鬆的時刻。如果醒後立即起床活動，可使血液循環加劇，血液供應增加，從而有利於肌肉纖維的修復能力。而睡懶覺的孩子肌肉組織長時間處於舒緩狀態，無法得到很好的鍛鍊，因此肌肉修復能力差，起床後會感到酸軟無力、腰部不適。

- 愛睡懶覺的孩子身體機能差：

  俗話說得好：「早睡早起身體好。」早上愛睡懶覺會增加體內脂肪額外的累積，使孩子發胖。體內脂肪越多，患上疾病的機率就越高。此外，體能鍛鍊對中樞神經系統和內分泌系統有著良性的刺激，能改善新陳代謝過程，如果愛睡懶覺，不參加體育鍛鍊，則不利於身體素質的增強。此外，愛睡懶覺還會降低孩子的記憶力。

每個家長都希望自己的孩子能夠健健康康地成長，因此，千萬不要讓孩子養成愛睡懶覺的習慣。家長可以透過一些技巧引導孩子早起。

- 訓練準時起床：如果孩子年齡尚且幼小，還不懂得用鬧鐘時，要告訴孩子：「媽媽叫你起床時，只叫一次，如果你不起來，那你就會遲到！」堅持只叫一次，讓孩子自發地起床。孩子年齡較大時，就買給他一個鬧鐘，教他如何使用，父母就不用再叫他起床了。

- 鼓勵孩子早起：父母不要為孩子賴床而大聲訓斥，這樣會造成反效果，以後更不願意起床或起床後不愉快。對待孩子應該要有耐心，起床時多

給他一些鼓勵的話、親切的動作、悅耳的音樂、美味的早餐，讓孩子高興起來。對孩子的行為要以鼓勵為主，尤其在孩子有好的表現時，更要及時表揚，慢慢孩子就會自覺地這樣做。

- 要選擇適當的時間叫醒孩子：人的睡眠分幾個階段，早上時多處於做夢階段。最好的判斷方法就是仔細觀察孩子在睡眠中睫毛是否顫動，如果有顫動，此時父母最好不要叫醒孩子，不然孩子起床後會情緒不佳，身體不舒服，無論父母讓他做什麼，他也不願配合。

- 睡前準備就緒：在睡前要求孩子整理自己的書包，把第二天該帶的東西都準備好。如果天氣寒冷，也可以先把第二天要穿的內衣當成睡衣穿，這樣起床後就只需要幫孩子套上毛衣、外套即可，不但可以避免孩子在換衣服時著涼，還可以減少起床後的準備時間。

- 讓孩子明白珍惜時間的道理：觀念決定著行動。孩子的賴床，可能是不懂得如何珍惜時間，或者不知道為什麼要早起造成的，家長要注意抓住時機，適時適當地向孩子說說道理。但注意不要空談，要把道理結合在具體的問題和情境中。比如孩子因早上賴床而遲到了，家長就可以幫他分析一下，如果準時起床不就把遲到的時間搶回來了嗎？這樣，孩子就能夠明白醒來之後馬上起床的必要性。

- 讓孩子自己承擔後果：要讓孩子養成準時起床的習慣，也可以讓孩子自己承擔行為的後果：來不及吃早餐—挨餓；匆忙之間漏掉要帶的作業或課本、上學遲到—將會受到老師的責罰。父母不妨就讓他嘗嘗這些後果，並讓他自己一人承擔。

- 對於孩子的賴床可以適當地處罰：學齡前的孩子起床需要家長督促說明，這是正常現象，但在 7 ～ 8 歲之後仍然不能自己按時起床，甚至早上醒了也不起床，就需要一定的懲罰了。處罰前，要為孩子制訂時間表，讓

孩子明白，如果達不到規定的時間目標會受到怎樣的處罰。處罰應該是公平合理的，不可以過重，也不可以說了不算，例如，因起床不能按時吃早餐，就沒有早餐可吃。要讓孩子為自己的行為付出代價，不要只有家長著急，孩子卻一點也不著急，要讓孩子也適當吃點苦頭，避免將來搞砸大事。

讓孩子養成勤奮鍛鍊的習慣

為什麼現在的生活條件好了，孩子身體需要的營養也不缺乏，他們的身體健康卻反而沒有提升呢？專家認為，這跟現在的孩子缺乏鍛鍊有很大的關係。

長期以來，很多家長「望子成龍，望女成鳳」，天天拚命地盯緊孩子的課業、學習成績，卻忽視了讓孩子多參加體育鍛鍊、課餘活動的重要性。這樣做的結果就導致很多孩子成績變好了，身體卻積弱不振。

「生命在於運動。」對於正在長身體、長知識和發展潛能的孩子來說，參加體育鍛鍊尤其是重要的，它不僅讓孩子鍛鍊身體、強健體魄，更是孩子今後步入社會、參與競爭的基礎。透過體育鍛鍊，孩子身體各種器官的功能都會得到增強，身體機能好了，對孩子的健康狀況、學習成績都能有所提升。因此，家長應該從小讓孩子養成鍛鍊身體的好習慣。

專家給家長的建議是：

1. 從小培養孩子鍛鍊身體的興趣：興趣是一個人做任何事情的基本動力，是孩子最好的老師。孩子對身體鍛鍊的興趣可以讓許多家長更安心。因此，在日常生活中，家長不妨觀察一下孩子，了解他對什麼樣的體育活動有較為濃厚的興趣，然後為他們提供一些條件並且加以引導，這樣，孩子就會積極主動地去參加體育訓練。

第二章　從生活點滴做起

2.　讓孩子多到戶外去：讓孩子多到戶外去，在新鮮的空氣和溫暖的陽光中跑一跑、跳一跳，不僅能加速孩子們體內的代謝，增強體能，還能讓孩子有機會接觸到更多的人。比如一起踢足球能讓他們建立合作能力。

3.　全家一起做運動：想讓孩子喜愛運動，爸爸媽媽要多動腦，最好是全家上陣，全身心投入。

　　小泉四歲了，愛踢足球，他踢球的時候，父母會和他一起玩，讓他玩得更開心。父母假裝自己是體育解說員，還像真正的球場觀眾那樣歡呼。這麼做對小泉非常有用，不管有沒有得分，小泉都玩得非常高興。在玩的過程中，孩子的身體得到了極好的鍛鍊。

　　父母的參與和支持讓小泉對運動更有興趣了。

4.　教導孩子運動的正確方法：青少年時期是人體能發展的黃金時期，因此不容錯過。身為家長，要了解一些基本的體育和生理常識，根據孩子的年齡特徵和身體狀況，合理安排訓練時間，掌握運動技巧，千萬不可以因噎廢食或鍛鍊過度。具體上應該做到以下幾點：

　　A.　從初步運動開始。發展兒童爬、走、跑、跳之類的基本動作，使兒童動作協調、靈活、敏捷。也可以播放一些輕音樂，讓孩子模仿你跟著音樂做連續的各種練習動作，如伸展，擴胸，腰、臂、腿繞環等。為了發展孩子的柔軟度，可以帶孩子彎彎腰、踢踢腿、翻翻跟斗等。

　　B.　不宜讓孩子做心肌負擔過重的運動。兒童的心臟發育還不完善，不適應心肌負擔過重的運動。因此，宜採取以發展有氧代謝功能為主的運動方案，比如強度中等的慢跑、球類活動、體操、跳繩、打羽毛球以及各種遊戲。

　　C.　運動量要適宜，正確掌握強度和時間。父母可以為孩子寫運

動日記，記錄每日的運動時間、方法、進度以及孩子的身體反應等，以便做到循序漸進，逐步調整。

D. 合理安排作息時間。兒童處在長身體的時期，需要充足的睡眠，安排兒童體育活動，通常在清晨最佳。清晨空氣新鮮，室外活動能使大腦皮質迅速消除睡眠時的抑制狀態，獲得大量的氧氣，對一天的學習、生活都有益處。早上的活動不要過早，鍛鍊時間也不宜過長，通常半小時就可以了。鍛鍊後的飲食也應給予額外的補充。

E. 要觀察孩子鍛鍊後的身體變化。家長可以從孩子的呼吸、臉色、流汗量、聲音、動作等情況，掌握兒童的運動效果，以便靈活安排他們的鍛鍊內容和強度。

此外，父母也應該適當鼓勵孩子學一些體育知識，讓他們看體育比賽和體育雜誌，培養兒童鍛鍊的興趣。到了假日也可以帶孩子外出郊遊、爬山、跑步等，跟大人一起活動，孩子的興致會更高。

5. 培養孩子持之以恆的意志力：孩子的意志力薄弱，往往不能持之以恆。許多孩子的家庭條件優越，自小就被寵愛，做任何事情都缺乏持之以恆的意志力。鍛鍊身體實際上是很艱苦的，不僅要「勞其筋骨」，而且要「苦其心志」，要做到風雨無阻更加困難。因此，這些孩子總是為自己尋找合理的藉口，躲避鍛鍊身體的苦累，實際上是不能克服心理上的薄弱意志。對鍛鍊身體有濃厚的興趣但意志力不夠堅強的孩子，父母應該多鼓勵，制訂計畫，並適當地採取獎勵措施，進一步強化孩子的興趣。

6. 盡量少讓孩子去健身房鍛鍊：也有部分認識到運動的重要性的家長，趁暑假幫孩子報名參加健身俱樂部，準備天天去鍛鍊。但專家指出，青少年運動的主要目的是鍛鍊心肺功能及耐力，健身房的器械訓練並不適合

學生的身體特點：「器械訓練主要是增強肌肉，而學生還沒有進入肌肉生長的高峰期，如果這個時候進行肌肉負重的力量型訓練，一是會使局部肌肉過度強壯，影響身體各部位勻稱發育，二是一些負重訓練會擠壓骨骼從而影響身體長高。另外，肌肉過早受刺激，會對心臟等器官造成較重的負擔，還可能使局部肌肉僵硬，失去正常彈性。」

總之，體育運動是一個人強身健體的有力措施。為了孩子能更好地適應未來高強度的生活，家長應從小培養孩子體育鍛鍊的習慣。

引導孩子養成良好的用眼習慣

小紅升上六年級後，學習壓力變大了，每天放學回家，除了做作業、預習功課，還要寫練習題寫到很晚。漸漸地，她覺得眼睛看到的世界變得模糊起來，雖然坐在第一排，卻仍舊看不清老師在黑板上寫的字，只能看見一些模模糊糊的白點。

後來，她發現瞇著眼睛就能夠看清東西，覺得有點好玩，於是，每次上課，她都瞇著眼睛看黑板。養成習慣後，她即使不看黑板也習慣性瞇眼了。媽媽發現她總是愛瞇著眼睛看東西，趕緊帶她去看醫生，這時候，小紅已經近視三百多度了。

近年來，青少年近視率居高不下，逐年遞增的現象已經成為全社會普遍關注的問題。談到造成近視的原因，超過六成的近視學生將之歸咎於長時間看電視、玩電腦及打遊戲，四成近視學生則是睡眠不足、功課過多。

眼睛是心靈的窗戶，孩子藉由它可以觀察美麗的世界。因此，身為父母，要保護好孩子的眼睛，讓孩子從小養成良好的用眼習慣。具體做到以下幾點。

1. 讓孩子鍛鍊身體，增強身體健康：如果身體狀況不好，就會影響視力。比如患有貧血、神經衰弱、營養不良、內分泌紊亂或全身發熱疾病期間，視力通常都比平時還差。當情緒低落、睡眠不足、長期生活失去規律時，人的視力也會有所下降。因此，家長應該讓孩子注意多鍛鍊身體，增強身體健康。同時，還要養成良好的生活習慣，保障睡眠充足。

2. 為孩子改善室內照明：不良的光源會在不知不覺中對眼睛造成傷害。太強或太弱的光對眼睛都是有害的。大量研究表明，學生的近視和夜間長期使用不良的照明光源有直接關係。因此，一定要特別注意燈光照明，要選擇良好的、亮度足夠的照明燈具。最理想的光源是自然光。

   孩子晚上看書，為使桌面上獲得合理的照明度，就要根據燈管（泡）的瓦數適當調整燈的高度，家長要使桌面照明度達到 80 公尺燭光（1 公尺燭光即 1 燭光的光源照射於距光源 1 公尺的垂直平面上的照明度）左右。燈光要來自座位的左上方，以避免陰影。還應該保持燈管（泡）有足夠的亮度，舊燈管要及時更換。

3. 讓孩子注意閱讀書寫時的用眼狀況：人的眼睛看遠處時，會得到休息；看近處時，要依靠它的水晶體進行調節，即水晶體變厚並向前凸出，水晶體的這種變化又依靠眼睛睫狀肌的收縮來完成。當閱讀、書寫時，眼睛離書本或書寫紙的距離太近，睫狀肌就要不斷地處於收縮狀態，時間一長，睫狀肌過於疲勞，最後就會失去調節的靈活性，在看遠物時睫狀肌仍然收縮著，以致看不清遠處，形成近視眼。在閱讀和書寫時，眼睛和書本或書寫紙的距離應保持在 33 公分左右比較適當，這樣有利於睫狀肌、晶狀體的收縮和鬆弛，眼睛不容易疲勞。

4. 教育孩子不要長時間地連續看書：看書必須用眼、用腦，孩子神經系統發育不成熟，無法長時間地集中注意力，每次閱讀以 30 分鐘為宜，最多

不要超過 1 節課（50 分鐘）的時間。看一段時間後應該要站起來活動一下，或向遠方眺望，使緊張的眼球和大腦得到放鬆。

5. 教育孩子行走或搭車時不宜看書：行走或搭車時看書，對眼睛健康極為不利。因為在搖晃的環境中看書，光線忽強忽弱，眼睛和書本的距離忽遠忽近，需要睫狀肌和水晶體快速調節，不僅容易疲勞、導致視力低下，而且眼睛所看的東西移動太快，視網膜上就會出現一個個模糊的影像，容易導致頭昏眼花，甚至噁心想吐。

6. 教育孩子不要躺著看書：有些孩子喜歡躺在床上看書，這是一種不好的習慣。躺在床上看書時大多是側臥的，眼睛往往呈斜視狀態，加上光線不好，時間稍長，眼睛就會感到疲勞，兩眼酸脹，日子一長，眼睛就會發生變化，視力變差。另外，人躺在床上，大腦活動逐漸降低，容易昏昏欲睡。而看書卻要進行一些思考活動，與躺在床上的生理狀態發生矛盾，容易使神經活動發生紊亂，造成神經衰弱等症。

7. 教育孩子有節制地看電視、用電腦：家長應教育孩子，看電視要有節制，注意調節好電視的亮度，距離要適當，位置一般保持和電視的距離為 3 公尺左右，和電腦的距離保持在 50 ～ 70 公分左右。看電視、用電腦的時間一次不要超過 1 小時，一天不超過 4 小時，連續用眼時中間要休息 10 ～ 15 分鐘。

8. 教孩子注意眼睛的保健：看書一小時或上完一堂課後，做做望遠凝視是十分有益的。具體做法是，向遠處凝視 3 分鐘左右，然後閉眼大約 1 分鐘，再睜大眼睛上下左右轉動眼球。這樣能調節眼神經功能，並調節睫狀肌得到休息，對保持良好的視力大有好處。如果有機會遠望綠色植物會更好，因為綠色不僅能吸收強光中對眼睛有害的紫外線，而且人體的

神經系統、大腦皮質、眼睛視網膜對綠色最適應，使得大腦和眼睛得到充分休息。

9. 教孩子多吃有益於眼睛的食物：如果孩子是因營養不良、身體不好而造成近視的，家長應該注意對孩子營養的補充，並引導孩子認真鍛鍊身體，增強身體健康，這在一定程度上也可以防止孩子的近視。

如瘦肉、禽肉、動物的內臟、魚蝦、奶類、蛋類、豆類等，裡面含有豐富的蛋白質，而蛋白質又是組成細胞的主要成分，組織的修補更新需要不斷地補充蛋白質，因此平時應多讓孩子吃含蛋白質豐富的食物。含有維生素 A 的食物對眼睛也有益。缺乏維生素 A 的時候，眼睛對黑暗環境的適應能力減退，嚴重的時候容易罹患夜盲症。維生素 A 還可以預防和治療乾眼病。維生素 A 主要來源於各種動物的肝臟、魚肝油、奶類和蛋類以及一些植物性的食物，比如胡蘿蔔、莧菜、菠菜、韭菜、青椒、紅心地瓜以及水果中的橘子、柿子等都含有胡蘿蔔素。含有維生素 C 的食物對眼睛也有益，因為維生素 C 是組成眼球水晶體的成分之一。

豐富的鈣粉對眼睛也是有好處的，鈣具有消除眼睛緊張的作用。如豆類、綠色蔬菜含鈣量都特別豐富。排骨湯、糖醋排骨等所採用的烹調方法可以增加鈣的含量。希望年輕的父母們多給孩子吃一些有益眼睛的食物，促進孩子的健康成長。

想讓孩子擁有一雙黑白分明、炯炯有神、光彩照人的眼睛，就應該讓孩子從小注意養成良好的用眼習慣。唯有合理地使用眼睛，才能讓眼睛長久地發揮作用。

第二章　從生活點滴做起

培養孩子的「規則」意識

正所謂「沒有規矩，不成方圓」。這裡的「規矩」也就是「規則」，它是社會生活中的基本準則，是人們在長期的公共生活中約定俗成、共同認可和遵守的行為規範。

在每個孩子成長的過程中，既需要自由，也更需要遵守一定的紀律和原則。我們提倡，在教育孩子的時候家長應該要尊重孩子的個性，但同時也要對他們提出明確的行為規範，讓他們懂得是非對錯，知道什麼可以做，什麼不可以做。從小培養孩子的「規則」意識，是父母贈與孩子最充滿愛心、最經得起時間考驗的禮物之一。一個從小遵守規則的孩子，才懂得自制自律，才會對自己的行為負責。

那麼，我們應該讓孩子遵守哪些規則呢？

1. 遵守交通規則。教育孩子穿越馬路要走斑馬線，搭車要按秩序排隊上車等。

2. 遵守學校的各項規章制度。上課認真聽課，遵守課堂紀律；尊敬老師；關心集體榮譽、與同學團結友愛；愛護公物，損壞公物要負責；下課時不得在走廊打鬧，不得大聲喧嘩；保持教室衛生，禁止亂丟紙屑雜物。

3. 讓孩子明白在購物時，要自發性遵守超市、商場等公共場所的秩序，購物要排隊。

4. 當家長帶孩子參觀文化場館或到公園、名勝古蹟等地遊覽時，要讓孩子明白應該自動自發地維持公共秩序，參觀、遊玩要排隊；注意保護公共場館設施，維持文化場館、名勝古蹟的衛生，不能亂寫亂畫、亂扔雜物，禁止踐踏草坪、毀壞花草樹木等。

5. 教育孩子在觀看電影、舞臺劇時，要注意公共場合的秩序，不得大聲喧嘩。

6. 讓孩子知道不管在任何地方,都應該隨時維護公共衛生;上廁所要記得沖馬桶;記得飯前廁後洗手、飯後潔牙等。

7. 如果有事情需要出門,要跟家長打招呼,這不僅僅是一種禮貌,更是一種社會常規。

個人的成長離不開社會,只有人人遵守規則,生活才會有序,我們才能充分行使我們的權利,人身安全得到充分的保障,個人成長才能順利,生活環境才能空氣清新、潔淨漂亮……

孩子的規則意識的形成有一個循序漸進的過程,要經歷一個從被動到主動的過程,要由成人管理、約束與引導,最終達到孩子的自我管理,並形成習慣。一般來說,家長可以從以下幾個方面培養孩子遵守規則的習慣。

1. 以身作則,樹立良好形象:家中成人的一言一行、一舉一動都是孩子模仿的內容,因此,家長要時刻注意自己的言行,做好孩子的榜樣,所有為孩子制訂的規則,家長自身要先遵守。家庭生活中的一些規則,如作息制度、衛生要求、禮貌等;社會生活中的規則,如交通規則、公共秩序等,家長要求孩子做到的,自己首先要做到、做好。

2. 曉之以理,加強引導:家長應該經常向孩子灌輸這樣的觀念:規則無處不在,一定的規則能保證人們更好地生活。例如,人們要遵守交通規則、遊戲規則、競賽規則。家長可以時常反問孩子,如果不遵守規則會怎麼樣?讓孩子設想違規的後果,引起他對執行規則的重視。

3. 細心觀察,及時提醒:孩子的規則意識需要在日常生活中慢慢強化,家長要細心觀察孩子,如果發現孩子的言行不符合規則,應該及時地提醒。孩子的成長離不開成人的督促。

4. 培養孩子的自律精神:他人制訂的規則是強加的,是外力約束,而自己制訂的規則有內省成分,易於自律。家長不妨和孩子一起討論制訂家庭

規則，以便共同遵守。例如，物品用後要物歸原處；離家出門要和家人打招呼；進別人房間前要先敲門；依照規律的時間作息（定時進餐、睡眠、起床）；下棋、玩遊戲要遵守規則決定勝負；說錯話或做錯事時要有禮貌地道歉；看電視時不要干擾別人做事等。即使家長違規也要自己主動受罰，讓孩子懂得規則是嚴肅的。

5. 規則一旦確定就要遵守：當你為孩子立下規則後，無論是什麼時間和地點，都應該讓孩子嚴格去遵守。比如，不允許孩子在吃飯前吃零食，在家裡是這樣規定的，到外面也應該這樣執行。即使其他人試圖來破壞這個規則，你也應該冷靜地對孩子說：「我們是不是說好了，吃飯前是不能吃零食的？」同時告訴其他人：「請配合一下，謝謝！」

   如果我們說：「必須這樣！」而孩子違反了又不追究，他下次就知道，即使抗命，父母也只能讓步，放任的結果就是孩子規則意識的缺失。

6. 規則要統一：孩子需要一定程度的限制，但是，一個規則最好只有一個標準，否則會讓孩子覺得混亂，無所適從，也有可能會鑽漏洞。

   比如，媽媽要求孩子吃飯前不能吃零食，爸爸卻說吃一點也沒關係；媽媽說不可以吃糖，奶奶卻私底下讓孩子吃糖；幼稚園要求孩子不要吃湯泡飯，家裡為了讓孩子吃飯快卻天天湯泡飯等。

   從教育心理學來看，孩子一開始並沒有是非觀念，無法判斷出父母的言行究竟誰對誰錯。對於自己的錯誤，孩子通常是在父母的教育和指責中才發覺，同時會在之後加以改正。儘管孩子有時會撒嬌，那只不過是對於父母指責的一種表面對抗而已。但是，如果這個時候，父母之中的一方指責孩子做錯了，而另一方卻當場提出異議，這實際上是庇護了孩子的缺點。孩子會立即認為自己並沒有做錯，也沒有必要改正。比如有時候，前一天爸爸反對或者制止過的事情，今天又得到了奶奶或者外婆的

鼓勵。像這樣重複幾次，就會完全搞亂孩子的是非判斷能力，縱容孩子的錯誤行為，會造成孩子情緒的乖戾無常。於是，孩子就會變得越來越不聽話，反效果會越來越嚴重。

7. 給孩子積極的鼓勵：對孩子來說，得到父母的認可非常重要，父母的鼓勵可以幫助孩子樹立信心。如果孩子遵守規定，父母就應及時給予鼓勵，強化孩子的行為。這樣，遵守規則就會逐漸內化成為孩子的自發性行為。當然，父母的鼓勵應該具體針對遵守規則的情形，例如，「你自己把玩具收拾好了，這讓媽媽很高興。」「你按時睡覺，媽媽覺得你很會安排時間。」而不是籠統地說「你真棒」或「你真是個好孩子」。

8. 指導孩子時要多耐心：對於孩子來說，由於自我意識和自我控制能力還沒有發展好，內心缺乏規則意識，他不可能很好地理解和接受父母的教誨，也不可能完美地執行這些規則，這是必然的。自律不是來源於強制的行為，但也不是自發產生的，它需要父母的指導與不斷重複，這是一個漫長的過程。對於父母來說，如果我們理解了孩子的心理，就能夠耐心地對孩子說：「這樣做是不行的，你已經知道了。」「媽媽已經說過了，這樣做不可以。」

同時，我們應當允許孩子透過試探來獲知什麼是規則。當孩子不依照規則做事情的時候會發生什麼？比如，孩子把房間弄亂後會怎樣？孩子在床上跳會怎樣？孩子只有在不斷地對規則和後果的體驗中，才會逐漸學會遵守規則，並為自己負責。

第二章　從生活點滴做起

讓孩子從小學會珍惜時間

愛因斯坦（Albert Einstein）認為，人與人之間的最大區別就在於利用時間的方式。因為每個人對時間的處理態度、內容、使用方式不同，所以他們的收穫也不同。同樣的時間，有人傑出、有人平庸、有人沉淪。仔細觀察那些有傑出成就的人，我們會發現，他們無一例外地都會珍惜時間，利用上天賜予的時間刻苦鑽研，從而創造輝煌業績的經歷。反之，那些平庸、一事無成的人，也同樣有著揮霍時間、揮霍生命的歷程。

有這樣的故事：

一個流浪漢嚎啕大哭。時光老人問：「你為什麼哭呀？」

流浪漢說：「我少年時代玩彈珠，青年時代玩牌，中年時代打麻將，家產都敗光啦！如今我一無所有，我真後悔呀！」

時光老人看他哭得十分可憐，便試探著問：「假如你能返老還童……」

「返老還童？」流浪漢驚訝地抬頭將老人打量了一番，「撲通」一聲跪下，苦苦哀求，「假如再讓我重返青春，我一定從頭學起，當一個勤奮好學的人！」

「好吧！」時光老人說完便消失了。

流浪漢一時間如夢中驚醒，他低頭一看，欣喜地發現：自己已變成一個十來歲的少年，肩上還背著書包呢。

流浪漢想起自己剛才說的話，便向熟悉的一所小學走去。

路上，他看到幾個孩子正在玩彈珠，不覺得手又癢了，他想，就玩幾把吧，以後肯定不玩了，想著，便也擠進去玩了起來。結果，他仍然按老樣子生活，玩牌、打麻將……到了老年，他又懊悔地哭了起來。

這一次，他再次碰到時光老人。他「撲通」一聲跪下，請求時光老人再給他一次機會。

「我做了一件蠢事！」時光老人冷笑著，「給你再多的青春，你也不會得到真正的生命。」

從此，時光老人再也沒有多給誰一分鐘時間！

這個故事相信大家都不陌生，故事中的流浪漢是我們許多人的寫照。因為年輕時不懂得時間的可貴，不珍惜時間，導致年老以後一事無成，追悔莫及。生活中，同樣有許多這樣的孩子，因為缺乏時間觀念，不懂得時間的不可逆性，所以，「做事拖沓，低效率」、「貪玩」、「不按時完成作業」……這些成了家庭教育中一個讓家長極為頭痛的主要問題。

今天，我們的孩子面臨的是一個重視時間、求效率、快節奏、高速度的時代，若要孩子今後在事業上有所成就，就必須糾正孩子不珍惜時間的壞毛病，教育他們生活起居有規律，從小懂得時間的重要性，從而懂得珍惜時間。孩子只有從小形成正確的時間觀念，養成珍惜時間的好習慣，才能形成雷厲風行的作風，培養出責任感與緊迫感。同時，養成珍惜時間的習慣，還能讓孩子學會合理安排時間、支配時間，使生活過得充實而富有意義。

要想讓孩子養成珍惜時間的好習慣，家長需要從幾個方面著手。

1. 從小培養孩子的時間觀念：家長應該讓孩子從小就認識到「時間」是每個人都擁有，但也是最易失去的資源。把握時間、珍惜時間，就是把握住現在。

2. 讓孩子遵循一定的作息規律：如果孩子沒有時間觀念，連最基本的生活作息都會一團混亂，這樣，孩子上學遲到、曠課的事情就會經常發生。家長可以和孩子一起制訂一張作息時間表，寫清楚什麼時間起床，洗漱要多久，吃早餐要多久，放學後先做什麼，然後做什麼，幾點睡覺等，都可以讓孩子做出合理的安排。只有把作息時間固定下來，形成習慣，孩子才能對時間有一個明確的認識，才能養成良好的時間觀念。

3. 教孩子高效利用時間：珍惜時間，不等於說「學習時間越長越好」，不捨晝夜、有張無弛的疲勞轟炸，只會導致孩子神經衰弱，影響身體健康，學習效果自然也不會好。須知貪玩是孩子的天性，家長可以透過定期與孩子交流對「時間」的認識來準確了解其大腦皮質的最興奮時段。每個人對這一時段的利用都是不太一樣的，比方巴金喜歡挑燈夜戰，艾青則早上詩興大發，福樓拜（Gustave Flaubert）則習慣通宵寫作。家長可以與老師配合，把一天中較為重要的學習任務在這一時段交與孩子完成，這樣花較少的時間可以完成較多的工作，讓孩子產生一種有效利用時間的成就感。與此同時，有意識地將孩子「玩」的時間擠在大腦皮質的興奮處於抑制狀態的時間段，長期如此，就會讓孩子產生出一種「玩樂原來也沒有多好」的心理，從而在一定程度上截斷其貪玩費時的心理路徑。培根說得好：「合理安排時間，就等於節約時間。」這種方法同樣有效，而且長此以往還能培養孩子養成高效利用時間的習慣。

4. 指導孩子按輕重緩急安排做事順序：孩子往往分不清自己要做的事情的重要程度，他們的事情往往是由父母和老師來安排的。這是造成孩子不善於利用時間的一大原因。

   事實上，只有充分認識到自己要做的事情與自己的關係，才有可能把這些事情處理好。父母可以指導孩子每天把自己要做的事情按照重要和緊迫程度排列，不僅可以保證孩子把重要的事情都完成，而且可以讓孩子把自己的時間和生活安排得井井有條。

5. 教育孩子把握現在，馬上行動：家長對孩子的「身教」非常重要。在孩子面前，只要有了目標，家長就應該立即行動起來，即使尚未完全準備就緒也不要管它，重要的是行動本身。孩子耳濡目染，自會意識到：立即行動，才能真正把握「今天」和「現在」。這樣可以讓孩子對時

間產生一種緊迫感，做事不拖沓延宕，意識到時間是一逝而過、抓不住的。記得大畫家柯洛（Jean-Baptiste Camille Corot）曾對一位向自己請教並表示「明天全部修改」的青年激動地說：「為什麼要明天？你想要明天才改嗎？要是你今天晚上就死了呢？」所以家長應該告訴孩子：「如果你決心珍惜時間並想有所作為，那麼現在就行動起來吧！」

6. 每天尋找一個贏得時間的新技巧：培養孩子節約時間的意識能夠輕易地讓孩子對時間產生一種珍惜感。如告誡孩子不要把時間浪費在對沒做的事情的內疚上，也不要因後悔失敗而浪費時間。同時教孩子逐步養成一種習慣，那就是努力讓自己不要去浪費別人的時間，從而也為自己節約時間。另外，還可將手錶一直撥快幾分鐘，以使孩子每天都能趕在時間的前面。還可讓孩子在閒暇時有意識地問自己：「此時此刻，如何才能最好地利用時間？」

7. 讓孩子學會休息：人的全身是一個整體，各個部位之所以能和諧地運動，全靠中樞神經系統的調節。學習時間太久，腦神經細胞的興奮狀態就會下降，所以必須休息好。列寧（Lenin）說：「不會休息的人就不會工作。」而休息的最好方式就是將不同性質的工作交叉起來。車爾尼雪夫斯基說：「工作的變化，便是休息。」休息好，效率自然高，時間的利用率也就高，同樣的也就能達到珍惜時間的目的。

8. 給孩子一定的自由：許多父母認為孩子由於作業寫得太慢而沒有玩的時間，因此不斷地催促孩子、埋怨孩子，甚至懲罰孩子更長時間地學習，其實，孩子是因為父母把他們的時間安排得滿滿的，完全沒有自己支配的時間，才會不珍惜時間，拖拖拉拉的。在這種沒有希望、沒完沒了的學習過程中，孩子的心態是消極的，他們感覺沒有目標、沒有興趣，往往心煩意亂、錯誤百出，又不得不將時間延長，結果造成了惡性循環。

給孩子一定的自由去支配時間，讓孩子去做自己想做的事，著重培養孩子的學習興趣和主動性。比如，有的家長要求孩子每天放鬆一小時。在這一小時內，孩子可以玩、聽音樂、休息等，不管做什麼，家長都不去干涉，等孩子情緒比較穩定和愉快，有了學習的興趣和主動性時，就會比較願意開始較長時間的艱苦學習，學習效果也會更加理想。

總之，孩子只有從小形成正確的時間觀念，養成珍惜時間的習慣，才能不至於沉溺在玩樂之中而最終一事無成。

別讓孩子沉溺於網路遊戲

近年來，專門針對青少年設計的遊戲產品如雨後春筍般相繼問世，健康的網路遊戲可以為孩子們帶來新鮮的樂趣，也可以使孩子們在遊戲中開發智力、增長知識，但是包含暴力、色情內容的網路遊戲，卻會侵蝕孩子的心靈，讓孩子沉溺在網路遊戲中，迷失自己。

案例一：

13 歲的阿軍自從迷戀上網路遊戲以後，整天腦袋裡想的都是「升級」、「裝備」之類的東西，事態已經發展到不讓他玩就不去上學的地步。

媽媽非常苦惱，經常找阿軍談心，但阿軍就是沒有辦法控制自己。每到放學，他就心癢癢的，腳也不聽使喚地往網咖走去……

案例二：

文斌本來是個品學兼優的好學生，自從迷戀上電玩遊戲，學業成績就直線下滑。母親知道後，就減少了他的零用錢，想藉此阻止他，而他也因為口袋裡沒有錢，而無法繼續常常玩遊戲，於是開始偷錢，凡是能得手的地方，他從不放過，無論是自己家、親戚家，甚至同學，手伸到哪就偷到哪。

文斌的媽媽「恨鐵不成鋼」，把文斌關在家裡，而文斌為了出去玩遊戲，居然從他們家 3 層樓的陽臺往下跳，最終摔斷了腿。

……

愛玩是孩子的天性。而孩子由於自制力差，難以抵抗來自遊戲的誘惑。網路遊戲很容易讓他們找到現實生活中失落的快樂感、滿足感和成就感，以至於上癮而耽誤了學業，傷害了身體。可以說，孩子沉溺於網路遊戲已經成為眾多家長們的巨大心病。

那麼，如何才能讓孩子抵制網路遊戲的誘惑呢？

教育專家建議，為了讓孩子不過於沉溺網路遊戲，家長應正確地引導和教育，幫助孩子養成良好的上網習慣。具體有以下幾點。

1. 與孩子建立和諧、良好的關係：家長應重視孩子的心理需求，營造有益於緩解孩子緊張、壓抑情緒的家庭氛圍，正確地引導孩子步入學習，不讓孩子背負太多的學業壓力和心理負擔，將負面影響降至最低。對於已經迷戀網路遊戲的孩子，家長切忌一味地責罵和採取強制手段，應該要認真分析原因，對症下藥，引導孩子產生對其他活動的興趣，帶孩子去圖書館、博物館、公園，開闊眼界、鍛鍊身體，以減少玩電腦遊戲的時間。

2. 為孩子配備家用電腦：因為擔心孩子迷戀電腦遊戲而不買電腦，結果只會把孩子對電腦的興趣轉移到網咖。網咖的環境惡劣，龍蛇混雜，更加難以控制。孩子辨別真偽的能力低下，難以分辨是非，在沒人正確引導的情況下容易掉入色情網站、網路遊戲的陷阱裡。

3. 關心孩子遊戲的內容：家長可以說服孩子選擇安全的網路遊戲。當孩子開始玩遊戲時，家長應該經常關心孩子玩的網路遊戲的內容。有時間的話不妨和孩子一起玩，並適時地引導孩子糾正對網路遊戲的態度。同時

規定孩子玩遊戲的時間，讓孩子平衡學習和遊戲的關係。這樣有利於父母掌握孩子玩網路遊戲的情況。

4. 在玩遊戲中培養孩子的自制力：要嚴肅地約束他自發地、無休無止玩遊戲的傾向。平時玩遊戲最好不要超過每天一節課的時間，週末、假日每天最好也不要超過 3 小時，並且還要注意每隔 40 分鐘左右要停下來到戶外活動。不建議小學生玩大型網路遊戲，如果孩子已經在玩了，應該與他們協商，嚴格控制遊戲時間。

5. 鼓勵孩子發掘遊戲外的有益活動：事實上，孩子之所以對網路癡迷，沒有養成健康的上網習慣，與家長的教育、引導失當以及課外生活貧乏有關。因此，除了立下健康上網的規則以外，家長還應該培養孩子廣泛的興趣，尤其是戶外運動。這樣孩子們就不用太依賴網路遊戲來填補生活的空虛。

6. 引導孩子學會社交：兒童長大的過程是社會化的過程，而社會化離不開同儕之間的社交。所以，讓孩子從小生活在友誼之中，是避免虛擬世界誘惑最重要的保障。

其實網路遊戲帶給孩子的不完全是負面的影響，只要懂得合理地安排遊戲時間，正確地選擇適合自己的遊戲產品，再加上家長能做到嚴格控制孩子使用網路，同時引導他們正確地使用科技，便可以在補充知識的同時避免他們沉迷於網路遊戲，對孩子的發展同樣有著很大的幫助。

別讓孩子迷戀電視

　　每個孩子都喜歡看電視，有些孩子還在牙牙學語的時候，就已經是電視節目的「忠實粉絲」了。有的孩子哭鬧時，只要一看到電視螢幕上那五光十色的畫面，就會破涕為笑。有的孩子上學後，對電視更加迷戀，每天放學回家一放下書包，就打開電視「解癮」；一到假日，更是沉迷。孩子通常是先請示媽媽：「我今天可以看電視嗎？」如果媽媽同意，頓時笑顏逐開；若是不同意，那撅起的小嘴掛個茶壺都沒問題。

　　當孩子迷戀上電視時，身為家長應該怎麼辦呢？這個問題要一分為二，實事求是地解決。

　　首先，孩子愛看電視有其積極的一面。電視節目內容豐富，潛移默化，對孩子的教育和啟發作用是其他教育形式不能代替的，各種兒童取向的教育節目在孩子們的腦海中總是留下美好的記憶。

　　其次，孩子的自制力比較差，如果不適當引導他看電視，電視中的一些不良鏡頭難免會有負面效果。學習、做功課要動手、動腦，較為費力，而看電視則比較輕鬆，如果不加以節制，勢必使孩子養成逃避困難的習慣。

　　總之，看電視有利有弊，但如果過度迷戀電視就弊大於利了。因為，過度迷戀電視既影響孩子的身心健康，又影響孩子學習任務的完成。所以，家長應及時採取措施說明孩子糾正過度迷戀電視的習慣。

1. 了解孩子的興趣，為其選擇有益的電視節目：家長必須先拉近與孩子的距離，跟他談心，了解孩子對哪種類型的節目比較感興趣。然後，趁勢提出自己的看法，說明不能多看電視的理由，並說服孩子挑選一些有益於他成長的節目，另一方面，在規定的時間內讓他看自己喜愛的電視節目。

2. 和孩子一起制訂看電視計畫：幫孩子制訂看電視計畫的時候，家長必須和孩子一起進行，得到孩子的同意。這樣實施起來，孩子才會更自動自發。計畫定好後，家長還應該督促孩子按計畫行事，對孩子能做到的、做得好的，要多給予鼓勵、表揚，增強孩子的自信心及自制能力。

3. 家長以身作則：孩子迷戀電視的不良習慣大多是被家長傳染的。為此，若希望孩子不迷戀電視，家長必須要以身作則。

　A. 色情、暴力之類，不利於孩子健康成長的影片，最好不要在孩子面前看，更不能讓孩子看。

　B. 在孩子休息或學習時間，家長不應該打開電視，以免讓孩子分心。

　C. 家長在孩子面前應該多閱讀書本、報紙，並為孩子講一些新聞、故事等，引導孩子把注意力從看電視轉移到紙本閱讀上來，為孩子打開另一條通往知識寶庫的途徑。

4. 不能採取強制的手段：孩子迷戀電視後，家長千萬不可採用粗暴的手段來解決，否則會使孩子產生牴觸心理：如果你不讓我看電視，我就不好好學習或休息；你不讓我看，我就跑到別人家去看⋯⋯因此，身為家長應該要有耐心地教育和引導。

　家長可以多規劃一些健康有意義的家庭活動，淡化孩子迷戀電視的情感，間接減少孩子看電視的時間，使孩子真心實意地從對電視的迷戀中擺脫出來。

5. 避免讓電視當保姆：家長無論多忙也不能讓電視充當孩子的保姆。如果家長沒有時間陪伴孩子，要指派他一些小任務，讓他自己玩耍，消遣時光。家長可以提供給孩子各種各樣的繪畫工具，或者買一些簡單的樂器

讓他自己玩，如果有條件，父母或者保姆可以說故事給孩子聽，經常閱讀可以讓孩子像喜歡電視一樣喜歡書。

6. 不要把電視當背景音樂：不要讓孩子把電視當作是一種背景音樂，電視具有非常大的視覺吸引力，不知不覺中孩子就可能開始看電視，而不僅僅是聽。假如孩子在畫畫，或者做別的事情，喜歡聽音樂的話，可以讓他打開收音機或者聽廣播。

7. 積極利用電視教育孩子：為了充分利用電視教育孩子，家長要常問孩子今天看了什麼節目、有什麼故事，這裡面有什麼趣味等等。有時，家長還可以與孩子討論電視中的焦點問題，這樣孩子看電視時就會注意要「留個心眼」，長此以往就可以培養孩子的觀察能力、摘要能力、記憶力和表達力。

8. 留出做作業的時間：「工作日的晚上不能看電視」應該要成為一項家庭制度。這項制度一定要嚴格執行，對孩子、對家長都一樣。家長首先要在家庭會議上討論這個制度，讓孩子知道你們對這件事很重視。在孩子還小的時候就讓他們養成工作日不看電視的習慣，盡量多做別的休閒活動。

事實證明，正確處理好孩子的沉迷電視的問題，對孩子的健康成長是大有益處的。

第二章　從生活點滴做起

引導孩子從小「會花錢」

笑笑今年上國中一年級，她的個頭很高挑，長相也很出眾。因為長大了，難免會在穿著打扮上多花點心思，而笑笑的媽媽也樂於看到自己的女兒一天到晚漂漂亮亮的。於是，一到假日，媽媽就帶女兒逛商場、買飾品、買衣服。

慢慢地，笑笑對穿著打扮越來越在意，買衣服一定要名牌，如果媽媽沒有買給她名牌衣服，她就會大發脾氣，甚至哭鬧。她總是在媽媽面前說：「某某今天穿了什麼牌子的衣服，太好看了，我也想買同一款的衣服。」一旦她的願望得不到實現，她甚至不去上課。

亂花錢、索求無度是當今社會許多孩子，尤其是獨生子女普遍存在的問題。許多父母像笑笑的媽媽一樣對孩子寵愛有加，對孩子的要求總是有求必應。孩子吃的要最好的，穿的要名牌，家長總是寧願自己省吃儉用，也要省下錢來滿足孩子的願望，買給孩子各式各樣高檔的玩具，給孩子大把的零用錢……而孩子的欲望則是無窮盡的，一旦一個願望實現了，另一個願望又冒出來了，剛開始時，孩子的這種欲望是無意識的，但家長一味的迎合就會縱容孩子這種不良欲望的滋長。最終，不僅父母無法承受，孩子的心靈也會被金錢扭曲了。

因此，家長應該從小讓孩子「學會花錢」，把錢花在刀口上。具體來說，要做到以下幾個方面。

1. 端正對孩子的愛：鄧肯（Tim Duncan）曾說過一段很精彩的話：「每次聽到別人談論多賺點錢留給子孫，我總覺得他們這種做法，奪去了兒女種種冒險生活的樂趣。他們遺留一塊錢，便使兒女多一分軟弱。最寶貴的遺產是要兒女能自己開闢生活，能自己立足。」

什麼是對孩子的「愛」？每一個父母都有不同的體會，但是，我們可以確信：溺愛不是真正偉大的愛。在華人社會，許多父母給孩子的愛都僅僅局限於表面。比如，怕孩子吃苦、怕孩子受累、怕孩子被人看不起等，於是，讓孩子十指不沾陽春水，讓孩子穿名牌、吃大餐，想方設法迎合孩子的虛榮心，這對孩子的成長相當不利。真正的愛不是迎合，而是「教養」，只有這樣才能培養出品性端正的孩子。

2. 要讓孩子控制自己的欲望：很多家長都有這樣的經驗，每當帶著孩子走進玩具店或者商店的時候，孩子總是會沒完沒了地要求父母買各種玩具和食品等。這是許多父母感到頭痛的問題。

有一位媽媽非常明智，她每次帶女兒去商店前，總是先跟女兒說：「今天，媽媽帶你去商店玩，妳可以買一件妳最想買的東西，但價格有一定的限制。妳得先想好要什麼再決定買，如果妳想要太多東西，媽媽就不帶妳去了。」女兒聽完媽媽的這個「條件」後，高興地回答：「媽媽，我知道了，我最想要一個布娃娃，不過我還是要去店裡看看什麼娃娃比較漂亮。」於是，母女兩人就去商店了，媽媽帶著女兒看各式各樣的娃娃，並向她講一些與娃娃有關的故事，女兒最後買了一個自己喜歡的娃娃回來。

這位媽媽的聰明在於向孩子出了一個難題，孩子需要事先來決定她要買什麼並設定價格上限。教育專家說：「適當地拒絕孩子很重要，即使你是完全可以滿足他的，也必須讓孩子知道，不是想要什麼就能得到什麼。」例如，許多小孩喜歡吃冰淇淋，如果買一支要花 60 元的話，家長就可以告訴他：「你想吃，可以，但是今天只能給你 30 元，等到明天再給你 30 元。」

3. 給孩子的零用錢數目不要太大，且要相對固定：告訴孩子這些零用錢該

花在哪些方面、怎麼花。如果孩子把當月的零用錢提前花完，又來向你伸手，你不妨先問明緣由，再決定給不給、給多少，並相應地減少下月的零用錢。這並非爸爸媽媽小氣、小題大作，而是培養孩子的自制力。當然，孩子真正需要的額外開支，做爸爸媽媽的理應盡量予以滿足。

4. 要讓孩子明白自己的錢花到哪裡：洛克斐勒（John Davison Rockefeller）要求他的孩子在每天睡覺前必須記下每一天的每一筆開銷，無論是買小汽車還是買鉛筆，都要如實地一一記錄。洛克斐勒每天晚上都會查看孩子們的紀錄，無論孩子們買什麼，他都要詢問為什麼買這些東西，要求孩子給出合理的解釋。如果孩子們的紀錄清楚、真實，而且解釋得有理由，洛克斐勒覺得很滿意，那他就會獎賞孩子們 5 美分。如果他覺得不好的話就會警告他們，如果再這樣就從下次的勞動獎勵中扣除 5 美分。洛克斐勒的這種詢問孩子花銷但是絕對不干涉的政策，讓孩子們很高興，他們都爭相把自己整齊的帳本給父親看。而且，最重要的是，孩子們不會再因為亂花錢而被父親罰款。

當孩子手中有了一定數目的錢時，父母要幫助孩子合理地使用。許多孩子都是父母給多少就花多少，花完了再向父母要。針對這點，父母要督促孩子制訂一個合理的消費計畫，當然，消費計畫必須主要由孩子來制訂。例如，父母在給孩子錢的時候，可以提出一個支出原則，讓孩子自己去制訂計畫，父母不要干涉孩子制訂計畫，但是要監督、檢查孩子的計畫進行，看看孩子是否根據計畫合理地使用零用錢。

透過家長的指導和監督，孩子就會提高理智消費的能力，能夠有所節制地花錢。

5. 教給孩子一些少花錢的方法：告訴孩子，一個人如果能在生活中盡量減少金錢的支出，這樣，手中的錢就會多起來。有什麼方法可以少花錢

呢？例如，買東西之前必須想清楚是否真的需要，可以讓孩子在心裡問自己「我會用這個東西多久？」「是不是已經有其他東西可以替代打算要買的東西？」這些問題可以教導孩子認識到有些支出是不必要的。教孩子每週在固定的一天去購物，不要天天購物。購物之前一定要列個清單，要根據自己的需要去買東西，而不要見什麼買什麼。

6. 可把自己的工作情況告訴孩子：如果情況允許，還可以帶孩子去自己的工作地點看看，讓孩子知道要生活就得工作，錢是透過爸爸媽媽辛勤勞動換取的。否則，孩子不知道爸爸媽媽是如何獲得家庭收入的，就難以建立起正確的金錢觀念。

7. 教孩子學會儲蓄：在孩子的成長過程中設置一個存錢筒，鼓勵他把錢存到「家庭銀行」，並讓他懂得銀行不會把他的錢拿走，而是幫他把錢保存起來，並且還會使他的錢不斷增加，或者也可以以他的名義在銀行開個帳戶，讓他自己保存存摺。這樣，有利於孩子養成儲蓄的好習慣。

值得家長們注意的是，不要用錢作為獎勵和懲罰孩子的手段。孩子做日常家務不應該給錢，否則他會錯誤地認為一切工作都是以錢當作衡量的標準。應該提醒他，身為家庭的一員應該幫助大人做一些力所能及的事情。

第二章　從生活點滴做起

第三章　小事做好才能做大事

生活中有很多孩子平時依賴性強，缺乏自理能力，做起事來磨拖延蹭、馬馬虎虎，以至於常常脫線。我們很難想像，一個連自己的日常生活瑣事都處理不好的孩子今後如何能夠成大事，更難想像他們如何能夠取得成功？

因此，家長應重視日常訓練，改掉孩子拖延、偷懶等壞毛病，讓孩子從小養成積極向上、做事有條理等好習慣。

第三章　小事做好才能做大事

讓孩子擺脫依賴心理

　　莉莉的媽媽視女兒如珍寶，為了給孩子最無微不至的關愛，莉莉的媽媽自己省吃儉用，卻從不「虧待」莉莉，她買給孩子各種玩具、電子琴、鋼琴，請家庭教師輔導，但家裡的大小事情從不讓莉莉沾手⋯⋯

　　而小莉莉也是很乖巧、聽話的孩子，媽媽說什麼，她就做什麼，媽媽不讓她做的事情，她一概不做。莉莉讀到 3 年級還不會自己穿衣服吃飯，甚至連鞋帶都不會自己綁。當然，在媽媽看來，這都是小事情，孩子學習成績好才是最重要的。

　　莉莉高中畢業以後，媽媽把自己辛辛苦苦存下來的 600 萬元拿了出來，讓她到國外留學。

　　莉莉走後一個星期，那天媽媽下班回到家裡，驚奇地發現，她的寶貝女兒居然在家裡看電視！媽媽驚訝得下巴都快掉了下來！

　　原來，因為一直以來習慣了獨處的莉莉不懂得與人交流，也習慣了媽媽的「關懷備至」，她自己一點獨立生存的能力都沒有，遇到事情就只能手足無措地打電話回家哭訴！

　　她要媽媽去國外陪她，但媽媽哪有錢去呢？於是，她索性就自己買了機票回來了⋯⋯

　　看著自己的「千金」，莉莉的媽媽欲哭無淚！

　　在生活中，這樣的例子還有很多很多，因為從小被家長嬌慣，很多孩子養成了強烈的依賴心理。在生活中，小到穿衣吃飯、整理書包，大到報考哪所學校、找什麼工作等事情都要家長為他們安排妥當，一旦離開了家長獨自生活，他們似乎就沒有了指導老師，手足無措了。

　　這種依賴性過強的表現對孩子的成長非常不利，如果不及時糾正，任其發展下去，就會影響到孩子的成長乃至於未來的發展。

生活中，那些過度依賴大人的孩子通常會表現出許多不成熟的跡象：膽小、怕事；遇事退縮、沒有主見；總是要別人幫助，屈從他人；逆來順受，沒有反抗精神；沒有上進心，意志薄弱，害怕困難，遇到問題就驚慌失措，承受不住挫折和失敗；社交能力差，孤僻、自我封閉。

因此，身為家長，如果你希望自己的孩子真正地成長起來，在今後的人生中有所作為，不妨從現在開始讓孩子丟掉手中依賴的「拐杖」，學會自己獨立行走。一個缺乏獨立行走能力的孩子，永遠都是思想、能力上的「瘸子」，是不可能抓住成功的機會的！

那麼，如何才能讓孩子克服依賴，自發性地丟掉手中的「拐杖」呢？建議家長做到以下幾個方面。

1. 幫助孩子擺脫依賴心理：父母一旦發現孩子有依賴傾向，必須及時糾正。先了解孩子依賴心理的形成原因，以此為基礎，制訂一定的策略。

   比如，不少孩子每天早上的起床問題讓父母費了不少心思，一次又一次地叫孩子起床，但孩子總是賴在床上不起，一旦遲到了，反而還會責怪父母沒有及時把他從床上拉起來。為孩子上學做準備成了許多家長的痛苦折磨。

   小王也曾經歷過這樣的折磨。後來，她知道自己要改變這種狀況，不能再讓孩子一味地依賴自己。首先，她把孩子上學能走的路線詳細地調查幾遍，幫助孩子選擇好了一條可以安全到達學校的路線。平時與孩子一起外出的時候，向孩子講解一些交通常識。

   經過近半個月的精心策劃後，她找了一個機會跟孩子對話：「上學是你自己的事，你要自己去完成，晚上睡覺前設好鬧鐘，早上自己起床，沒有人再叫你了，然後自己去上學，以後如果再起來晚了、遲到了只能由你自己負責。」

第三章　小事做好才能做大事

第二天，鬧鐘一響，兒子果然馬上跳下了床，做自己該做的事情。

在對孩子施行教育的過程中，小王意識到，父母包辦一切會讓孩子失去鍛鍊的機會以及對自己、對生活的責任感。比如早上賴床，大人越是不冷靜、督促、責備、替孩子著急，孩子就越拖延、越不著急。等到家長不再讓孩子依賴，要求他自己去承擔後果的時候，孩子開始意識到，起床上學，原來是我自己的事情。因為沒辦法依賴誰，所以漸漸地孩子就會克服依賴心理。小王的做法是值得其他父母借鑑的。

2. 鼓勵孩子自己去尋找獨立鍛鍊的機會：鼓勵他們積極參加學校組織的活動和社會活動。在活動中多承擔任務，使自己有機會獨立面對問題，促使自己想辦法解決。鼓勵他勇敢地邁出第一步，當他們獨立完成一件事情後要及時鼓勵，增強孩子的自信心。當孩子遇到挫折時多給予幫助、理解，和他一起分析失敗的原因，研究解決問題的辦法。

3. 讓孩子自己做決策：自己做決策是獨立發展的一個非常重要的方向，我們要從小培養孩子自己做決策的能力。孩子的事應該由孩子自己去思考，自己去決斷。玩具放在什麼地方？遊戲區怎麼布置？和誰玩？玩什麼？這些孩子的事，家長不要干預，要讓孩子自己去動腦筋想辦法，做出決策。家長可以幫助孩子分析、引導，但不要干涉，更不要代替孩子做決策。

4. 讓孩子對自己做的事情負責：讓孩子對自己做的事情負責，這對於自我意識還沒有形成的小孩子來說的確有些難，但是這種意識要在生活中的點滴及早播種，就可以讓孩子自然而然地形成一個好習慣。

   主要方式有以下幾種：

   ・ 家長每次帶孩子外出，可以讓孩子想想要帶什麼東西，經過幾次提醒，孩子便會主動想起要戴好帽子或穿好外套等。

- 孩子學會表達和思考以後，可以讓孩子試著安排一天的行程。家長可以幫助孩子分析這樣做的優缺點或者其他可能性。

- 出去之後，孩子如果發現自己要帶的玩具或物品忘記帶了而發脾氣，家長不要一味地幫忙做事，而要讓孩子知道自己想做的事應該自己安排好，並且養成負責到底的習慣。

- 家長要時常這樣提醒孩子：「自己的事情要自己做，自己做的事情自己要負責。」時間久了，孩子就會逐漸地形成這種「負責」的習慣了。

5. 鼓勵孩子多讀好書：用古今中外名人事例豐富孩子的頭腦，激發他們樹立遠大的理想。同時，家長要鼓勵孩子多與認真積極的同儕交流，向他們學習。在青少年時期，同儕的影響有時是超過父母的。

6. 別過度保護孩子：生活中很多家長多是「心太軟」的父母，他們總是怕孩子吃苦受累，總想把孩子保護得好好的，以至於孩子對父母的依賴越來越強。許多明明有辦法自己做到的事情，卻總是依賴別人去完成。因此，若想讓孩子擺脫依賴的惡習，家長就不要過於保護孩子。

有一天，王先生帶兒子去醫院拔牙，兒子是個性格怯懦的孩子，很害怕拔牙。

王先生就安慰孩子：「別怕，爸爸會守在你的身邊。」誰知道，進了診間，兒子卻抓住王先生的手不肯放，哭鬧著不讓醫生拔牙，醫生拿著工具站在那裡嘆氣。王先生拚命安慰兒子說：「別怕，不會痛的。」但兒子依舊抓著他哭。

就在這時，有一個老醫生走過來對王先生說：「請你出去，在外面等著。」

王先生問：「為什麼要這樣做？」

老醫生笑著說：「你出去一下子就知道了！」

第三章　小事做好才能做大事

王先生說：「那好吧！」

但兒子卻叫喊著：「爸爸，你別走，我好害怕……」

王先生忐忑不安地在外等待著，過了一會，兒子平靜地走了出來。王先生急切地問：「兒子，會不會痛？你哭了嗎？」

兒子說：「有點痛，但我一聲也沒哭！」

王先生覺得很吃驚。帶著疑問，王先生問了那個老醫生，老醫生回答說：「你知道當時我為什麼要你出去嗎？你守在孩子的身邊，孩子有依賴對象，就會撒嬌、任性。我讓你離開你的孩子，是要促使孩子自己去直面痛苦和磨難。孩子沒有了依靠，自然會用自己的意志和毅力去戰勝怯懦和疼痛。」

王先生恍然大悟，說道：「原來如此啊，我終於找到改變兒子怯懦性格的方法了！」

總之，改善孩子過度依賴的心理有很多方法，家長可以結合孩子的特點，根據實際情況，選擇適宜的方法，長時間的訓練之後，孩子過度依賴的心理就會減弱。慢慢地，孩子就能自己主動丟掉手中的「拐杖」而變得越來越勇敢，越來越獨立！

培養孩子做事有條理的習慣

現象一：

平平已經是一年級的小學生了，可是他一直不會整理自己的學習用品，經常忘記帶課本、作業、文具和其他物品，爸爸媽媽爺爺奶奶幫他送到學校送過好多次，為此老師還責備過家長呢。另外，平平在家裡也是從不整理自己的用品，書架亂得一塌糊塗，家裡到處都是他的書，媽媽光是收拾他的東西就要大半天，可是過不了一兩天，又會亂七八糟。

現象二：

文文是一個一天到晚總是慌慌張張、丟三落四的孩子，不是把作業本忘在家裡了，就是忘了帶課本。到了期末考試時，文文又犯了同樣的問題，他把鉛筆盒放在家裡了。這該怎麼辦呢？

像平平和文文這樣的孩子在我們的周圍並不少見。這些孩子缺乏條理，他們的學習用品經常亂擺亂放，沒有順序、不分場合。書架上，各種姿勢、內容、樣式的書都有；床頭、窗臺、餐桌、沙發、鞋架到處都有沒看完的書；寫完作業後，課本、作業本、計算紙、字典、鉛筆、鉛筆盒、橡皮擦、直尺、削鉛筆器、筆芯盒四散在整張桌子，書包也扔在地上；沒有課程表、聯絡簿；制服、鞋襪、文具等亂丟一通。正因為如此，他們才總是丟三落四，為他們的生活帶來了諸多的麻煩。

專家認為，孩子之所以養成了這些不良的習慣，跟家庭教育是有很大關係的。

1. 家長自己沒有好的習慣，樹立了一個不好的榜樣。
2. 家長對孩子的習慣養成不重視，忽視了生活細節對孩子的影響，沒有從小就幫孩子培養好的整理習慣。

第三章　小事做好才能做大事

3. 對孩子過度溺愛，總是在替孩子「擦屁股」。比如，孩子讀完書了，家長幫忙收拾；孩子的鉛筆斷了，家長幫孩子削鉛筆；孩子的鉛筆盒放在家裡了，家長很及時地送去學校等。類似的做法讓孩子產生了極大的依賴心理，從而養成了不整理、不善整理、不樂於整理的生活習慣。這對孩子獨立自主的訓練是很不利的。

對於孩子來說，從小刻意培植整理習慣，能使孩子做事更有秩序、更有條理，這對孩子今後的工作與生活將有很大的幫助。

有一位年輕人，他大學畢業後去了一家圖書公司做編輯，他說：「生活有秩序幫了我的大忙，平時，桌子上的稿子非常多，我將它們一一分類，從不混淆。改稿子的時候，我精神高度集中，不會因為忙亂而分心。」正因為如此，他的工作效率很高，工作很出色，受到公司的器重。

而要讓孩子養成整理、做事有條理的習慣，家長應做到以下幾點：

第一，不能過分溺愛孩子，不要總是代替孩子做他力所能及的事情。要從小地方著手，從培養孩子自己整理上課用品開始，這將使孩子受用終生。

第二，演練遊戲。讓孩子在亂七八糟的書架和有序清楚的書架上找書，體會有條理帶來的好處。體會要出門旅遊了，卻找不到車票、照相機、水壺等等，意識到提前做不好準備帶來的麻煩。

第三，讓孩子定期整理書包。孩子最好每個月整理、刷洗一次書包，因為書包是孩子每天都要攜帶的，經常清洗可以清除細菌。同時，它的整潔也關係到個人的衛生面貌，背上乾乾淨淨的書包，會給自己一個好心情。

第四，讓孩子自己整理玩具、物品，這能讓孩子體驗到整理的樂趣。

為何教孩子學會整理呢？

首先，家長應該為孩子準備一塊地方，專門讓孩子放置自己的玩具和物品，讓孩子知道這些玩具和物品各有各的「家」，每次用完之後，都應該將

這些東西送回它們自己的「家」去。

其次，家長要讓孩子明白，收拾自己的玩具和物品是自己的事，自己的事情要自己做，家長偶爾幫幫忙，但是幫忙，應該獲得孩子的感謝。

再則，家長要盡可能地用遊戲等方式去吸引孩子參與收拾整理自己的玩具、學習用品等等，並且堅持不懈，最後使孩子形成習慣。

第五，讓孩子和爸爸媽媽一起做家務，體會家長的辛勞，知道亂放物品是一種非常不好的習慣。

第六，讓孩子整理自己的書桌，盡可能地保持書桌整潔，還要注意不要在書桌上堆滿一些與學習無關的東西。這麼做，能讓孩子在學習的過程中保持專注。

第七，讓孩子在自己的學習場所準備好所需的所有用具：紙、筆、直尺、草稿紙、削好的鉛筆、橡皮擦等。這樣有助於提高孩子的學習效率，從而體驗到整潔為自己帶來的諸多便利。

在孩子學會整理的時候，家長不但要授予方法，還應該多加鼓勵和表揚，為孩子的進步開心。慢慢地，孩子就能養成做事有條理的習慣。

第三章　小事做好才能做大事

糾正孩子懶惰的問題

　　小方今年 10 歲，是小學 4 年級的學生了，他長得胖，走路還有點小喘。讓爸爸媽媽最為頭痛的是，他簡直懶得不像話。在家裡，他懶得梳頭髮、懶得收拾東西、懶得摺被子，甚至懶得倒水喝水，當然更不用說鍛鍊身體了。每天從學校一回到家，他就氣喘吁吁地躺在沙發上吩咐他家的保姆替他倒杯水，而他自己則大搖大擺地看起卡通來。

　　在學校裡，他為了能少做一點事情，經常賣弄小聰明、找偷懶的方法，上課從來都不動手抄筆記，也不動腦認真聽，寫作業總是馬馬虎虎，有時候甚至懶得寫作業，叫同學幫他寫，他付「薪水」。做數學習題時，他最討厭的就是抄題目了，至於演算的過程，他自然也懶得寫了，為了應付一下，他便把同學得出的答案直接抄上去……

　　小方的懶惰是眾所周知的，為此，小方的爸爸媽媽憂心不已。

　　其實，小方的爸爸媽媽可能不知道，孩子之所以變得這麼懶惰是與他們的教育有關係的。長期以來，因為家庭條件優越，小方從小過著「衣來伸手，飯來張口」的日子，從幼稚園開始，每天都由保姆接送，家裡的任何事情都不用他親自動手。他所有的上課用具都是保姆負責整理好，放到書包裡的。很多時候，他自己都不知道上課該帶什麼東西。

　　在小方還很小的時候，他也曾經躍躍欲試，想要掃地、端碗、倒水、自己削鉛筆、幫保姆阿姨挑菜……可是，只要他一動手，媽媽就會大呼小叫：「寶貝，這事情你不能做，讓阿姨做就好了！」而保姆也總是對他說：「這事情不用你來做，你去玩吧！」「你到旁邊玩吧，不要添麻煩了！」「別動！」……就這樣，他想幫忙的念頭慢慢就被扼殺了。

　　漸漸地，他把自己不用動手視為理所當然，每天除了吃飯就是看卡通、

玩遊戲，甚至連寫作業，他都覺得太花時間、心力。懶惰帶來的結果是：思維與行動的遲緩，身體的肥胖。等到爸爸媽媽發現這種情況的時候，後悔莫及。

從小方的例子我們可以看出，孩子的「懶」是家長不正確教育的結果，身為家長，請自我檢視一下，你對孩子是否有以下不當的教育方式。

1. 制止孩子勞動：孩子小的時候，對任何新鮮事物都很好奇，總是躍躍欲試，想幫爸爸媽媽做一些事情。可是在他們參與勞動或有做事情的意願時，有的父母怕孩子做不好或者怕孩子弄壞東西、弄髒衣服，便加以制止。這樣，孩子們就失去了嘗試的機會。

2. 家長盲目地溺愛孩子：當孩子想做些事時，父母們總是憐愛地說：「乖孩子，到一邊去，這個我們來做就可以了！」由於大人太過寵溺，孩子養成了「飯來張口，衣來伸手」的習慣。逐漸地他們變得怕苦怕累，遇到困難就膽怯、退縮、逃避，什麼事都要大人代勞，不願獨立地去解決自己力所能及的事情。

3. 經常無止境地驅使、呵斥：「快一點，你再不吃飯我就把你的飯倒掉」、「趕快穿上衣服，要遲到了」、「我對你說過幾遍了，怎麼還不動」、「趕快上床睡覺去」，這些沒有效果的催促，使孩子變得對父母的話毫不在乎，不論輕重都不放在心上。導致孩子變得懶懶散散、不思進取！

富蘭克林說過：「經常使用的鑰匙總是光潔閃亮，而懶惰，像生銹一樣，比操勞更能消耗身體。」茅盾也說：「即使是天分很高的人，如果懶惰成性，有時反而不如天分比他低些的人。」

懶惰讓孩子思想愚鈍，行動困難，精神萎靡不振，意志逐日消沉，本該是努力奮鬥的學生時期，就因懶惰而失去向上發展的機會，毀了日後可能有的大好前程。因此，幫助孩子克服懶惰問題是每位家長應該負起的責任。

那麼，如何才能預防孩子養成「懶惰」的問題呢？

第三章　小事做好才能做大事

1. 從小培養孩子自主的性格和獨立生活的能力：很多孩子對父母都有依賴心理，當依賴心理發展到極端就成了懶惰，由此父母要適時控制孩子對父母的依賴心理，不能任由其發展下去。

   孩子自己能做的事，父母就不要代勞，身為孩子，不要一遇到困難就找父母，應該先讓自己獨立處理。在學習方面也是如此，若有疑難問題，力求自己解決，不要動不動就問老師、父母，父母在此時更要磨練孩子的意志，堅強的意志力是克服懶惰的力量。

2. 給予孩子最大的鼓勵：當孩子主動地做了一點事，不論表現是不是很優秀，都要鼓勵他，這樣會使他大大提高做事的興趣。

   如果學習的過程很枯燥，這時又缺乏鼓勵，孩子就很難持續學習的興趣，進而變得消沉、懶散，因此鼓勵是必不可少的，哪怕孩子有一點點的進步，父母都應該不遺餘力地為他加油打氣。無論何時何地，都要適時地讚美孩子，只有這樣，孩子的思維才會活躍，才能享受到思考所帶來的樂趣。當思考變成一種樂趣時，孩子就會喜歡事事去思考、去探究，就會有勤奮的習慣。

3. 對孩子的努力予以肯定：爸爸媽媽可以抓住適當時機，透過語言，肯定孩子的努力和勤奮。範圍可從一句簡單的「我喜歡看見你努力」到對他們所做的預習、許下諾言和忍耐力做出詳盡的評論。爸爸媽媽也可以在孩子依照標準完成了一項任務後加以肯定和主動讚揚。通常，我們還要將「完成一項任務或工作」的標準告訴孩子，例如，相比於「僅僅把這項工作完成」這句話，「我更喜歡看見你樂在其中」更加強調了情感投入。

4. 激發孩子的興趣：孩子對所做的事情不感興趣時，就會產生惰性，所謂「興趣是最好的老師」，沒有濃厚的興趣，就會沒有動力，於是就容易懶懶散散地看待。

此時，父母就要從各方面激發孩子的興趣，讓事情盡量變得豐富有趣，孩子一旦有了興趣，事情也就比較容易完成了。

5. 為孩子制定一個短期容易達到的目標：有時候，孩子會因為懶惰而造成學業停滯不前，甚至退步。當父母在面對這個問題時，可以對孩子提出一些短時間易達成、難度較小的要求，讓孩子可以獲得一定的成就感，這種成就感會促使孩子繼續努力。

   如此不間斷地學習，當孩子逐步達成一個個目標之後，也就能夠漸漸地克服懶惰的習慣。

6. 給孩子親身經歷的機會：讓孩子有機會分攤家務，這不僅可以增加親子間的互動，還可以培養他們勤勞、愛乾淨的好習慣。此外，家長可以陪著孩子一起動手，這樣不但可以增強他們思考的能力，也可以讓他們享受實作的樂趣。

7. 讓孩子明白道理：家長要讓孩子明白，要想取得更好的成績，是要付出更大的心血的。這不但能激發起孩子的好勝心理，更能讓孩子變得自強不息。

值得家長們注意的是，有時候，孩子懶惰可能是因為遇到了困難。因此，家長們不要看到孩子懶惰就一味指責，而要去觀察或詢問孩子之所以停擺不做事的原因。一個人如果習慣於懶惰，他就會無所事事到處閒晃；反之，一個人如果習慣於勤奮，他就會孜孜不倦，克服困難，做好每一件事情。讓孩子養成勤勞的習慣，家長責無旁貸。

第三章　小事做好才能做大事

別讓孩子養成拖拖拉拉的問題

小彥已經上小學三年級了，他做起事來總是慢吞吞的，讓人心急。從吃飯穿衣，到畫畫、寫作業，他都是慢吞吞的，永遠也不知道要著急，以至於他永遠有做不完的任務，當然，他的課業成績也因此受到影響。

每當需要為某事做好準備時 —— 上學、上床、洗澡、去親戚家，如果媽媽不對他大喊「現在，就現在馬上做！」他是絕對不會著手準備的。

對此，小彥的爸爸媽媽十分煩惱，擔心小彥其實比其他孩子笨。

孩子做事拖延沒有效率，只是一個習慣，並不是一個人的個性特徵，也不是生理缺陷。現實生活中，愛拖延、做事拖沓的孩子的確是很常見的，但通常並不是因為孩子笨而造成的。就拿小彥來說，他的智力在同齡兒童中是正常水準，而且課業以外的能力發展也不差。

造成孩子做事慢的原因有很多種，具體可以總結為以下幾點。

1. 孩子做事情時，動作不熟練：由於孩子的神經、肌肉活動不夠協調，同時缺乏生活技能，所以導致他做事情比較緩慢。

2. 孩子的時間觀念差，做事情缺乏緊迫感：孩子的時間觀念通常要到 5 歲左右才開始形成，而大約在 8 歲以後才逐漸穩定。

3. 孩子做事情時，家長干涉過多：很多時候，孩子自己嘗試做事情時，爸爸媽媽總是說不可以這樣、不可以那樣，結果孩子習慣於受父母的指揮。當他自己做時，就變得猶豫不決，缺乏自信心，從而不知道該如何下手了。

4. 孩子經常被強迫著做許多事情：許多家長總是急切地希望自己的孩子學得多一些，玩得少一些，最好是完全都不要玩，在孩子完成了課業之後，總是為孩子增加額外的任務，老師出的作業做完了，家長的一大堆

作業還在後面等著，所有的作業都做完了，還有畫畫、彈鋼琴等許多事情需要孩子去完成，孩子心裡很不情願，但是父母的命令無法拒絕，於是就想出了拖延的招數，來達到少做一些事的目的，慢慢地，也就養成了做什麼事情都拖拖拉拉的壞習慣。

5. 惰性：很多孩子因為懶惰成性，總喜歡把今天該完成的事情拖延到明天，甚至遙遙無期，直到再也無法拖延時，才臨時抱佛腳。這種行為是一種很危險的壞習慣，會使人喪失上進心。只要有一次做事拖延，就會滋生惰性，很容易再次拖延，最終成為一種根深蒂固的習慣。

6. 因為分心造成拖延：許多孩子拖延，是因為做事情時注意力不集中，容易被一些其他無關的事物所吸引。

很多時候，當孩子做事拖延時，一些家長會表現得很性急，打開嗓門朝著孩子大罵，對孩子責備個不停，有的甚至打罵孩子。這些簡單、粗暴的方式實際上一點都沒有用，孩子看似是被嚇住了，做事的速度加快了一點，但情緒平緩下來以後，孩子還是會照樣拖延。因此，若要讓孩子不拖延，家長應改正自己的教育方式，先從了解孩子著手。

事實上，孩子做事拖延的原因是多方面的，家長如果沒有深究原因，反而用嫌棄的態度直接指出孩子的缺點，是永遠不可能糾正這個壞習慣的。只有找到原因，才能更好地對症下藥。

一般而言，家長可針對孩子拖延採取以下的措施。

1. 訓練孩子「手的速度」：孩子因為動作的不熟練，缺乏操作的技巧以至於做事慢，家長可透過教給孩子一些基本的技能，讓孩子的動作快起來。比如，怎麼穿衣服才能穿得更快，怎麼洗漱才能不浪費時間，怎麼整理玩具才能方便取用，上課用具要分門歸類，先複習後做作業可以節

約時間，早上醒來之後不能再貪睡，吃飯時不能看卡通，放學回家不能邊走邊玩。

另外，針對手部動作的協調性和靈活性比較差的孩子，家長可以適當增加特殊訓練，以提高孩子的動手能力。

此外，家長還可透過比賽的方式，提高孩子做事情的速度，具體有三種比賽方式：

- 讓孩子自己與自己比賽。家長可以針對孩子的某一個拖延問題，幫孩子設計一張自己與自己比賽的成績表。首先記錄下孩子做這件事最初的時間，然後每天記錄實際完成這件事的時間，過一陣子再總結一次，促使孩子不斷地提高自己。
- 讓孩子與別的孩子比賽。家長可以與孩子一起制訂一個和他的同學比誰早到學校的計畫，並監督孩子的實施情況；也可讓孩子邀請同學到家裡寫作業，並進行比賽，看看誰寫得又快又好。
- 家長與孩子比賽。競賽遊戲的項目可以多種多樣，比如，比一比看誰吃飯吃得快，比一比看誰衣服穿得快，比一比看誰刷牙刷得快，比一比看誰洗臉洗得快等。

總之，生活中許多你希望孩子做得快一點的事情都可以作為遊戲項目。

2. 幫孩子認識時間的價值：家長要想辦法使孩子認識到時間是世界上最寶貴的財富，要想辦法讓孩子明白珍惜時間就是珍惜生命的道理。可以向孩子講一些古往今來的成功人士十分珍惜時間的故事，還可以在孩子的臥室裡張貼一些名言警句來提醒孩子。另外，與孩子一起針對拖延的討論也必不可少，家長要明確向孩子指出拖延是有害終生的壞習慣，一個

做事拖拖拉拉的人會浪費大量時間，這樣的人不僅做事效率不高，而且還會被社會淘汰。

3. 拒絕代勞：現在的孩子享受了父母太多的精心照料與服務，生活中的許多事情都由大人代勞，便習慣性地對家長過分依賴，孩子即使是面對一些需要自己完成的事情，他也會在那裡無關緊要地拖延著，等待家長伸出援手。比如孩子早上起床後拖拖拉拉的，家長由於害怕孩子上學遲到而急得不得了，孩子卻在一旁慢條斯理的，因為孩子知道自己動作慢一點沒關係，到時候媽媽會來幫我的，反正是一定不會遲到的。所以，想要讓孩子不再拖延，父母就必須剔除對他的多餘關愛，讓孩子遠離對父母的依賴。

4. 讓孩子覺得值得：孩子只有感覺到做事快對他自己是有好處的，感覺到做事快是值得的，他的動作才能夠「快」得起來。這就要求家長不要給孩子過多的負擔，不要對孩子層層加碼，要把孩子節約出來的時間還給孩子，在孩子較快完成了任務之後，就要給孩子自由安排時間的權力，讓孩子可以用省下來的時間做一些自己感興趣的事情。

5. 增加緊迫感：缺乏適度的緊張感是許多孩子做事拖延的重要原因，所以，家長可以在孩子的生活中「製造」點緊張的氣氛，讓孩子的神經繃緊一些，使孩子的生活節奏加快一些。根據孩子的具體情況，可以在孩子的洗漱、穿衣、吃飯和寫作業等增加些計時性活動，做這些事情需要多少時間，事先與孩子討論好，然後要求孩子在規定的時間裡保持水準地完成，孩子做得好就給予一定的獎勵，做得不好就給予一定的懲罰。比如孩子吃飯拖延，家長可以在到了規定的時間後就不讓他再吃，而且要狠下心來，不到下一頓飯不給孩子吃；孩子寫作業拖延，家長可以在到了規定的時間之後就不讓他再寫，讓他去等著被老師罵。

6. 排除分心的因素：家長一定要排除掉那些容易使孩子分心的誘因，使孩子能夠一心一意地專注於正在做的事情。比如孩子進餐的時間可能正好是電視裡播放卡通的時間，孩子難免會不時地被其吸引，於是就邊吃邊看起來，這樣一來孩子當然會吃得很慢，這時，家長正確的做法應當是關掉電視機，或者把進餐的時間提前或推後。在孩子學習時，家長則應當盡量創造一個較為安靜、無干擾的學習環境，這時家長不要上網玩遊戲，不要打電話跟朋友大聲聊天，不要常常為了小事打擾孩子，即使是在做家事也要盡量防止發出太大的聲音。

7. 讓孩子為拖延付出代價：孩子在體會到拖延會為自己帶來損失之後，就能夠自動自發快起來，因此，讓孩子為自己的拖延付出代價，讓孩子自己去品嘗拖延的惡果，不失為一個改掉孩子拖延問題的好方法。比方說孩子早上起床後拖拖拉拉的，家長不要急，也不要去幫他，可以提醒孩子一下「再不快點就要遲到了」，如果他依然在那裡拖拖拉拉的，就讓他這麼做吧，不必擔心孩子上學會遲到，其實我們就是要讓孩子親身體驗到上學遲到的後果，孩子如果真的遲到了，挨了老師的罵之後，就會意識到拖延帶來的壞處，經過數次以後孩子自然就會自己加快速度。

8. 給孩子多一些鼓勵和獎賞：表揚和鼓勵比批評和指責能更有效地激發孩子的積極動機，孩子受到的表揚越多，對自己的期望也就越高。大多數孩子都很看重來自外界的認可，所以，若想讓孩子不再拖延，父母改變對孩子的評價是必須的。

　　如果父母能經常對孩子說：「你如果再快一點就會做得更好」，「你看你做得多快」，「太棒了，現在不用一直提醒你了」，孩子便會受到正面的鼓勵影響，而這些真誠的鼓勵是能夠打動孩子的，孩子為了不讓父母失望，下次做事就會有意識地提醒自己加快腳步。

另外，為了使孩子更有動力，當他做事的速度比以前快，或者當他達到了要求時，父母還可以適當地給予一些獎勵，比如帶孩子外出遊玩，為孩子買他想要的玩具等。用鼓勵和獎賞來「催促」孩子做事，往往能夠得到很好的效果。

糾正孩子粗心大意的問題

小如是個標準的「差不多小姐」，作業寫錯、漏寫，運算符號看錯，甚至剩下半題忘了做。在她看來，什麼都差不多。「3」和「8」差不多，因為長相相似；「11」和「12」差不多，因為不就差「1」嘛；「天」和「大」差不多，因為只是少了一橫……

老師責備她，她也總是懊悔地說：「哦，又粗心了！」而下一次，她依然粗心……

媽媽發現小如的粗心，與大多數孩子一樣，是沒把心力放在功課上。比如，要求她做1小時的功課，她會不停地偷瞄時鐘。要是卡通快開始了，就更是心不在焉。要是跟她說再讀20分鐘可以去玩，她就開始偷懶，20分鐘只寫了一行字，裡面還會有兩個錯別字。

不少孩子都像小如一樣，有粗心大意的問題。在他們看來，粗心不過是許多人經常犯的小問題，不足為奇，以至於我們經常聽到許多孩子懊惱地說：「唉，如果不粗心的話，這次我一定考滿分。」「如果不粗心的話，這麼簡單的題目應該不會做錯。」……乍聽之下，這些話似乎有很多的遺憾和自責，但隱隱之中又透出他的滿足和自豪！粗心真的是可以忽視的小問題嗎？答案當然是否定的。

粗心在孩子的成長過程中造成的影響不僅僅是課業成績差的結果，它還會為孩子帶來不應有的障礙和困擾，輕則事倍功半，重則影響到孩子的事

第三章　小事做好才能做大事

業、人際社交，甚至是人身安全等等。可以說，粗心所帶來的災難可能是我們無法預計的。因此，千萬別放過了孩子的這一問題。

　　孩子之所以做事情粗心大意，原因有很多。那麼，孩子為什麼會養成粗心的問題呢？

1. 孩子年齡還小，各項發育還不完善，知識不足，對事物的判斷不準確，是造成他做事不小心的重要因素。

2. 態度不認真，對學習缺乏責任心，所以在學習時囫圇吞棗，做事情時敷衍塞責，馬馬虎虎做完了事。

3. 注意力不集中，不善於觀察。

4. 孩子自制力差，缺乏有效管理和是非判斷能力的孩子們是很難抵抗誘惑的，也就很難做到專注、認真。

5. 性格問題。急性子，做什麼事都心急，急急忙忙難免出錯。

6. 熟練與否的問題。因為對所做的事情不熟練，顧此失彼，出現錯誤。

　　在了解了孩子做事粗心的原因後，家長可以對症下藥，給予孩子正確的教育和引導，幫助孩子克服粗心這個不容忽視的問題。具體上可從以下幾個方面著手。

1. 讓孩子意識到粗心的壞處：例如，講一些既風趣又有教育意義的故事，讓孩子在笑聲中認識到粗心的壞處，對粗心產生反感。

2. 提供孩子細心做好事情的動力：有一次，小王無意中把督促女兒學習的條件改為「再做對 5 道題才能玩」，結果小王的女兒 5 道題做得非常好，而且只用了 23 分鐘。

　　為此，小王找到了糾正女孩子作業粗心的訣竅：「化時為量」。

　　這樣，孩子的動力就來了，從「必須忍耐 25 分鐘」的消極狀態，轉變

成「快把練習做完」的積極狀態。這個方法可讓孩子集中注意力，讓他在不知不覺中克服了粗心的問題。

3. 制訂規則：針對孩子的粗心問題制訂規則。例如，孩子寫作業粗心，就立一條規則：每次做完作業都要檢查一遍，並監督孩子實施；孩子不整理自己的東西，就在家裡立條規矩：從哪裡拿的，一定要放回哪裡，大人以身作則，同時嚴格要求孩子，絕不放過。

4. 用比賽的方式激發孩子認真做事的好勝心：父母在教育孩子的工作上，應從每一件小事著手，讓孩子對每一件小事認真、負責，養成孩子做事認真的態度和習慣。由於平時沒有注意習慣的養成，許多孩子做事馬虎、不注重細節，對看似小的事情不認真去做。

芬妮要搬新家了，她存了一大罐硬幣，爸爸媽媽和芬妮商量，讓她將這些硬幣拿到銀行兌換成紙幣。芬妮想到能換成一張面額極大的鈔票，欣然應允了。

現在的問題是，要將硬幣數出來。這麼多硬幣讓一個人數，時間要很久。爸爸媽媽建議將硬幣分成三份，爸爸媽媽和芬妮每人各負責數一份。芬妮負責的那堆最少，但不到一下子，她就數累了。她開始東張西望，忘了剛剛數了多少。結果，芬妮又重來一遍。芬妮偷偷地看看爸爸媽媽，發現他們兩個人數得十分認真，一枚硬幣、一枚硬幣地數，一邊還在紙上記著數字。芬妮不想記，她嫌這樣太麻煩。

最後，當爸爸媽媽都數完時，芬妮才數了一點點。爸爸媽媽並沒有嚴厲的責備她，而是指出芬妮慢的原因，做事時總是分心不認真。芬妮認識到了自己的問題，最後，她終於將她的那一堆硬幣數出來了。三個人的硬幣加在一起，總共是 362 美元 5 美分。

爸爸媽媽讓芬妮明白了一個道理，做事要堅持與認真，這對她的成長極

有益處。事實上，培養孩子認真的品格，家長需要做到有恆心，能堅持從小事開始培養，告訴孩子，凡事認真對待，才有取勝的機會；只有在小事上認真，才能完成大事。這樣，孩子才能逐步養成認真學習、認真做事、認真對待一切事情的良好習慣，並將這種習慣逐漸轉化為自己的一種能力。

5. 放手讓孩子獨立，自己的釘子自己碰：家長可以給粗心的孩子一點教訓，讓他體驗到粗心大意帶來的嚴重後果。比如，考試考差了，上學忘記什麼了，決不替他彌補，讓他吃點苦頭，從而從中吸取經驗和教訓。

6. 讓孩子的生活井然有序：其實，孩子有這種粗心的問題也是在從小時候的生活中形成的。試想，如果孩子從小就生活在一個無序的家庭中，沒有一定的作息時間，東西可以隨處亂放，這樣怎能要求孩子沒有馬虎的行為呢？因此，家長們應該重視這一點，做什麼事情要有規律，不要隨心所欲，東西擺放要整齊，讓自己的家裡有一個良好的氣氛。一旦孩子在生活上養成了有規律的習慣，在學習上也能做得到。

7. 教給孩子「認真、細心、有頭有尾」的做事方法：有些時候，你的目的就在於告訴孩子你做事情應該認真、細心、有頭有尾，與其講很多道理，費時費力，而且可能還吃力不討好，孩子未必能聽得進去，還不如教給孩子怎麼把事情做好的方法，孩子方能受益終身。

做事情粗心大意是成功、幸福和快樂的最大敵人。如果孩子受到這個壞習慣的左右，將很難做好一件事情，今後更不可能有所建樹。

因此，家長應讓孩子將「認真」養成一種本能，這樣能讓孩子屏棄浮躁，認認真真、腳踏實地做好自己的事情，一步一腳印。只要擁有這種做事認真的習慣，孩子人生基業的巍巍大廈一定能堅如磐石！「簡單的事做好了就不簡單，平凡的事做好了就不平凡。」這就是成功與幸福人生的法則！

做事不能半途而廢

日常生活中，我們常見到很多孩子，尤其是獨生子女做事不是虎頭蛇尾，就是半途而廢，不能善始善終。

案例一：

小玲每次做事都怕遇到挫折，就像積木被碰倒了就怎麼樣也不肯再玩了；看故事書碰到不認識的字，就不願意再往下看；練習騎腳踏車摔倒了，就不想再繼續練習了；下棋發現快要輸了就說不要玩了，不然就是生氣地把棋子全部都弄亂，根本就玩不下去……

為此，她的媽媽總是嘆氣：「這孩子做事情總是半途而廢，以後與他人競爭時怎麼辦？怎麼能成功？」

案例二：

峰峰是個興趣廣泛的小男孩，他什麼都想做，但常常在一件事沒做完的時候，就去做下一件事，結果哪一項都沒有做好。

媽媽發現峰峰做事有些盲目，缺乏目的和重點，總是想做什麼就做什麼，累了就放棄，從不堅持做到底。於是每次睡覺前，媽媽都讓峰峰將自己的玩具收拾好，再到洗手間洗臉、洗腳。峰峰有時能做到，有時真的太困了，就賴在床上什麼都不做。這讓媽媽十分傷腦筋。

一個週末，小表弟來峰峰家玩，和峰峰比賽搭積木，看誰搭得又快又高。小表弟有條不紊地將積木一塊一塊地往上搭，倒了就重來，積木搭得越來越高。反之，峰峰沒有這個耐心，一下子就覺得不耐煩了，他隨便找出一塊積木就往上搭，結果積木全倒了。峰峰羨慕地看著小表弟搭的「高樓」，面對自己的積木發呆。

一般來說，做事半途而廢的孩子，心理往往比較脆弱，意志力較差，情

第三章　小事做好才能做大事

緒不穩定，注意力也不太容易長久集中。從整體上看，這樣的孩子獨立自理的傾向較弱，能力也差。由於孩子做事很少成功，自信心不足，甚至有嚴重的自卑感，或者馬馬虎虎，對人對事都抱一種滿不在乎的無所謂態度。這對孩子的成長與發展危害極大。因此，家長應讓孩子學會堅持，養成做事善始善終的好習慣。以下是專家的一些建議：

1. 讓孩子懂得堅持不懈的重要性：家長應經常告訴孩子，「堅持就是勝利，堅持就能成功」。對孩子堅持做事的習慣，家長應給予及時鼓勵，要求並督促孩子將每一件事情做完。鍛鍊孩子的意志力，家長要有決心和恆心，要捨得讓孩子吃苦。

2. 透過身邊小事讓孩子養成做事堅持的習慣：在平時的生活中，家長可以多利用身邊的小事培養孩子持之以恆的習慣。比如，讓孩子學會自己疊被子，自己收拾自己的房間。剛開始，孩子也許會因為感覺新鮮而去做，但是過了一段時間後，孩子就會膩了，不想做了，這時候，父母就要督促孩子，讓孩子堅持去做，直到把一件事做完為止。要讓孩子明白，堅持是美德。

   為了進一步提高孩子的毅力，只讓孩子做一些生活中的小事是遠遠不夠的，還要有意識地在孩子面前設置一些障礙，讓孩子在克服困難中學會堅持，進而養成堅持的習慣。每一個人堅持的習慣都是在困難中磨練出來的，越是在困難裡長大的孩子，就能越堅持。

3. 引導孩子獨立活動：家長要盡可能讓孩子練習獨立活動，如讓孩子自己穿衣、自己收拾玩具、自己完成作業等。孩子在進行這些活動時，要克服困難和障礙，正是在克服這些困難的過程中，使得他的意志得到訓練。倘若孩子不能獨立完成這些活動，也不必急著去幫助，而應該「先等一會兒」，讓他自己嘗試克服困難。當他戰勝了困難，達到了目的，

會產生出一種經過努力終於勝利的成就感。在這個過程中，孩子克服困難的勇氣和信心也就隨之增強。

4. 讓孩子從克服小困難開始，善始善終：家長對孩子的要求要嚴，讓孩子從克服小困難開始，做事善始善終，而且必須堅持到底，直到有效為止。比如父母可以帶著孩子堅持早上跑步，持之以恆，久而久之，也會逐漸培養起孩子堅持不懈的品德。當孩子經過努力出色地完成一項工作後，家長要給予及時的表揚，強化孩子做事能始終如一的好習慣。

5. 讓孩子樹立計畫意識：培養孩子堅持不懈的精神，是一個循序漸進的過程。開始，家長可幫助孩子制訂計畫，但應事先徵求孩子的意見。等到孩子有了初步的計畫意識，就可以逐漸讓孩子自己學著安排自己的事情。這個練習的關鍵是讓孩子持之以恆，及時發現孩子的興趣，培養孩子的毅力。

   若家長可以這樣為孩子計劃：每天背 5 個單字、每天讀一篇短文，或每天做五個題目等，並讓孩子將這些成果每天記錄在一張紙上，貼在牆上（這很關鍵，一定要讓孩子看到自己的成績，他會大為驚訝。哇，這麼多呀！）或是將每天寫的、累積的東西，用資料夾整理在一起，等一段時間後，他就會看到他的成績。潛移默化地告訴孩子一個道理，日積月累，積少成多。不怕少，只要堅持就會有收穫。當孩子有了收穫，取得了成績，他會認同這種做法，以後，自動自發的學習習慣就養成了，不用家長再催了。

6. 和孩子一起設立目標：家長應該指導和幫助孩子設立短期和長遠的目標，使孩子有具體的努力方向。孩子心中有了目標，有了「期望」，他就會為實現目標而去努力，從而表現出堅毅、頑強和勇氣。但設立目標時必須注意：

   ・ 目標一定要具體、切實、可行，只要自己努力就可以達到。

第三章 小事做好才能做大事

如每天跑 200 公尺或 300 公尺、500 公尺，可以依孩子的年齡與體力而定。定下的目標，必須是只要堅持就一定能做得到的。不要定那些諸如考試、比賽拿第幾名之類的目標，因為名次不只決定於你自己，還有許多外在的不定因素，別人的成績不可能由你來把握。

- 定目標前要與孩子商量，說明任務的艱難，要讓孩子真心接受，並對克服困難有足夠的心理準備。商量時讓孩子提出自己的意見，並盡可能尊重孩子的意見。不可勉強，更不能將自己的意願強加在孩子身上。

- 目標如果是合理的，那就應當要求孩子堅決執行，直到實現為止，不可遷就，更不能半途而廢。

7. 讓孩子學會自我控制：孩子的意志品格是在大人嚴格要求下養成的，也是他們在日常生活中經常自我控制的結果。家長應經常啟發孩子加強自我控制。自我鼓勵、自我禁止、自我命令以及自我暗示等都是意志鍛鍊的好形式。比如，當孩子感到很難開始行動時，可讓他自己數「三、二、一……」，或自己對自己下命令：「大膽些！」「不要怕！」「再堅持一下！」等。

8. 提高孩子完成某一任務的信心：向孩子交辦任務時，要具體說明清楚任務內容，並提醒他在完成任務中可能會遇到的困難，讓孩子有充分的心理準備；再教他一些克服困難的方法，使孩子做到心中有數，以增強其完成任務的信心和勇氣。

此外，家長還可根據孩子的特點，透過講故事、看電影、參觀人物紀念館、閱讀書籍等，讓孩子學習，受到啟發，培養孩子堅持不懈、堅韌不拔的品格。

教育孩子做事要有計畫

在生活中，常常聽到一些家長抱怨孩子做事、學習效率低下，沒有主次觀念，生活無規律等。那麼，怎麼樣才能夠讓孩子學會高效學習、規律生活呢？很重要的一點就是幫助孩子學會有計畫地做事情。

德國人非常注意做事的計畫，在教育上，他們也引導孩子做事要重視計畫。

如果一個孩子對爸爸說：「爸爸，我週末想去郊遊。」他的爸爸不會直接說「好」或者「不好」。他會問孩子：「你的計畫呢？你想跟誰一起去？到什麼地方去？怎麼去？要帶什麼東西去？」如果孩子說：「我還沒想好。」爸爸就會對他說：「沒想好的事情就不要說。如果你要去，就要先做好計畫。」從這個例子可以看出，德國人做事嚴謹，做事之前往往都會有周密的計畫，這是從孩子小時候培養的習慣。「凡事豫則立，不豫則廢。」做事有計畫對於一個孩子來說，不僅是一種做事的習慣，更重要的是反映了他做事的態度，是孩子能否取得成就的重要因素。對於孩子來說，做事有計畫是一種需要終生都要保持的良好習慣。因為它可以幫助孩子有條不紊地處理學習和生活中的事情，而不至於手忙腳亂、無從下手。做事沒有條理的孩子，不僅無法井然有序地料理自己的生活，也無法很好地學習！如果孩子在長大成人之後，依然做事沒有條理、沒有計畫，肯定會比其他人走得更辛苦、更艱難，在成功的路上也更容易遇到障礙。可以說，讓孩子從小學習有計畫地做事情的觀念和能力，對他們的一生大有裨益。

那麼，家長應如何培養孩子做事有計畫的好習慣呢？

1. 告訴孩子做事情要分好先後順序：要讓孩子養成有計畫做事的好習慣，家長就應該讓孩子知道，任何時候做任何事情，都要有主次之分。一般

第三章　小事做好才能做大事

情況下，緊急的、重要的事情要先做，期限比較晚的、不重要的事情可放在後面完成。如果孩子懂得了這一原則，做事就會變得有條理起來。

2. 和孩子一起做計畫：如果希望孩子養成做事有計畫的好習慣，家長可以把自己在工作和生活中制訂的計畫示範給孩子，讓他們觀摩。把自己的家庭計畫告訴孩子，徵求孩子的意見，讓孩子幫忙做計畫。比如，連假來臨了，可以這樣對孩子說：「我們來制訂一下這幾天的計畫吧。第一天去阿嬤家，第二、第三天去郊遊，第四天去動物園、海洋館參觀，第五天去書店買書，第六天到兒童活動中心去玩，第七天在家休息。你留心觀察和學習，把這個連假的見聞記下來，你覺得這樣安排好不好？」

   如果孩子對家長的計畫提出了疑問或者孩子有了計劃的意識後，那麼，家長就可以讓孩子來安排、計劃一下了。比如，郊遊時，孩子喜歡到有動物、有果園的地方去，家長可優先安排到這樣的地方去；去公園遊玩，如果孩子喜歡玩一些新奇刺激的事情，便可以讓孩子做一些活動，如划船、拍照、餵魚，按次序和時間來安排，既要照顧大家，也要考慮個人的喜好。如果孩子安排得合理，就按照孩子的安排去做；如果安排得不合理，就要告訴孩子什麼地方不合理。

   這種實踐性的練習最能培養孩子做事有計畫的習慣。這樣不僅可以幫助孩子理解計畫的重要性，而且，孩子也能夠學著去安排自己的事情。

3. 讓孩子按計畫做事：當家長和孩子一起制訂了某項計畫後，必須讓孩子按計畫做事，不能隨意更改，更不能半途而廢。對學齡前的孩子來講，家長應該要求他們在玩的時候把玩具拿出來，玩完以後自己把東西收好；對於小學生來說，就要要求他們看書寫作業的時候要認真，寫完以後才能去玩；對於中學生來說，應該要求他們做事有責任心，自己把握做事的進度。

當然，有些時候因為事前對任務的難度和所需要的時間估算錯誤，這時候，家長可以引導孩子學會調整計畫，使其更合理。

4. 養成孩子做事有計畫的良好習慣：如果一個孩子對媽媽說：「媽媽，我週末想去打球。」媽媽可以模仿德國家長的做法，不直接說「好」或者「不好」。而應該問孩子：「你想跟誰一起去？到什麼地方？怎麼去？要帶什麼東西去？」如果孩子說：「我跟小明一起去的，但我們還沒決定好要去哪裡做什麼。」這個時候，家長就應該告訴孩子：「那你們先計劃好了，再來告訴我！」慢慢地，孩子就會養成做事嚴謹的態度，在做事之前會先擬出一個周密的計畫。

還有，當孩子提出某項請求時，家長可以問孩子：「你的計畫呢？」不僅如此，身為家長，必須有耐心地與孩子討論他的計畫，並使計畫切實可行。久而久之，孩子會漸漸地養成良好的做事有計畫的習慣。

5. 讓孩子學會做事有條理：在日常生活中，家長要經常指導、督促孩子要有條理地做事。告訴孩子，房間擺設要井井有條，用過的東西要放回原處，以免需要的時候找不到；晚上睡覺之前，要整理好書包、準備好第二天要穿的衣服，並督促他們做到、做好。這些能夠幫助孩子養成做事有條理的好習慣。此外，家長還要引導孩子向做事有條理的人學習。因為在生活中，有的孩子往往無法接受家長的意見，這時，家長就要用孩子身邊的榜樣來引導孩子。

需要注意的是，教育孩子要做事周密計劃，要有條理地生活，這些離不開科學的態度。也就是說，要遵循規律，而不能衝動硬撐，或制訂不切實際的計畫。

6. 教孩子控制時間：要讓孩子養成做事有計畫的好習慣，必須引導孩子學會運用和把握時間，這是有計畫做事最重要的一環。

第三章　小事做好才能做大事

狄更斯（Charles Dickens）曾說過：「延宕是偷光陰的賊。一天 24 小時，為勤勉的人帶來智慧和力量，而懶散的人空留悔恨。有成就的人會珍惜生命中的每一分鐘，絕不虛度年華。」

一天 24 小時，一年 365 天，有的人整天忙得焦頭爛額，學習和工作效果卻不理想；有的人卻學得好、玩得好，為什麼會有如此之大的差異呢？關鍵是管理和利用時間的方式不同。

那麼，怎麼才能管理好時間、利用好時間呢？那就是制訂詳細可行的行事計畫。計畫主要包括目標、具體任務、時間安排等幾個方面，而且要切合實際。對每天、每週、每月以及每個階段的目標、任務和時間做出準確的計畫，才能控制好時間。

7. 教育孩子做事情有計畫並且克服惰性：有計畫地做事，還需要克服惰性，當天的事要當天做完。如果沒有完成的話，事情不斷累積，最後越積越多，計畫就會被弄得亂七八糟，很可能要花費數倍的時間完成要做的事情，這樣做事很容易不了了之。

8. 讓孩子勞逸結合，張弛有度：事情不可能一蹴可幾，做好一件事情需要一步一步地來。一個好的計畫應該是勞逸結合、張弛有度的。時間安排得太滿，會使孩子長時間處於緊張狀態而無法放鬆，久了只會積蓄壓力。時間安排得太鬆卻又會使人懶散。

張弛有度的節奏能幫助孩子更有效率地達到目標。所以幫助孩子制訂計畫的時候，不能太心急，一定要根據孩子的實際情況確立節奏，如果在實施的過程中覺得不是很妥當，還可以根據實際的過程進行調整。

總之，培養孩子做事有計畫的習慣，不能著急。讓孩子逐步養成先計劃後行事的習慣後，孩子也就在無形中養成了良好的做事習慣，會受益終生。

讓孩子養成「負責」的習慣

責任心是孩子健全人格的基礎，是能力發展的催化劑，是一個人能夠立足社會、擔當重任的重要條件。孩子小時候所表現出的各種主動嘗試的願望，正是一種責任心的萌芽。比如，孩子要求自己吃飯、試穿衣服、手髒了自己洗等行為都是孩子責任心的表現。家庭是孩子責任心賴以滋長的土壤，家長的責任是密切地關注孩子的成長，幫助他們，鼓勵他們，在他們嘗試的過程中，培養他們的責任意識，增強其自信，使孩子逐步變得獨立自主，對個人、社會負責。

具體來說，要培養孩子的責任心，家長應該做到以下幾點。

1. 家長要樹立榜樣：孩子的心理傾向是模仿自己喜歡和崇拜的人，而父母在小孩子心目中通常都具有絕對的權威。父母的言行舉止對孩子的影響是深遠的、巨大的。家長的所作所為，孩子是看在眼裡、記在心上，長期的耳濡目染深深影響著孩子的成長，父母只有在生活中嚴於律己、以身作則，才能對孩子有好的影響與教育。

   世界著名化學家、炸藥的發明者諾貝爾（Alfred Nobel）具有強烈的社會責任感，而這就是來自於他父親的言傳身教。

   有一次，諾貝爾問父親：「炸藥是傷人的可怕東西。為什麼還要製造它？」老諾貝爾回答孩子說：「雖然炸藥會傷人。但是我們要用炸藥來開鑿礦山，採集石頭，修築公路、鐵路、水壩，為人民造福。」

   聽了父親的話，諾貝爾接著說：「我長大了，也要製造炸藥，用它造福人類。」

   可見，父親所具有的責任感極大地影響了諾貝爾以後的人生。

   教育家陶行知說：「我希望我的兒子要成為一個什麼樣的人，那我自己

107

就該首先成為那樣的人。」同理，要培養子女的責任感、事業心，家長就要先擁有盡忠職守的責任感、事業心。

2. 培養孩子的家庭責任感：家庭責任感主要是指能尊重其他家庭成員，自願承擔家庭義務，為自己的行為承擔責任的一種心理。一個具有家庭責任感的兒童，不僅能在當下的家庭生活中扮演好家庭成員的角色，在未來的生活中也有能力組織好屬於自己的家庭。他的一生不僅能享受到家庭生活的充實、快樂，同時，也能創造出溫馨、和睦的家庭氣氛。

   孩子，身為家庭的一名成員，既應該享受權利，也應承擔相對的家庭責任，包括承擔一部分的家務勞動等。父母可透過鼓勵、獎懲等方式，督促孩子履行職責，培養責任心。

   家長可以培養孩子勞動的習慣，透過勞動培養孩子的責任意識。比如，讓孩子將洗碗、掃地、拖地板、擦玻璃、拿報紙等天天都要做的事情，分幾件讓孩子做，並且負責到底，這樣做有利於幫助他們了解生活，了解父母。更重要的是，讓孩子明白自己是家裡的一分子，需要承擔一定的家庭責任。

3. 讓孩子自己承擔責任：要培養孩子的責任感，家長應當要求孩子勇於對自己的言行負責，不論孩子有什麼樣的過失，只要他具備承擔責任的能力，就要讓他去勇敢地面對，不能讓他逃避或推卸責任，更不能由大人出面解決。比如孩子損壞了別人的玩具，家長就應要求孩子自己去幫人修理或照價賠償；孩子一時衝動打傷了人，家長就應要求孩子自己去登門道歉，並鼓勵孩子去照顧被打傷的孩子等。讓孩子明白，任何人都別想推卸自己的責任，讓別人替他們收拾殘局是不可能的。

   1929 年 7 月 4 日，美國國慶前夕，一個 11 歲的美國男孩拿到了一些被禁止燃放的煙火炮，其中包括一種威力巨大的鞭炮，叫做魚雷。一天下

午，他走近一座橋邊，朝橋邊的磚牆放了一個魚雷大鞭炮。一聲巨響，讓男孩神采飛揚，但就在這時，員警來了，把男孩帶上了警車，去了警察局。儘管員警認識這個男孩和他的父親，依然嚴肅地執行煙火禁令，判定這個男孩要交 14.5 美元的罰金。

男孩自然交不起，只好由父親代交。讓人感慨的是，這位父親當時沒說太多的話，回到家後，他跟兒子說：「這件事是你惹出來的，你必須對這件事負責任。到了 16 歲後，你要透過打工來還我的錢。」這個男孩就是後來的美國總統雷根，他在回憶錄中寫道：「我做了許多的零工，才還清了我欠爸爸的那筆罰金。」顯然，這件事讓雷根懂得了什麼叫責任──那就是一個人要對自己的行為負責。

像雷根的父親那樣，讓孩子自己承擔自己的過失，看起來似乎有點殘酷和不近人情，但其實這才是父親深沉的愛。一般來說，當孩子有了過失的時候，恰好是家長教育孩子的最有利時機。不論孩子有什麼過失，只要他有一定的能力，就應該讓他承擔責任，而不是由父母承擔一切。

4. 約定責任內容：家長應該和孩子約定責任的內容，讓孩子明白該做什麼、怎麼做，否則將會受到哪些懲罰。孩子做事往往是憑著興趣的，要讓孩子對某件事負責到底，必須清楚地告訴他做這件事的要求，並且與處罰連繫在一起。比如，把洗蔬菜的家事交給孩子，要是沒做好，便不能吃所有的菜。這樣，孩子慢慢就會知道一個人是要對自己的行為負責的。

5. 教孩子學會接受失敗的教訓：孩子處於成長之中，對一些事情表現出責任感的缺失也是正常的，因為許多時候他不知道責任是什麼，所以為了培養孩子的責任感，家長可以適當地讓孩子品嘗一下做事不負責任的後果，教孩子如何去面對並接受這次失敗的教訓，並從中獲得成長。比如孩子在學校違規受罰，一定要支持老師的做法，不要想方設法去替孩子

解圍。孩子嘗到懲罰的後果，同時承擔責任的能力也就增強了。

6. 讓孩子養成「自己想辦法」的習慣：從小讓孩子自己去解決自己的事情，遇到問題要自己想辦法，不要總是想依賴別人替自己解決問題。當孩子沒有辦法解決自己的困惑時，再給孩子一些建議，多溝通與引導，但不要把自己的某種願望強加給孩子。

總之，孩子的責任心並不是與生俱來的，它需要在長年累月的生活中逐漸培養。無論在何時、何地，家長都要學會在點點滴滴的小事中培養孩子的責任心，讓孩子擔任一些有意義的角色，使他們感到自己的行為對群體所產生的重要性。這樣，才能把孩子培養成一個對自己負責、對他人負責、對社會負責的人。

第四章　幫孩子塑造良好的性格

愛因斯坦說：「優秀的性格和鋼鐵的意志，比智慧和博學更重要，智力的成熟，很大程度上是依靠性格的。」良好的性格是孩子成長的積極因素，它能幫助孩子擁有良好的發展空間。而不良的性格則是一種破壞性的力量，它會阻礙孩子的健康成長。從小塑造孩子良好的性格，是孩子今後獲得成功的基礎，所以家長應該加以重視。

第四章　幫孩子塑造良好的性格

別為孩子的「任性」買單

任性，意指一個人放任自己的性子，不顧客觀環境和條件如何而為所欲為，自己想說什麼就說什麼，想做什麼就做什麼，不聽勸告與阻攔的行為。它是一種負面的性格，對孩子的成長有害無益。生活中，任性妄為的孩子有很多。

案例一：

強強人如其名，他的個性好強，總是想做什麼就做什麼，家長如果不允許，他就大發脾氣，大哭大鬧，耍盡花招。他要買的東西，也一定要買給他，不買的話，他就咒罵、摔東西，他的任性讓爸爸媽媽吃盡苦頭。

在學校，由於他的任性，已經和老師、同學發生了不少衝突。以至於老師討厭他，同學們都不喜歡他。他在學校已經成了邊緣人物。

案例二：

小女孩小蘭，今年十歲，上小學四年級。她的學習成績優良，可是任性、要強、自私、嫉妒心強、愛發脾氣。菜不好吃，責怪大人；父母吃了她愛吃的點心，就大聲尖叫；每天起床，總是要找點事情，發一頓脾氣。某天放學後，母親陪她上街，因為買錯了她要的餅乾，她就坐在家門口階梯上不走，奶奶和鄰居好言相勸也不理，父親專程為她重買了餅乾仍不消氣。上樓後還獨自關在房裡哭鬧謾罵一兩個小時才逐漸平靜下來。為此，小蘭的爸爸媽媽非常地苦惱，不知道該如何教育孩子。

心理學研究表明，後天環境和教育的作用深遠地影響著任性性格的養成，其中家庭教育方式的不當是造成這種不良性格的主要原因，過度溺愛或過多責罵孩子的教育方式與孩子形成固執、任性的性格有著一定的聯繫。

對孩子的任性不可一概否定，必須區分不同情況加以教育。任性如果表

現在獨立完成某件事，或為了維護自尊而有較強的自我意識，就不必當作錯誤來追究，而要積極引導孩子合理利用它。

對不當的任性行為，不能因溺愛而放棄教育，一味順從孩子；也不該粗暴對待，以打罵代替教育。正確的方法應是以情感化之，巧妙處理。具體地說，可以做到以下幾點。

1. 對孩子講明道理：當孩子任性時，家長應明確告訴孩子任性不是一種好性格，家長、老師和同學都不會喜歡，更不會任由你錯誤的性子行動，長大以後這樣的性格更會影響人際關係和工作。而且，過於任性，會給親人、好友造成感情負擔，因此是不合理的。

2. 培養和孩子講理的習慣：父母要練習每一件事情都和孩子講道理，讓孩子慢慢了解和接受。如果孩子年紀小還不了解或聽不入耳，父母也不必太過著急或過分期待孩子馬上接受，因為孩子每天都在成長，慢慢地，他就會變得明理。做父母的千萬要記住：切勿「以暴制暴」，以免讓孩子以為武力可以解決一切問題。

3. 理解孩子的心情，糾正孩子的行為：當孩子有霸道行為出現時，父母應先處於他的立場設想，試著了解他的心情。對孩子的霸道行為，勿過於迎合或者是敷衍，應當適時地給予輔導和糾正。當孩子有比較好的表現時，要適時地給予鼓勵和肯定，孩子一旦受到肯定，便會意識到那些事是可以做的；而當孩子有霸道行為時，則必須給予輔導和糾正，如此，孩子就明白底線在哪。

4. 家長要學會對任性的孩子說「不」：爸爸媽媽可以適當地對任性的孩子說「不」，讓他們知道任性並不是每次都能得逞的。對孩子說「不」，並不是說用指責、訓斥的粗暴方法壓制孩子，那樣容易使孩子產生叛逆心理，他們會以執拗來對抗粗暴、發洩不滿，同樣不利於孩子控制情感

第四章　幫孩子塑造良好的性格

和自己的行為，也會使孩子形成任性的性格。

5. 內心慈愛，處理事情態度一致：在處理孩子任性的行為上父母態度要一致並且要堅決，同時，爺爺奶奶外公外婆也一定要與孩子的父母保持一致的態度。否則，對孩子的任性要求，父親堅決不給，而母親卻給；父母堅決不給，爺爺奶奶卻給，這樣就讓孩子的任性行為有了突破口，永遠不會得到徹底糾正，同時這樣做還會使孩子學會演戲（父母面前是個乖孩子，爺爺奶奶面前則是個極端任性的孩子），這不利於孩子的心理健康。所以我們認為，要徹底糾正孩子的任性行為，大人就要採取一致的態度。只有這樣才能使孩子放棄自己的任性行為，別無選擇。

6. 利用「不予理會」的方式：面對任性的孩子時，只說一句警告的話，然後透過以下的幾個步驟糾正他。

   A. 面對孩子的種種理由與各種胡鬧行為，採取不解釋、不勸說、不爭吵、不理睬，不要在孩子面前表露出心疼、憐憫或遷就，更不能和他討價還價，否則會強化他的爭吵、胡鬧行為，使他的目的得逞。可以先保持一段時間的沉默，做你手邊正在做的事。

   B. 如果孩子進一步胡鬧，且使你難以忍受時，可以暫時離開現場。這時仍然保持不指責、不講道理、不打不罵的態度。

   C. 等孩子情緒穩定後，再告訴他：「你剛才胡鬧是不對的，以後你再這樣，我們仍然不會理你。」然後簡單而認真地說明這件事不能做的原因，並對他說「相信你以後會聽話的」之類的話來鼓勵他。

7. 適當懲罰：對於年齡小的孩子，只靠正面教育是不夠的，適當懲罰也是一種極為有效的教育手段。比如孩子任性不吃早餐，家長既不要責罵，

也不要威脅，只需飯後把所有的零食都收起來。孩子餓時，告訴他肚子餓是早上不吃飯的後果，孩子嘗到餓的滋味就會乖乖吃飯了。

總之，對於孩子任性的行為，家長應該做到不縱容，讓他走上正軌。這樣，孩子才會逐漸養成理智、正常的行動。

讓孩子遠離驕傲自滿

家長的過多關注、過度寵愛與嬌縱不僅會讓孩子從小養成任性的壞習慣，更有一些孩子因為家人的愛與關注變得驕傲自滿、目中無人。這是一種反常的心理，不但給人不好的印象，而且會對將來造成負面影響。

小文是家裡的獨生子，從小就聰明伶俐，深得家長的疼愛、鄰里的關注。這也導致孩子從小就形成自我感覺良好的性格。他是家裡的小霸王，任性卻又討人喜歡。爸爸媽媽以為孩子還小，長大了，一些壞習慣就會慢慢改掉。但事實上，孩子的這個問題隨著年齡的增長有增無減。

5歲的時候，每次媽媽帶他出門跟其他小朋友玩，他都會打別的小朋友，媽媽只好跟在後面不斷地向別的媽媽道歉。媽媽責罵小文不講理，小文卻振振有詞地對媽媽說：「他是一個壞孩子，不和我一起玩，所以我就打他。」

當小文年紀再大一點，就更不聽話了，他總是愛頂嘴，有時甚至會怒罵爸爸媽媽，氣得小文的爸爸媽媽想送他去住學校宿舍，眼不見為淨。

顯然，故事中的小文之所以那般霸道、嬌縱、自負與他自小所受到的過多的讚美與關注是分不開的。大人的喜愛與無度的讚美讓孩子慢慢滋長了過度自信、唯我獨尊的問題。這種孩子在外與人相處時，都表現得盛氣凌人，自以為是。

—— 個從小就驕傲自滿、自以為是的孩子，往往沒有辦法客觀地評價

自我與他人，一旦受到「冷落」就可能因為覺得「不被重視」而變得自暴自棄。

因此，如果你發現自己的孩子有驕傲自滿的徵兆，必要的時候，應該向孩子「潑點冷水」，讓孩子從自滿的情緒中警醒。專家建議，家長可以透過以下幾種方式教育孩子。

1. 不要給孩子過多的關注：對於嬌縱、自負的孩子來說，對付他們的最好辦法就是不要對他們太關注，更不能對孩子的一些「聰明」表現沾沾自喜，在孩子無理取鬧時，家長一定要制止。爸爸媽媽一定要立定原則，他要哭就任憑他哭，不可為了一時安寧或者心疼就放鬆原則。

2. 不要給孩子太多的稱讚：當今社會的普遍情形是，孩子考得好了，孩子喜笑顏開，家長眉開眼笑。孩子閱歷有限，在成功面前容易頭腦發熱，家長這時如果沉著，也會使孩子冷靜下來。而這時，如果家長對其優點百般追捧，對孩子的缺點卻視而不見，長期下來，勢必會滋長驕傲自滿的問題。

3. 讓孩子學會正確評價自己：家長應告訴孩子人各有長短，即使是最卑微、最弱小的人，也有其他人所不及的地方；同樣，再強大的人也都有他自己的弱點。不可用自己的長處去與他人的短處進行比較。

4. 引導孩子正確認識他人：驕傲自滿的孩子常常以己度人。「以己之長度人之短」是自傲者常犯的問題。正確認識他人就是要既看到別人的不足，還必須看到別人的長處。進行這方面的教育，家長要堅定揪出這些孩子的短處，讓他冷靜下來，然後再講道理。

5. 給孩子更寬廣的人生視野：針對處於青春發育期且表現出自傲的孩子，尤其要從這方面入手。要讓孩子懂得「山外有山、天外有天」的生活哲理，不要故步自封，總是自我感覺良好。家長要不斷把社會傑出人士介

紹給孩子，使他能正視自己，發現不足，從而找到自己的正確位置，冷靜地發展自我。

6. 進行「挫折訓練」，讓他們嘗試失敗的教訓：對於嬌縱、自負的孩子，讓他們嘗試失敗的教訓，是對他們最實際的磨練。嬌縱、自負的孩子大多能力較強，家長可以提出較難的問題，請他們回答或者讓他們做一些較難的事情，使他們意識到自己也有辦不到的時候，也有需要別人教導的時候，這對孩子的性格的培養是有利的。

7. 樹立榜樣，培養孩子謙虛的品格：在家庭生活中，母親時刻影響著孩子，所以，母親應該成為孩子高尚人格的榜樣，要謙虛友善，不要在孩子面前表現出驕傲情緒，以免孩子受到不良影響。

喬治·布希（George Herbert Walker Bush）的母親多蘿西（Dorothy Walker Bush）是一位偉大的母親。在她的一生中，最看不上的就是驕傲自滿的人，這一點使孩子們對她很敬重。這也是她竭力傳承給孩子們的高尚品格。

一次，喬治說他輸了一場網球賽，原因是他狀態不佳而發揮失常，否則以他的能力是決不會輸掉比賽的。對此，母親立刻糾正：「如果你不改掉自傲的品性，你的狀態就永遠不會正常。」喬治面有愧色。過了很久，母親都在注意喬治的行為和表現。每當喬治出現了自傲的情緒和言語，母親總是旁敲側擊，令小喬治改過。

喬治當了副總統以後，母親絲毫沒有懈怠，對他的要求仍舊很嚴格。有一次，雷根（Ronald Wilson Reagan）總統正在演講時，喬治似乎在讀什麼。母親發現後批評他行為不妥，讓人覺得傲慢無理。喬治解釋說他是邊聽邊讀講稿，並沒有分心，母親卻駁回了他的解釋，直到喬治意識到自己的錯誤。像這樣的事例還有很多，喬治曾跟身邊的一些人說

過，母親指出他有點「談自己談得過多」。

1992 年，喬治‧布希當選總統後幾天，母親去世，享年 91 歲。她用自己的一生監督喬治的言行，防止他產生自傲情緒。在病榻旁，喬治找出一些自己曾經寫給母親的信，內容如下：她是全家的燈塔和中心，她是一盞照亮周圍人的明亮燭光。她堅強有力，從不自傲，愛心正是她的力量所在，那些對他人的關懷是她的最美好之處……這是母親一生的寫照，也是喬治對母親深情的讚揚。母親的高尚品格和諄諄教誨，幫助喬治‧布希在美國的歷史上寫下了自己的名字，她為世界千千萬萬個母親樹立了成功的典範。

有的母親怕打擊孩子的自信，總是不敢糾正他的自傲心理。自信心對於一個人的成功固然非常重要，但培養孩子自信，並不是鼓勵孩子目中無人、自以為是。當然，在孩子因為知道自己的不足而洩氣的時候，家長還是需要幫孩子打打氣的！

不能讓孩子當「膽小鬼」

生活中，我們經常聽到一些家長抱怨：「我的孩子很害羞內向、不愛講話，每次家裡有客人來，他就躲到我的身後。」「我的孩子膽子太小了，做什麼事情都縮手縮腳的，根本不像一個男孩子。」「我的孩子害怕困難，總是還沒嘗試就放棄了。」「我的孩子遇到一點點事情就手足無措，哭哭啼啼。」「我的孩子很不合群，總是形單影隻，讓人擔心。」……諸如此類的問題令家長們頭痛不已。總結起來，孩子們之所以出現上述的這些情況，與孩子膽小、年齡太小有著很大的關係。

因為膽小，這些孩子在公眾場合不敢發言，在面對陌生人或在一個不熟

悉的環境中時，他們往往會害羞，顯得局促不安，無法與人坦率自然地社交；在學習和生活上，這些膽小的孩子總是缺乏主動性、勇氣和信心，所以可能錯過了原本屬於自己的成功和機會。可以說，膽小是孩子成長、成功道路上的絆腳石。

事實上，孩子膽小的性格是可以改變的。只要方法正確，家長便能幫助孩子克服膽小的性格弱點，讓他勇往直前，走在成長、成功的道路上。

教育心理學家認為，要改變孩子膽小的性格，家長可以從以下幾個方面著手。

1. 透過母愛改變孩子的膽小性格：性格是可以塑造的，尤其是在孩子的童年，孩子性格的可塑性更高。

    心理學家曾做過這樣的情感剝奪實驗：

    心理學家先把一同生下的小猴子分成兩組，一組放在鐵籠子裡，用奶餵養，除此之外什麼也沒有；另一組為小猴子用絨毛做「假媽媽」，吃完奶後，牠們可以在假媽媽身上玩。實驗結果表明：小猴子慢慢長大後，沒有假媽媽的這一組膽子比較小，性格暴躁，不合群，不與人親近；有假媽媽這一組正好相反，不膽小，合群，跟人十分親近。

    這個實驗說明了在嬰幼兒時期剝奪了孩子的母愛就會使他們的性格扭曲，造成不好的行為和個性。因此，在嬰幼兒時期為孩子塑造良好的心理環境，對一個人正常性格的形成是很重要的。

2. 透過改變父母的性格，來改變孩子的性格：我們說過「父母是孩子的第一任老師」，父母的一言一行都會對孩子有深刻的影響，因此，孩子性格的發展是受父母性格影響的。孩子來到這個世界以後，首先接觸的就是父母和家庭環境。一般來說，從出生到學齡前這個階段，孩子和父母接觸的時間最多，他們當然就會受到父母行為的耳濡目染。父母不僅是

第四章　幫孩子塑造良好的性格

孩子的長輩，也是他們在生活中模仿的榜樣，父母的舉止、談吐、待人接物都會對孩子的性格發展留下深深的烙印。

因此，要從小培養孩子勇敢的性格。家長要以身作則，要以自己良好的個性去感染孩子、影響孩子。面對自己的不良性格時，要善於控制和改善，這樣才能讓孩子逐漸改變自己怯懦膽小的性格。

3. 多帶孩子接觸外面的世界：許多孩子膽小是因為他們不知道如何與家人以外的人和睦相處。如果是這樣，家長應該多抽點時間帶孩子看看家庭外面的世界，可以帶孩子去拜訪親戚，或是在社區內幫孩子找同齡的玩伴，鼓勵孩子自己與同齡人遊玩，在這個過程中，家長不要干涉太多，在一旁不時觀察孩子的行為就好。如果孩子表現出不合群、哭鬧的現象，家長應當多安慰孩子，不要用語言指責孩子，比如「你真是個膽小鬼」、「你膽子太小了」之類的話語，都容易造成孩子的心理陰影，反而讓孩子因為害怕挨罵而更加不願意和外面的世界接觸。此外，對待膽小的孩子不能用激進的態度，不要逼他們很快地學會與別人社交，要給孩子一個慢慢習慣的過程。

4. 培養孩子的社交技能：家長不要過度保護孩子，要鼓勵孩子積極地參與同伴的活動。同時，家長還要多讓孩子與陌生人社交。有的孩子在家裡口沫橫飛，一到外面就顯得拘謹膽小，因此，家長要製造孩子與陌生人社交的機會，在日常繁忙中抽出時間帶孩子去公園玩，鼓勵孩子接近其他小朋友，和他們一起玩；帶孩子在外吃飯時，不妨讓孩子開口跟營業員提出需求；時常帶孩子到朋友家做客，但需要事先告訴孩子，讓孩子有心理準備，並提一些適當的要求，比如讓孩子與朋友家的孩子一起玩耍等。

5. 培養孩子的獨立自主：平時要處處注意培養孩子的獨立性、堅強的毅力和良好的生活習慣，鼓勵孩子去做力所能及的事情，讓孩子學會自己照

顧自己。當孩子遇到困難時，不要一味地代勞，而要讓孩子自己想辦法解決。當然，一開始時父母要給予必要的指導，使孩子慢慢學會自己處理各種事務，不要一下子就全然放手，使孩子手足無措，這樣只會讓孩子更加膽小。

6. 透過鼓勵培養孩子的膽量：有的孩子遇到父母的熟人總是不願意主動打招呼問好，不是低頭，就是乾脆躲到爸爸媽媽身後。有的家長便向別人解釋：「這孩子有點膽小、害羞，在別人面前比較彆扭。」然而，父母不該為孩子扣上「沒用」、「膽小鬼」之類的帽子，這樣做只會更加打擊本就自卑的孩子。當孩子表現不如意時，父母應耐心給予安慰和鼓勵，如「這次沒完成沒關係，下次繼續努力，爸爸媽媽相信你可以的」、「加油」、「相信自己」等之類的語言，或在尷尬時給孩子一個溫暖堅定的眼神，孩子的膽量就會慢慢增大，直到把多餘的羞怯拋到腦後。

7. 正確對待孩子的錯誤：對犯錯的孩子動輒就嚴厲懲罰往往也會引起孩子的緊張和恐懼。當孩子犯了錯誤時，有的家長不是大呼小叫，就是一頓家法伺候，這麼做卻只能得到反效果，打罵將使孩子的膽子變得越來越小，甚至最後不和家長說實話。家長這種粗暴的行為最終沒能使問題得以解決。跟孩子講道理，充分肯定孩子的長處，循循善誘，認真冷靜地說明孩子分析錯誤的原因，對孩子的過錯予以糾正。之後孩子再犯錯誤時，就會如實而大膽地講給家長聽，求得家長的幫助，使自己減少未來犯錯誤的機會。

8. 幫助孩子掌握一技之長：膽小內向的孩子生活空間通常相對較小，這使得他們的精力相對集中，觀察事物仔細認真，做事情相對有耐心，喜歡進行一些深入的思考，而且往往思維細膩。這樣，家長可以充分利用孩子這一積極的特質，鼓勵他根據自己的喜好學習一技之長，比如書法、

下棋、演奏樂器等。一有機會，就讓他們在眾人面前展現自己的特長，以達到鍛鍊膽量的目的。

9. **幫孩子樹立自信心**：樹立自信心是戰勝膽小的重要的途徑。膽小退縮的人在做事情之前就應該為自己打氣，相信自己能夠正常發揮自己的水準，然後只要放手去努力就可以了。正所謂「謀事在人，成事在天」，抱著這種平常心去面對一些挑戰，無論結果怎樣也不會留下什麼遺憾了。

總之，要讓孩子變得膽大和自信，這是一個長期努力的過程，特別是對於一個膽小害羞的孩子來說，讓自己成為一個勇於迎接新挑戰的自信、樂觀的人，還需要很多勇氣和持久的恆心！

心胸狹窄的孩子難成大器

生活中有這麼一些孩子，他們錙銖必較，因為過於追求完美，他們的眼裡容不下一粒沙子。別人只要有一點點問題，他們都要加以指責，甚至刻意疏遠、嫌棄。遇到一點點小問題他們就耿耿於懷，悶悶不樂。這樣的孩子通常都無法虛心接受他人的批評和意見，不能容忍他人的缺點和過失，不僅自己活得辛苦，與他們相處的人也不會輕鬆。因此，他們的人際關係相當惡劣，他們的個人發展也受到阻礙。小軒就是這樣的孩子──

小軒今年是小學四年級的學生，他學習成績優秀，更是乖巧聽話，是老師眼中標準的好學生。只是，他過於嚴肅，老是告同學的狀，這一點讓老師感到有點棘手。

這次，剛上課，他就開始告狀了：「老師，小飛一直欺負我，下課的時候他故意跑到我身邊，把我撞倒了。還有，曉曉把水彩撒到我的書上了，我的書都溼掉了……」

他這麼一告狀，班導師不得不先處理好他的「冤情」再上課，班上的同學因此覺得非常煩躁，叫他「抓耙子」，他在班上的人際關係可想而知了。

生活中，很多孩子都有小軒這樣的問題，「得理不饒人」、「小心眼」，當同學不經意間衝撞了他們時，這些孩子就會被觸怒，甚至以牙還牙……這樣的孩子，永遠為瑣事所累，是成不了大器的。

那麼，家長應如何改善孩子狹隘的心靈呢？

1. 家長要做孩子的榜樣：父母要以身作則，為孩子營造一個和睦溫馨、相互寬容的家庭環境。家裡人在遇到矛盾或衝突時能寬宏大量，不計較得失，能夠不怕吃虧，得饒人處且饒人，如此，孩子才能在相應的時候做到寬容他人。

2. 教育孩子不要過於苛求別人，不要斤斤計較：人與人相處，難免會有誤會或摩擦發生，只要有忍耐、包容、體諒的心態，不斤斤計較、患得患失，要將心比心，多從對方的角度考慮問題，要把眼界放遠，化解矛盾。

3. 教育孩子學會寬容：幼稚園老師給了班上的孩子們一個任務。她讓孩子們每人從家裡帶來一個塑膠袋，裡面要裝上馬鈴薯，每一個馬鈴薯上都寫上自己最討厭的人的名字，討厭的人越多，口袋裡的馬鈴薯數量也就越多。第二天，每一個孩子都帶來了一些馬鈴薯。有的是 2 個，有的是 3 個，最多的是 5 個。

   老師告訴孩子們，無論到什麼地方都要帶著這個裝有馬鈴薯的袋子，即便是上廁所的時候也一樣。

   日子一天天過去，孩子們開始抱怨，因為發霉的馬鈴薯散發出難聞的氣味。一週後，遊戲結束了。孩子們終於解放了，他們大大地鬆了一口氣。只是不明白老師為什麼要他們這麼做。

   這個時候，老師問他們：「在這一週裡，你們對隨身帶著馬鈴薯有什麼

第四章 幫孩子塑造良好的性格

感覺？」

孩子們紛紛表示，帶著馬鈴薯袋子行動不方便，還有馬鈴薯發霉所散發的氣味很難聞。

這時，老師說：「這就和你們心裡恨著自己討厭的人一樣。仇恨的毒氣將會侵蝕你們的心靈，而你們無論到什麼地方都帶著它。如果你們連腐爛馬鈴薯的氣味都無法忍受一個星期，你們又怎麼能忍受讓仇恨的毒氣占據你們的一生呢？」

孩子們聽了，似懂非懂地點了點頭。

這個聰明的老師，正是透過生動的生活實例告訴孩子，若想讓自己過得開開心心的，不被「記恨的毒氣」占據自己的生活，就應該放下「發霉的馬鈴薯」輕輕鬆鬆地生活。這樣的教育方式生動而有趣，讓孩子一生銘記。身為家長，同樣也可以透過這樣的方式教育孩子，讓孩子學會寬容。

4. 讓孩子勇於承認錯誤，拋棄積怨：告訴孩子：「有寬大的度量容人，不念舊惡，才能讓自己變得更加快樂。」父母要了解孩子的能力、愛好、性格和心態，對孩子循循善誘，有意識地教孩子學會發現錯誤，喚醒孩子的責任心，讓孩子學會自我反省，承認錯誤，化敵為友，拋棄積怨。尤其要引導孩子轉移對矛盾結果的注意力，只有這樣，才能反思根本的原因，檢討自己的過失，寬容別人的缺點與失誤，幫助別人改正錯誤，有益於增進友誼。

5. 幫助孩子克服報復心理：許多孩子在社交的時候，受到不公平待遇時都會產生報復心理。報復心理是一種以攻擊方式對曾經讓自己不愉快的人發洩怨恨和心中不滿的情緒，是一種可能危害健康的心理狀態。有報復心理的人容易誤解他人的意思，對他人常有戒備防範的心理。如果任其

發展，心胸會越來越狹窄，與人相處較難，內心也會非常痛苦。父母一旦發現，應及時給予引導和心理輔導。

A. 交流溝通，學會換位思考。告訴孩子：「你不妨進行一下換位思考，把自己當成班長，別的同學不遵守班規，你會怎麼辦？」

B. 學會寬容、感動和關愛。人人都有無法克服的缺點，但是我們要試著去發現別人的優點，試著從小事中學會感恩，就會發現身邊的人沒有那麼討厭。與人相處融洽先要欣賞對方，善於發現別人的閃光點。寬容是一種美德，寬恕別人就是善待自己。人的心就如同一個容器，當愛越來越多的時候，怨恨就會被擠出去。但也不要一股腦地刻意地去消除怨恨，而是要不斷用愛和關懷來充實內心，這樣怨恨就沒有容身之處了。

糾正孩子「 自私自利 」的問題

自我中心或自私，是當下許多孩子普遍存在的現象。這些「 自私 」往往表現為只顧自己，不管他人，一切以自我為中心。

案例一：

小羽是個非常自我中心的孩子，他喜歡吃的東西，家裡任何人都不能動。他在學校的學習成績不錯，但卻不樂於幫助同學。同學找他問問題，他找藉口推託；同學要看他的筆記本，他不借；同學向他請教讀書的方法，他總是假裝很忙的樣子。他還常常為了一些小事情與同學互不相讓，鬧得彼此都不愉快。爸爸媽媽看在眼裡，急在心裡。

案例二：

因為 30 歲才生下東東，夫婦兩人對東東呵護備至，即便他們的生活不富裕，卻總是盡力滿足東東的需求。可是，他們發現，東東竟然一點都不懂得

第四章 幫孩子塑造良好的性格

體貼人，家裡有好吃的東西，他從來不會問爸爸媽媽有沒有吃過了，總是一個人獨自享受。

有一次，夫婦帶東東一起出外吃火鍋。餃子一上來，東東「啪」的一聲把餃子全倒到自己的鍋裡。當時，鄰桌的一對年輕夫婦目瞪口呆地看著這一幕，臉上露出一副不可思議的神色，東東的爸媽則感到非常窘迫。為此，他們請教了教育專家，想找出東東的問題。

小羽和東東這樣自私自利的孩子，在生活中比比皆是。自私是一種性格上的缺陷，它讓孩子落入孤獨無援的處境裡。這些孩子受到自私心理的控制，往往只顧自己，從不考慮他人的想法和感受。他們凡事只關心自己，對於別人的付出絲毫沒有感激之情。所以常常令人討厭。

孩子自私不是天生的，而是後天的教育與環境影響了他們，尤其是父母的言行舉止、教育內容以及教育方式直接影響了孩子性格的養成，因此，防止或糾正孩子的自私心理和行為最好要從父母做起。

1. 取消孩子的「特殊地位」：要導正孩子自私自利的問題，家長應該取消孩子在家中的「特殊地位」，不要總是因為寵溺而只給孩子最好的。特殊待遇只會助長孩子的自私心理，把自身享受到的某些特殊待遇視為理所當然。這對孩子的成長是很不利的。家長應該透過各種方式使孩子懂得世界上的一切事物都需要分擔與共用，並教導他懂得時常關心他人，不能放任孩子以自我為中心的心理傾向。同時也應幫助孩子建立群體思想，這樣可以使孩子的自私行為逐漸減少。

2. 制訂規矩，拒絕孩子不合理的要求：家長可以制訂一些規矩，並耐心、詳細地向孩子說明這些規矩，讓孩子在遵守這些規矩的過程中明白，他是家庭與社會的一員，遵守一定的規矩是必要的。需要特別提醒的是，不管孩子如何哭鬧，一旦規矩設立，家長就一定要堅持原則，只有這樣

才能讓孩子明白，他無論如何必須遵守這些規矩。如果家長輕易地因為孩子的哭鬧而將規矩拋到一邊，那麼，這些規矩就會形同虛設，同時家長的威信也會在孩子的眼裡大打折扣。

3. 多對孩子進行「心中有他人」的教育：在家庭生活中要時刻觀察孩子是否有不顧別人的行為，並及時教育、糾正。比如一盤好吃的菜上桌後，有的孩子一下就先拉到自己面前，不讓他人吃。對這樣的情況，不可放任不管，要抓住時機，進行「心中有他人」的教育，一旦放任，就助長了孩子的自私心理。

4. 支持孩子的「分享」行為：父母要當孩子的表率。孩子從小通常都受到大家一起玩玩具、一起分蘋果吃的「分享」教育，家長要伴著孩子的成長強化分享的美德，與助人為樂的社會化行為無縫接軌。家長千萬不可教孩子自私或用自私思想、行為影響孩子，要為孩子做好榜樣。

5. 鼓勵孩子參加集群體活動，培養孩子共同合作的意識：對於小學階段的孩子來說，群體就是課堂分組、班級、學校等。孩子在這些群體中學習和生活，與其他同學團結互助，共同完成集體活動，從而逐漸形成共同合作的集體意識，以防止自我中心、自私的孩子在群體中格格不入，做事斤斤計較，影響與他人的合作能力。因此，父母應與學校老師保持一定的聯繫，了解孩子在群體中的表現，耐心傾聽孩子在集體活動中的感受，支持孩子踴躍參加集體活動，為他人服務，培養孩子謙讓、守禮、樂於助人的良好行為。

6. 利用角色扮演幫助孩子克服自私自利的心態：透過人們之間扮演的不同分工角色來教育孩子。例如，爸爸媽媽是如何地愛護自己，老師是如何地愛護和教育小朋友，司機是如何有禮地對待乘客，醫生是如何地關心、照顧病人等。孩子透過體會他人感受，就會學會從他人角度來考慮

問題，從而習慣為他人著想。

當然，任何時候都不要以為孩子的自私自利是一種很不得了的錯誤，孩子的這種行為與心態是可以導正的，只要家長循序漸進、因勢利導，就能把孩子培養成一個懂得關心他人的人。

幫孩子改掉「亂發脾氣」的壞毛病

場景一：

一次，媽媽帶著 6 歲的強強逛商場，她打算買自己的衣服，強強卻吵著要去買玩具。媽媽說買完衣服，再去看玩具，但強強卻堅持現在就去，還坐到地上嚎啕大哭，讓媽媽十分難堪。

場景二：

爸爸在家趕工作，丁丁一直央求爸爸陪他玩。爸爸不答應，丁丁就不停地哭喊，還亂丟東西，結果爸爸生氣了。這時丁丁的爺爺連忙過來袒護孫子，丁丁更是鬧翻了天，要爺爺當馬讓他騎，爺爺說腰痛不答應。丁丁又大聲哭號起來，爺爺只好趴在地上讓他騎。

生活中經常見到像強強和丁丁這麼無理取鬧、喜歡亂發脾氣的孩子，這是許多家長困擾不已的問題。孩子的無理取鬧、亂發脾氣不但會影響他知識的獲得，更會影響人際社交等各方面的發展，有害於孩子今後的成長。教育專家指出，孩子亂發脾氣，主要是由以下原因造成的。

1. 自身的原因：3 歲以後，孩子的獨立性和自我意識有了明顯的增強，在一些事務上有了自己的主見，但因為思維和語言發展的不成熟，無法明確地表達自己的願望和需求，只能以「發脾氣」的方式達到目的。
2. 家長過度放任、溺愛孩子：一些家長平常過度縱容孩子，孩子要什麼就

買什麼，導致孩子不懂得怎樣控制自己的情緒，如果遭到拒絕，他們就亂發脾氣，以此達到自己的目的。當孩子第一次發脾氣沒有引起大人的制止，就這樣一而再，再而三，便成了威脅家長的習慣和手段。

3. 家長的虛榮促成了孩子的壞脾氣：由於爸爸媽媽的虛榮心，總要讓孩子在任何物質享受上都比別人好。別的孩子有的自己孩子要有，別的孩子沒有的，自己孩子也要有。爸爸媽媽省吃儉用，替孩子買鋼琴、小提琴，即使自己的孩子沒興趣，也要滿足爸爸媽媽的虛榮心，這樣就在不知不覺中滋養了孩子自大的心態，總以為自己高人一等，在家中不服爸爸媽媽管教，在學校不聽老師教導，形成了以「我」為中心，一切按「我」的意願去做，反之則會大發脾氣的性格。

4. 家長的教育方式過於粗暴：一些家長對孩子的教育方式較為粗暴，動不動就訓斥孩子，孩子對各種事情沒有任何解釋和發言權，這樣會使孩子減少或缺乏學習用語言正確表達情感的機會，也就有可能最終學會粗暴待人等不良習慣，這會對孩子的未來造成負面影響，不利於孩子以後的生活和事業的發展。父母應做耐心的典範。

若想讓孩子有個好脾氣，專家認為，關鍵在於日常生活中對孩子進行教育。了解孩子的需求，樹立家長威信。家長對孩子的需求要進行分析，合理的需求要分清輕重緩急，有的情況應立刻給予滿足，有的則可以暫緩。不能立刻滿足的事情家長應用平和的語氣說明理由。具體而言，家長可採取以下的教育措施：

1. 孩子發脾氣的時候最好的辦法是冷落孩子，發完脾氣後再對孩子說道理，「媽媽不喜歡你發脾氣，你想哭就哭吧，什麼時候不哭了，媽媽再跟你說話」，必不能因心疼或別的原因放棄原則。由於孩子對自己情緒的控制能力比較差，他們時不時小小地發脾氣是常見的事情，有時不見

得是什麼異常現象，也不需要特別地加以管控，大人採取視而不見的冷處理辦法，孩子的脾氣可能很快就煙消雲散了，來得快、去得也快。

2. 把握一切機會，對孩子進行教育。家長要經常對孩子說：「人的很多願望是無法實現的，有的時候，我們必須學會控制自己的欲望。」當孩子放棄了自己不合理的要求時，家長應及時給予表揚和鼓勵，讓他的心裡產生一種愉快感，促使他產生更多的積極行為。

3. 如果孩子之間發生了爭吵打鬧，最好的辦法是引導他們辨明是非後自己去解決問題。如果打得不可開交，只要不出現危險或傷害，家長就不要直接去阻止，而要先讓孩子安定下來，再讓他們各自講出自己的理由。家長可以透過孩子的訴說，觀察孩子的社交行為，了解孩子的人際處理能力，以便發現問題及時糾正，並引導孩子設身處地理解對方、接納對方的意見，最終達到互相諒解、握手言和。

4. 當孩子固執地亂發脾氣時，家長應對他冷淡下來，不理睬他，直到孩子放下武裝，再跟他講道理。而當孩子有所進步，比如，孩子在以前會亂發脾氣，現在不再這麼做或有所減輕了，家長就要及時地給予表揚和鼓勵，期許孩子能堅持下去。長此以往，孩子正確的行為得到鞏固，錯誤的行為會逐漸消除。

5. 啟發孩子良好的行為。從行為治療的觀點來看，如果孩子某方面的行為不好，父母則要設法啟發他另一面的良好行為。當孩子的良好行為出現時，則要鼓勵他、稱讚他，以強化孩子的良好行為。說得具體一點，就是當霸道的孩子有了溫和謙讓的表現時，要抓住時機給予獎賞和鼓勵他。

6. 幫助孩子建立良好的人際關係。霸道的孩子認為發脾氣是一種獲得滿足的方式，這樣的孩子在孤單的環境裡霸道行為顯得更為強烈，因此，不妨多讓孩子參加同齡人的社交活動，如生日聚會等，讓孩子在歡愉的氛圍中產生建立良好人際關係的欲望。

別讓孩子養成「猶豫」的個性

對於任何一個人來說，機會往往如電光石火，稍縱即逝。很多人之所以一事無成，最大的原因就是缺乏決斷的魄力，總是左顧右盼、思前想後，從而錯失了成功的最佳時機。在我們的生活中，就有很多做事情缺乏主見、猶豫不決的孩子。

案例一：

亮亮 8 歲了，無論在學校還是鄰里間，大家都誇他是個乖巧、聽話的好孩子。在家裡，大人要求他做什麼，他就做什麼，要他怎麼做，他就怎麼做，表現得十分聽話；和小朋友一起玩時，亮亮也順從別人的領導，很少有自己的想法。最近，亮亮媽媽從老師那裡了解到亮亮有個缺點：當老師教了一種解題的方法後，他就不再嘗試其他的方法。這讓亮亮媽媽非常擔心。

案例二：

小林今年上四年級了，可做事總是猶豫不決。給他錢讓他到超市買零食，他會挑來挑去，選擇困難。如果沒人催促，可能要猶豫十幾分鐘。有一次去逛商場買衣服，他東挑西揀，因為無法決定買藍色的還是紫色的，猶豫了一個上午。這麼優柔寡斷，真讓人擔憂他長大以後該怎麼辦。

……

以上的這些孩子都有一個共同的特性，那就是遇到事情無法做決定、猶豫不決，不果斷，更有甚者，喜歡人云亦云，表現在人際社交中，就是完全無原則地迎合、遷就別人。這樣的孩子往往得不到他人的尊重，常常成為受人欺負的對象，長此以往，對孩子的成長與心理健康是很不利的。

那麼，孩子的這種遇事無法做決定、猶豫不決的性格又是怎麼形成的呢？事實上，每一種不良性格的形成都有其根本原因。對於孩子來說，他們

第四章　幫孩子塑造良好的性格

形成了優柔寡斷的性格，與家長的教育有非常大的關係。歸納起來，造成孩子猶豫不決的原因有以下幾點。

1. 大人過於保護，孩子依賴性強：一位心理學工作者去一所學校調查小學生的自主性狀況，在被調查的 150 名學生中，當被問到在學習和生活中遇到難題，一時解決不了該怎麼辦時，150 名學生幾乎異口同聲地回答：「有困難當然是找父母解決。」當被問到未來想從事什麼職業時，竟有 70％的學生說要回家問過父母後才能回答。家長、教師本來就是孩子心目中的權威，再加上有些家長習慣於替孩子設想一切，所以容易造成孩子唯命是從，不敢做甚至不敢想違背家長或教師意願的事情。長此以往，孩子就失去主動決斷的能力了。

2. 認識上的障礙：現實生活中，很多家長對孩子限制嚴格，總是要求孩子這個不能做，那個不能做，這讓許多孩子造成認識上的障礙。心理學認為，對問題的本質缺乏清晰的認識是一個人遇事無法做決定並產生心理衝突的原因。而孩子涉世未深，對一些事物缺乏基本的知識和經驗。

3. 缺乏溝通，讓孩子產生猶豫不決的心理：有些家長因為工作忙，和孩子之間缺乏溝通，不理解孩子，往往造成孩子的畏懼心理，不敢說、不敢做想做的重情。

4. 缺乏訓練，導致孩子遇事無法做決定：這種孩子從小在備受溺愛的家庭中，過著「衣來伸手，飯來張口」的便利生活，父母已成了他們的拐杖。這種人一旦獨自走上社會，遇事就容易出現優柔寡斷的情況。

5. 家長管得太緊：另一種情況是家庭管束太嚴，這種教育方式教出來的孩子只能循規蹈矩，不敢越雷池一步。一旦情況發生變化，他們就擔心不合要求，然後左右為難，無法做決定。

幾歲到十幾歲的孩子往往都以自我為中心，家長如果不能體察他們的內

心世界，不注意尊重他們的自主要求，一味按照自己的想法為他們規定學習和生活的模式，孩子的依賴性就會越來越強。這樣的孩子長大後，很可能會成為一個優柔寡斷、毫無主見的人。

現實生活中，那些富有影響力的人，通常是那些既能為人著想，又不失有自己主見的人。沒有主見、做事猶豫不決的人是永遠抓不住機會的。若想讓孩子在將來能夠把握人生中的各種機遇，就必須從小鍛鍊他們果敢的性格。以下是幾點建議。

1. 放手讓孩子去做力所能及的事，克服依賴性：孩子都是好奇好動的，通常都願意完成家長指派的任務。家長要盡早讓孩子練習一些基本生活技能，如穿衣、穿鞋、擦桌子，獨立完成簡單的委託任務。凡是孩子能夠做到的，家長盡量不插手，給孩子足夠的時間去思考、嘗試，發現自己的能力。孩子感覺自己有能力去做好某件事，就會果斷地去做。

2. 創造機會，鼓勵孩子下決心：一個人在做出一個決定之前，需要考慮利弊得失後，再做出最佳選擇。家長應在一定範圍內給孩子充分自主的機會，讓孩子有自我決策和選擇的權利，憑自己的思考、能力去決定做什麼事、如何做。如在商店讓孩子選購衣服，價錢由父母選定後，鼓勵孩子自己選擇自己喜歡的款式與花色。

3. 從意識上真正把孩子當作一個獨立的人來對待：家長不妨回憶或反思一下，在孩子個人生活和學習的事情上，自己是否充分考慮到孩子的實際情況和需求？是否尊重了孩子的意見？是否有給予孩子充分表達自己感受的機會？如果家長想讓孩子成為一個有主見的人，就從這些方面著手吧！

4. 幫孩子擺脫依賴心理：遇事能夠徵詢他人意見，借助他人的智慧為自己做出正確決策，無疑是值得鼓勵的，但是缺乏主見的孩子不是這樣。他們遇到小事就問別人怎麼辦，完全等著別人來給建議，這是孩子的依賴

心理在作怪，必須想方設法幫他拿掉這個「拐杖」，他的自主意識才能成長起來。如當孩子遇到難題向父母尋求建議時，父母不要馬上主導他的決定，而是要引導和鼓勵他拿出自己的意見，哪怕孩子說出的意見沒有多少價值，也要先予以語言上的鼓勵，然後再幫他完善，最後要讓孩子感到，這個決定是自己做出的，以此來培養孩子的自信、自強、自立的勇氣和信心，久而久之，果敢性格就會逐漸形成。

5. 家長不要過分嚴格要求孩子：爸爸、媽媽對待孩子往往期望過高，總是不滿意孩子的表現，贊許少、責備多。有的爸爸、媽媽還讓孩子做力不能及的事，又不幫助他，結果，孩子常常感到失敗的痛苦，既失去自信、害怕做錯事，更無法做決定。孩子不會天生就做事果斷，家長應細心教育孩子，並讓孩子在自我鍛鍊中培養果斷的品格。

6. 鼓勵孩子當斷則斷，勿求「萬全之策」：有些孩子遇事猶豫不決，一個重要原因，就是總怕自己考慮不周全。這本無可非議，但是，周全與否是相對的。萬事不可能十全十美，很多人就在追求完美中坐失良機。家長應讓孩子懂得，凡事能有七八分的把握，就應該下決心了，這對於孩子形成果斷的性格會大有裨益。

不優柔寡斷，不盲從他人，有主見，善於選擇，是一個人應該具有的優良特質，它比好的考試成績重要一百倍、一千倍！家長要做有心人，要不惜花大力氣培養孩子這種性格。

讓孩子不再自卑

　　小楓是個有自尊心的孩子，但在家長面前卻有些抬不起頭來。爸爸媽媽是知識分子，都是名校的畢業生。他們對小楓的學習要求標準很高，但小楓的課業成績在班裡總是處於中上等水準，與爸爸媽媽要求的要達到班上頂尖的標準有差距。加上鄰居芳芳課業表現很不錯，又常找小楓來玩，爸爸媽媽就拿芳芳和小楓比，總是說「你看人家芳芳多聰明」。為此，小楓覺得很自卑，很羞愧。他最不喜歡做的事情就是跟爸爸媽媽去親戚或者朋友家玩。因為，那樣他會很不自在，很沒面子。

　　自卑是一種因過度地自我否定而產生的自慚形穢的情結。一般來說，自卑感主要表現為對自己的能力、品格等自身特質評價過低；心理承受力脆弱；承受不起較強的刺激；謹小慎微、多愁善感，常產生疑忌心理；行為畏縮、瞻前顧後等。故事中的小楓因為爸爸媽媽的「優秀」而為自己的不夠優秀產生了自卑心理。加之父母一直拿他跟別的孩子比較，強化了他覺得自己不優秀的想法，從而變得退縮、膽小。

　　事實上，自卑的感覺人人都有，只是程度不同而已。輕度的自卑能讓一個人看到自身的不足，從而更加奮發圖強；但如果過於自卑，就有可能影響到學習和工作，並阻礙其獲得成功。因此，家長要引導孩子走出自卑的陰影，從此不再自卑。具體地說，家長應做到以下幾點。

1. 正確評價你的孩子，也使孩子正確評價自己：不要使用「真笨」、「無能」等字眼評價孩子，這些用語除了刺傷孩子自尊心之外，對現狀毫無幫助。家長要認識到，人各有所長，也各有所短，揚長避短，就會使人不斷增強信心。即便是短，也要正確分析，看如何彌補。這樣，就會防止在教育的過程中讓孩子產生悲觀情緒。

第四章　幫孩子塑造良好的性格

2. 創造讓孩子表現自己的特質，讓他們多體驗成功：從吸取經驗的角度說，失敗是成功之母；但從擺脫自卑方面講，應該是「成功是成功之母」，因為不斷成功的孩子才會有信心去追求更大的成功。家長要根據孩子的情況調整要求，讓孩子做的事、爭取的目標要力所能及。在孩子取得成功之後，要對孩子進行表揚、鼓勵，同時再提高一些要求，這就可以提高孩子心目中的自我形象，也就不會讓自卑心理有機可趁。

3. 幫助孩子揚長避短：人不可能在各個方面都能出類拔萃，有長處也有短處是大多數人的正常情況。當孩子在某一方面落後於人時，家長可用一些方法看能否促其趕上去，如果可以，就努力幫助，使其進步。如果孩子沒有這個「天分」，就應調整努力方向，揚己之長，避己之短。沒有好嗓音的孩子也許有好的體育天賦；沒有美術之才也許有組織能力。讓孩子分別在運動場上、在班級工作中施展自己的才能，就會避免碰上「自卑之牆」。正所謂「失之東隅，收之桑榆」。

4. 適當誇獎孩子的進步：孩子即使沒有進步，家長也應該尋找機會進行鼓勵。如果孩子的確有了進步，家長就應該及時誇獎他們「進步很多」。這樣通常可以調動孩子心中的積極力量，促使孩子期望自己取得更大的進步，這就有可能取得「事半功倍」的奇效。

5. 幫助信心不足的孩子樹立自信心：俗話說「笨鳥先飛」、「勤能補拙」。家長提前讓孩子掌握一些必要的知識和技能，等到與同伴一起學習時，他就會感覺到「這很好學」，在別的孩子面前自然就會信心百倍了。

6. 正確對待孩子的失敗與挫折：當孩子考試失敗或遇到其他挫折時，他們需要的絕對不是家長劈頭蓋臉的一頓訓斥，或者陰陽怪氣的嘲諷，他們也不需要家長無原則地安慰與同情。他們最需要的是他們生活中最重要的人的理解、支持與鼓勵。

很多家長，在遇到孩子考試失敗時，會因為「丟了面子」而生氣。在這

種情緒的作用下，家長往往會失去理智地做出一些傷害孩子自尊心的行為，這對正在承受失敗打擊的孩子來說，無疑是雪上加霜。因此，家長一定要正確、理智地對待孩子的失敗與挫折，具體做法是：

A. 冷靜地對待孩子的挫折與失敗，心平氣和地和孩子談心，找出孩子失敗的原因。

B. 理解孩子的心情與苦惱，讓孩子知道，失敗與挫折是人生必不可少的內容，是一個人成功之前必不可少的過程，以及，身為父母不會因為此事就減少對孩子的愛。

C. 鼓勵孩子繼續努力。父母必須先對孩子有信心，孩子才會對自己產生信心。當父母滿懷信心和熱情地鼓勵孩子時，會激發孩子克服困難的勇氣，恢復孩子的自信心。

7. 家長示弱能增強孩子的自信心：家長太強也會讓孩子覺得自己無能，如果我們大人能偶爾反過來在孩子面前示弱一下，讓他們感到自己有時也很能幹，也能幫助大人做很多事情，相信孩子會慢慢擁有自信。

兵兵剛上幼稚園時，媽媽每次接他回家走到樓下時總會說：「媽媽，我好累！」媽媽一開始還真的以為兒子剛上幼稚園中午睡不好，回家時會感到疲勞。因孩子年齡小，加上心疼兒子，媽媽毫不猶豫地就背起他爬上了六樓。可接下來好幾天只要一走到樓下，兒子就喊累，慢慢地，媽媽明白了兒子說累的真正原因：因為家住六樓，他怕累不想自己上樓。

有一天，快走到樓下時，媽媽靈機一動，何不在兒子面前示弱一下？於是媽媽學著兒子平時撒嬌的樣子說：「兒子，今天媽媽也好累，你在媽媽心中是一位小小男子漢，身為小男子漢的你能幫我做些什麼嗎？」兒子聽媽媽這麼一說，上下打量了媽媽一下，用手撓撓頭，迅速將媽媽手裡的提包接過去說：「媽媽，我來幫妳拿包包，我拉著妳上樓吧！」

　　說完就提著媽媽的包，拉著媽媽的手一步一步地上了樓。媽媽在後面裝出很沒力氣的樣子，一邊上樓一邊喊著：「兒子，慢一點，我上不去了。」兒子一副很照顧媽媽的樣子說：「我拉著你，你可以慢一點！」以後的日子，媽媽偶爾在兒子面前示弱，總是能收到意想不到的效果。

　　當然，幫助孩子克服自卑心理、變得自信的方法還有很多，身為家長，應及早發現孩子自卑的現象，採取積極的方法引導孩子擺脫自卑的陰影，走向自信。

過於孤僻不利於孩子的成長

　　可以說，每一位家長都希望自己的孩子樂觀、開朗，活得豐富多彩，擁有愉悅的心情、真摯的友情。可是，在現實生活中，卻有那麼一些孩子，他們性格孤僻、畏縮，總是躲在自己的「小天地」裡。他們的生活圈子也僅僅局限於跟自己的家人在一起。小牧就是這些孩子中的一個：

　　小牧的童年過得很孤單。因為爸爸在外地工作，媽媽又要每天上班，從懂事起，小牧的生活起居就是由保姆照顧的。但保姆畢竟不是自己的父母，他們能給予孩子基本的照顧，卻補不了孩子內心的空缺，於是，可憐的小牧成天只能默默地跟玩具做伴。

　　在這種孤獨又寂寞的環境中，小牧度過了漫長的兩年時光。

　　後來，小牧終於上了幼稚園。媽媽發現，自己家的小牧跟別的小朋友相比，明顯不如人家活潑、開朗。他不敢靠近小朋友，更不敢與小朋友社交。當別的小朋友在一起開心地玩遊戲的時候，小牧總是一個人躲得遠遠的，偷偷地觀察他們，眼裡充滿了羨慕與渴望，可就是不敢走上前去。老師跟小牧說話，小牧也不敢正眼瞧老師，只會低著頭囁囁嚅嚅地在嘴巴裡說著什麼，

一副瑟縮、不安的模樣……

　　小牧的情況媽媽看在眼裡、痛在心裡。

　　調查表明，生活中像小牧這樣孤僻離群、沉默寡言、害怕與人社交的孩子還有很多。他們之所以形成這樣的性格，大多數不是天生，而是由於不當的家庭教育方式所致。如小牧這樣，因為從小缺乏與人社交的機會，因此養成了孤僻、畏縮的性格，這種性格一旦養成，想要糾正就有一定的難度了。

　　此外，如果家長對孩子過分溺愛、過分照顧和遷就，也可能讓孩子養成以自我為中心、孤僻的性格。

　　小怡的媽媽在 35 歲的時候才生下小怡，對於這個女兒十分寵溺，寶貝得不得了。

　　因為擔心孩子出了意外，所以，家人很少讓小怡出去玩，更不要說讓小怡單獨與別的小朋友相處了。大部分時間，小怡都待在家裡聽奶奶講故事或自己一個人玩家家酒。

　　小怡從小就習慣了以自己為中心的「個人」生活，所以，對其他小朋友與外來的事物都很排斥、很驚懼。

　　在幼稚園裡，小怡從來不讓其他小朋友碰自己的東西，更不喜歡跟其他小朋友一起玩。老師反應說，不僅如此，小怡對於團體活動也一點都不感興趣，總是自顧自地做自己的事情，老師跟她說話，她也是一副冷漠、躲閃的模樣。

　　與小牧不同的是，從小習慣了個人中心生活的小怡習慣於用自己的冷漠與躲閃來表現自己的孤僻、不合群。事實上，小怡之所以迴避團體活動，不與人說話和社交同樣也是內心驚懼所致，冷漠是孩子逃避新環境、拒絕新事物的一種方式。

　　當然，孩子的孤僻離群也有孩子自身的原因。比如，孩子本身的性格特點：內向、拘謹、愛獨處、不愛活動等，孩子本身具有這些特點，家長又很

第四章　幫孩子塑造良好的性格

少讓他們出去與同伴一起玩耍，這樣就很容易形成孩子孤僻的性格。孩子的挫折經歷可能是造成其孤僻離群的另一個原因，在與人社交中屢次遭到拒絕後，就會產生挫折感，因而尋求自我保護而不願與他人社交。

當今社會是一個群體合作的社會，任何一個人的成長與發展都是離不開群體的。對於孩子來說，同樣如此。因為，孩子個性和社會性的發展與完善，與他所在的群體和所處的社會環境關係密切。如果一個孩子從小養成孤僻離群的性格，對其成長與發展是相當不利的。

那麼，孤僻的性格對孩子有什麼影響呢？

首先，孤僻離群的習慣影響孩子健康心理的養成，使得孩子難於應付各種複雜的人際關係而變得自卑和羞怯，這在一定程度上限制了孩子的成長。當這種孤僻的心理變得越來越嚴重時，孩子就會心理扭曲，對周遭的事物產生「冷漠心理」，甚至是「仇視心理」和「報復心理」。不少走上犯罪道路的青少年就是這樣因為心理的變化而逐步走上犯罪道路的。因此，家長應採取措施糾正孩子孤僻離群的傾向。

其次，孤僻、不合群的孩子難免被群體所排斥，失去被他人了解的機會，從而可能導致與成功失之交臂的結果。

另外，孤僻離群影響孩子的社交能力。孩子與他人的社交能力也是在孩子參與人際社交的過程中不斷地得到鍛鍊和提高的。如果不及時改變孩子的這種不合群的現象，那麼就會限制孩子社交能力的進步。

總之，孤僻離群是孩子成長的大敵，專家建議，若想讓孤僻離群、形單影隻的孩子融入群體生活，家長應採取如下措施。

1. 以身作則，為孩子創造良好的家庭環境：良好的家庭氛圍主要表現為全家人的和睦相處，家長疼愛子女，子女敬愛父母，彼此關心照顧，共同生活。這樣的家庭環境有一種凝聚力，孩子在這種氣氛中，潛移默化地

學會與人融洽相處之道，其人格也會不斷完善。

2. 鼓勵孩子走出家門，多與同伴社交：家人不要太親近孩子，孩子應該與年齡相同的玩伴在一起，然後才能學到與人相處之道。如果總是與家人在一起，就會產生依賴心理，將來步入社會就會感到很難適應。

從兒童身心發展的規律來看，一般孩子長到 3 歲時，就已經產生與社會社交的欲望。這是孩子社會社交的萌芽期，在這個時期，家長應提供孩子與同伴社交的條件，鼓勵他們走出家門，多與同伴社交，在社交中獲得豐富的實作經驗，得到社會生活的訓練，培養社交能力。

3. 強化訓練，培養行為習慣：可以安排一些活動，促進幼兒相互社交。比如舉辦活動，讓兩個對坐的幼兒結成一對，先交朋友，然後擴大交友範圍。這些坐在一起的幼兒相互接觸多，社交也就多了。另外在安排值日生時，也要考慮適當搭配，讓比較活躍的孩子與不合群的孩子組合在一起，促進和帶動不合群的孩子的轉變。還可以採用辯論、講故事、玩遊戲、畫圖等方法。當然，孩子的行為習慣、個性的養成不是一朝一夕的事，也不是一個故事或一項活動就能完成，要細水長流，持之以恆，透過反覆練習不斷強化。

4. 培養團體精神和集體榮譽感：首先要讓孩子多參加一些團隊活動。讓孩子明白只有融入團隊當中，關心他人、關心集體，才能得到別人的關心，也才能真正變得快樂起來。

5. 讓孩子克服內向心理：內向心理，是孩子與他人良好社交的一個巨大障礙。害羞內向的孩子膽子特別小，不太愛表現自己，在社交場合顯得拘謹，與別人打交道時很少採取主動方式，不善於與別人進行有效的溝通交流。家長應鼓勵孩子，多展示自己的優點，以此來克服內向心理。

6. 培養孩子的自信心：孩子只有與他人來往得多了，才能更有自信心，才

能更樂於與他人社交；孩子只有與他人來往得多了，才能更有親和力，才能使其他孩子更願意與他相處；孩子只有與他人來往得多了，才能較好地學習和掌握社交的技能，才能避免在他與人社交中的消極行為的發生。因此，家長應該盡可能地為孩子拓展生活空間，讓孩子有更多與同齡夥伴進行社交的機會。

7. 有意識地教給孩子社交的技能：良好的社會社交技能對協調人際關係具有重要的影響。父母應重視孩子熟練地掌握、建立和保持友誼的社會技能的培養，包括讓孩子順利地加入某個群體、對同伴表示讚揚和支持、和緩地解決衝突等。如果父母重視培養孩子的社會社交技能，那麼孩子就會在社會化方面獲得較大的進步。

研究顯示，合群的孩子在知識範圍、語言表達、人際社交等方面均明顯優於性格孤僻、不愛社交的孩子。因此，家長應抓住每一個教育的契機，讓「離群索居」的孩子融入群體，變得活潑、大膽、勇敢起來！只有這樣，孩子才能擁有一個美好的未來！

讓孩子養成樂觀的性格

樂觀是一種性格傾向，是成功的一大要訣。樂觀使人能看到事情比較有利的一面，期待更有利的結果。而失敗者遇到挫折時，常常運用悲觀的方式解釋事物，無意間就會喪失鬥志、不思進取。

也許有些孩子天生就比較樂觀，有些孩子則相反。但心理學家發現樂觀的性格是可以培養的，即使孩子天生不具備樂觀心理，也可以透過後天的努力來實現。兒童期是心理發展最為迅速的時期，對孩子一生的成長和發展至關重要。家長應當重視孩子的樂觀教育，使孩子得到健康、全面地發展。

　　孩子的樂觀首先來自於家庭和諧、幸福的氣氛，以及父母的樂觀、自信、幽默、豁達，並且，父母能夠切實地幫助孩子正確對待並戰勝他們面臨的困難，用自己的樂觀精神感染孩子。這樣，即使在他們以後的生活中碰到困難挫折，他也能始終保持健康的心態，具備一定的心理承受能力，克服困難，實現目標。因為父母已使他們相信在困難和挫折的後面，還存在許多美好的東西。一個有著童年的幸福與溫馨回憶的人，胸中會永遠充溢著幸福。那麼如何培養孩子樂觀的性格呢？

1. 父母樂觀，孩子更容易變得性格開朗：父母在教育孩子的過程中，自己要先當一個樂觀的人，每個家長在工作、生活中也會遇到各種困難，父母處理困境的方式會直接影響孩子的做法。如果父母能以身作則，在面對困境、挫折時保持自信、樂觀，奮發向上，孩子也會受父母的影響，在遇到困難時，樂觀地去面對。

   平時，父母應該多向孩子灌輸一些樂觀主義的想法，讓孩子明白，令人快樂的事情總是永久的、普遍的，一旦有不愉快的事情發生，那也只是暫時的，只要樂觀地對待，生活仍然是美好的。以下是兩個媽媽不同的做法：

   - 小明的媽媽週末要加班，於是她非常不滿地對小明的爸爸說：「太糟了，週末還要加班，真無趣！」孩子聽了，心裡也替媽媽憤憤不平。
   - 君君的媽媽週末也要加班，她把家裡的事情交代清楚以後，對君君說：「因為最近公司的事情多，媽媽要去公司加班，妳在家裡要乖乖聽爸爸的話哦！」君君聽了，懂事地點點頭說：「媽媽放心吧，我會聽話的！」

比較以上兩位媽媽的做法，我們可以看出第二位媽媽的說話方式比較「樂觀」，孩子不會感到媽媽不想去加班，而媽媽不得不去加班，是因為公司需要媽媽，媽媽是很能幹的！這樣，孩子未來遇到不是很樂意做的事情時，便不會表現得非常不快樂！

2. 父母要引導孩子擺脫困境：每個孩子都會碰到不稱心的事情，即使是天性樂觀的孩子也是如此。當孩子遇到困境時，父母要多留心孩子的情緒變化，如果孩子悶悶不樂，父母無論自己多忙，也要擠出一點時間和孩子交談，教育孩子學會忍耐和堅強面對，鼓勵孩子凡事多往好的方面想，不要全往消極的方面想。

6歲的樂樂已經上幼稚園大班了。一天，媽媽從幼稚園接樂樂回來時，就發現樂樂有點悶悶不樂。

媽媽問道：「樂樂，今天幼稚園有什麼高興的事呀？」

「今天一點都不好玩。」樂樂不高興地回答。

「為什麼呀？出了什麼事嗎？」媽媽問道。

「今天幼稚園來了一個新同學，他很會說話，說了很多搞笑的事情，同學們都不理我了！」原來，樂樂今天在幼稚園受到冷落了。

「那不是很有意思嗎？以後，你每天都可以跟這麼會說笑話的小朋友玩了，你不高興嗎？」媽媽引導樂樂。

「可是，同學們都不理我了呀！」樂樂有些著急了。

「只要你和同學們一樣與那位新同學一起玩，你們不是都可以玩得很開心嗎？其他同學還是會跟你一起玩的呀！對吧？」媽媽問道。

「嗯，好像是。」顯然，樂樂同意了媽媽的看法。後來，樂樂又恢復了往常的快樂。

父母一定要仔細觀察孩子的情緒，只要孩子願意與父母溝通，父母就要引導孩子把心中的煩惱說出來，這樣，煩惱很快就會消失，孩子也會恢

復快樂。當然，父母也可以幫助孩子克服一些困難，教給孩子以正確的態度和措施來保持樂觀的情緒，這些都是促使孩子擺脫消極情緒的好方法。

對於孩子樂觀精神的培養，美國兒童教育專家提出以下建議。

1. 給孩子一個快樂的家庭：家庭的氣氛、家庭成員之間的關係會深深地影響孩子性格的形成。研究表明，孩子在學會說話之前，就能感覺到周圍的情緒和氛圍，儘管當時他還不能用語言來表達。可以想像，一個充滿了敵意甚至暴力的家庭，是絕對不可能培養出樂觀的孩子的。
   平時就應該讓孩子明白，生活是美好的。

2. 不要對孩子控制過嚴：身為家長，當然不能對孩子不加管教、放任不管，但相反地，「控制」過嚴卻又會壓制兒童天真爛漫的童心，對孩子的心理健康產生副作用。不妨讓孩子在不同的年齡段擁有不同的選擇權。例如，對於兩三歲的孩子，應該給他機會選擇早餐吃什麼，什麼時候喝牛奶，今天穿什麼衣服；對於四五歲的孩子，應該讓他在家長許可的範圍內挑選自己喜歡的玩具，選擇週末去哪裡玩；對於六七歲的孩子，應該讓他在一定的時間內選擇自己喜歡看的電視節目，什麼時候學習等；對於上小學的孩子，應該允許他結交朋友，帶朋友來家玩等。

3. 教會孩子與他人融洽相處：與他人融洽相處有助於培養快樂的性格，因為與他人融洽相處者，心中的世界較為光明、較為美好。但要與他人融洽相處也並不容易。家長可以帶領孩子接觸不同年齡、性別、性格、職業和社會地位的人，讓他們學會與不同的人融洽相處。當然，首先要學會跟父母和兄弟姐妹融洽相處，然後再學會跟親戚朋友融洽相處。家長自己也要做到與他人相處融洽，熱情待客，真誠待人，不勢利，不卑下，不在背後議論他人，為孩子樹立一個好榜樣。

4. 鼓勵孩子多交朋友：父母要鼓勵孩子多交朋友，為孩子創造與同齡人社

交的機會，例如，帶孩子到鄰居家串門，邀請其他孩子到家裡來玩，讓孩子多到同學家去玩等。另外，父母可多準備一些活動（如帶孩子外出遊玩），也可讓孩子做一些創造性的活動（如利用回收物製作美勞作品），透過豐富孩子的精神生活，讓孩子在各種活動中體會到生活的樂趣，增強對生活的信心，培養孩子樂觀的性格。鼓勵孩子多交朋友，特別是同齡朋友。本身就性格內向、憂鬱的孩子更應該多交一些性格開朗、樂觀的同齡朋友。

5. 讓孩子愛好廣泛：開朗樂觀的孩子心中的快樂來自多個方面。一個孩子如果僅有一種愛好，就很難保持長久的快樂。只愛看電視的孩子如果當晚沒有喜歡的電視節目看，他就會鬱鬱寡歡。相反地，如果孩子愛好廣泛，當孩子不能看電視時，卻能讀書、看報紙或玩遊戲，同樣可以樂在其中。對只有一種愛好的孩子來說，鼓勵孩子拓展興趣就更加重要了，以免他們對某項愛好過度關注，而對其他活動興趣索然。父母要鼓勵孩子廣泛地閱讀，讓孩子在閱讀中增加知識、提升思想，可以選擇閱讀偉人的故事、童話、小說等文學作品。

6. 生活不宜過度優裕：千萬別以為源源不斷地為孩子提供高檔玩具、美味食品和名牌時裝就會為他們帶來幸福。而實際上，物質生活的奢華反而會使孩子產生一種貪得無厭的心理，這就是貪婪者大多並不快樂的真正原因。相反地，那些過著普通生活的孩子往往只要得到一件玩具，就會玩得十分快樂。

7. 引導孩子擺脫困境：人不可能事事稱心如意，因而再樂觀的人也不可能「永遠快樂」。但樂觀者的可貴之處在於他們能很快從失意中重新振奮起來，並把沮喪丟在腦後。當父母的最好在孩子很小的時候就著重培養他們應付困境、甚至逆境的能力。

孩子衝動不可取

有這麼一個故事：一個常常登臺領獎的小學生竟成了殺人犯，只因為他的一時衝動 ——

小明是個小學六年級的學生，他的學習成績頂尖，老師和家長都表揚他，以至於小明養成了驕傲自滿、不可一世的個性。稍有不稱心的事，就驕橫無理，壞脾氣一觸即發。

在一次話劇演出時，拿著表演用的大刀的小李不小心把小明最愛穿的衣服劃破了，兩人發生了爭執。小明因憤怒而失去理智，抄起旁邊的鐵棍把小李打得頭破血流，倒地不起。最後，小明也因此受到了法律的嚴懲。

孩子偶爾衝動在所難免，但如果經常出現衝動叛逆的情況，就會影響身心健康，尤其容易使孩子性格出現偏離和行為異常。如故事中的小明就是因為衝動造成了行為的異常，害了別人，也毀了自己的一生！這樣的代價似乎過於慘痛。因此，家長應幫助孩子克制衝動，學會駕馭自己的情緒。

讓孩子克制衝動，學習駕馭情緒，家長要從下面幾點著手。

1. 允許孩子自由發洩情緒：有時候，孩子喜歡透過激烈的活動來表達內心的情感，可能是透過語言，或者是透過肢體。不管是哪種形式，對待這時的孩子，父母可以引導孩子學會管理自己的情緒並且讓其意識到控制好自己的情緒對自己的成長和以後的發展有非常大的幫助。若想讓孩子快樂成長，關鍵就是幫助他們學會調整情緒。對情緒的認知和表現，會影響到孩子的行事方式。面對孩子的種種不良情緒，家長要做的，就是如何幫助孩子把不良情緒釋放出來。給孩子一個發洩和傾訴的空間，也就把握了調整情緒的槓桿。

從前，有個脾氣很壞的小男孩。一天，他父親給了他一大包釘子，要求

第四章　幫孩子塑造良好的性格

他每發一次脾氣都必須用鐵錘在他家後院的柵欄上釘一顆釘子。第一天，小男孩共在柵欄上釘了 37 顆釘子。

過了幾個星期，小男孩每天在柵欄上釘釘子的數目逐漸減少了。因為他發現控制自己的壞脾氣比往柵欄上釘釘子還容易多了……最後，小男孩變得不愛發脾氣了。

他把自己的轉變告訴了父親。他父親又建議他說：「如果你能堅持一整天不發脾氣，就從柵欄上拔下一顆釘子。」經過一段時間，小男孩終於把柵欄上所有的釘子都拔掉了。

父親拉著他的手來到柵欄邊，對小男孩說：「兒子，你做得很好。但是，你看一看那些釘子在柵欄上留下的那麼多小孔，柵欄再也不會是原來的樣子了。當你向別人發過脾氣之後，你的言語就像這些釘子一樣，會在別人的心靈中留下疤痕。無論你說多少次對不起，那塊疤痕都會永遠存在。其實，口頭上對人們造成的傷害與人們肉體上受到的傷害沒什麼兩樣。」

家長應該像那位父親一樣，把發脾氣的危害性告訴孩子，讓孩子一步一步地改正這種不良情緒。

2. 糾正孩子錯誤的表達方式：雖然家長應該允許孩子自由地發洩心中的不快，但是，有時候孩子的情緒表達方式難免會有些不當，從而做出對自己和他人都不利的偏差行為。

   孩子因為發脾氣與別的孩子爭吵、打架，結果既傷了自己，又傷了對方。有些孩子喜歡頂撞父母、長輩和老師，有些孩子則習慣於透過摔東西等方式來表達激烈的情緒。

   遇到這些情況，家長當然不能視而不見，而是應該嚴厲勸告，讓孩子明白，情緒的發洩也應該有一定的限度。

父母要告訴孩子，遇到問題時要講道理，不要動不動就發脾氣。如果實在是無法控制自己的情緒，不妨用一些不會傷害自己與他人的方法來解決。

3. 孩子憤怒時家長應引導其正確發洩：當孩子憤怒時，家長應堅持要求孩子用語言而不是用動作來表達憤怒。當孩子生氣時，鼓勵他大聲講出來，並盡可能說出原因。接著，幫助孩子把他們過剩的精力用到戶外活動上，讓他們到戶外去大叫大嚷。只要父母順勢引導，孩子的情緒就會漸漸平靜下來。

在艾森豪 10 歲的時候，他的父母讓他的兩個哥哥在耶誕節前去遠行，但堅決不同意他去。

艾森豪對此非常憤怒，他衝到屋外，捏緊拳頭在蘋果樹上猛擊，他一面哭一面打，直到雙手血肉模糊。

最後，艾森豪被父親拖回了家中，但是，倔強的艾森豪又倒在床上大哭了 1 個小時。後來，母親進來幫他塗藥，纏上繃帶。等艾森豪平靜後，母親對他說：「能控制自己感情的人要比能拿下一座城市的人更偉大。」母親告誡艾森豪，發怒就是自我傷害，是毫無用處的。

艾森豪對此深有感觸，在他 76 歲的時候，他這樣寫道：「我經常會回想起那次談話，那是我一生中最珍貴的時刻之一。」

一般來說，孩子控制的情緒能力比較差，他們不時發些「小脾氣」是常見的事情，不見得是什麼異常的現象，家長不需要特別地控制孩子。

如果家長採取視而不見的冷處理，孩子的不良情緒可能會很快就煙消雲散。只要孩子的不良情緒沒有太過分，沒有對別人造成傷害，不妨讓孩子自由發洩，這樣，孩子就會發現，發脾氣並沒有什麼好玩的，最後，孩子的脾氣會越來越小，甚至會很少發脾氣。

4. 幫助孩子認清發脾氣的壞處：為了一點小事就大發脾氣，容易傷害別人的感情和自尊心，也是不懂得尊重他人的行為。不尊重別人，那就不能得到別人的尊重。另外，發脾氣不但於事無益，而且還會越鬧越僵，一發不可收拾。

   當孩子發脾氣時，不妨讓他想想如果別人對他發脾氣，他的心裡會有何感覺。其次，想想發脾氣的後果，從而學會「三思而後行」，脾氣就會平息下來。

5. 幫助孩子發展負面情緒的管理技巧：在美國有些中小學，在課程中加入冥想的練習：讓孩子坐下，閉上眼睛，意念集中靜坐 20 分鐘。而最近的實驗發現，靜坐冥想有助於降低一個人的焦慮感，而且能夠強化注意力的集中，進一步地提升學習效率。像這些設計得當，適合孩子的放鬆技巧，對他們未來的抗壓能力就會有所幫助。

   另外，家長也可以鼓勵孩子培養健康的興趣和嗜好，來幫助他們排解壓力，例如，帶孩子一起參加體育鍛鍊、畫畫、唱歌等。心理學上的研究顯示，做運動是極佳的紓壓方法之一，持續做有氧運動 20 分鐘以上，會促進大腦物質「內啡肽」的分泌，因而能在生理上起到舒緩壓力的作用。

6. 家長自己要控制自己的情緒：家長應該時刻注意自己在生活中的表現，做個「有耐心」的榜樣。這就意味著當碰上塞車或是排在長隊伍中等待的時候，不要發怒、不要抱怨。當你覺得自己不耐煩的時候，就將此當成一個機會，展現給孩子看你是怎麼應對的，相信孩子能從中受到影響。

孩子性格懦弱怎麼辦

　　小雲今年 15 歲，是國中二年級的學生。

　　小雲從小就是一個靦腆、乖巧的男孩子，學習認真，為人謙遜，每天一放學就回家，讓爸爸媽很安心。

　　上了國中以後，小雲的家離學校遠了，他只能寄宿在學校。

　　在學校裡，小雲十分不適應，他跟班上的同學格格不入，更沒有辦法與宿舍裡的同學和平共處，他唯一的喜好就是讀書，因此，沒有人願意與他分享快樂，更沒有人為他分擔憂愁。

　　有一天，小雲一個人走在操場旁，突然，一個籃球飛了過來，砸在他的腦門上，小雲一下子愣住了，他還沒反應過來，就看到一個高大壯碩的男生衝到他面前，大聲罵道：「不會走路嗎？沒事跑到籃球場找死呀！」說完，就抱起籃球揚長而去。小雲原本想找人家理論，但一看人家身強體壯就不敢了。於是，他忍住內心的惱怒與屈辱感，「謙讓」性地退縮了。

　　在那之後，那些個頭比較大的同學有事沒事就找他的麻煩，他再也沒有辦法專心念他的書了，學習成績直線下降，最後，在不得已的情況下，爸爸為他辦了轉學手續。

　　當然，對於小雲而言，性格軟弱對他造成的傷害與打擊並不會因此就停止。誰也不知道他以後還可能遇到什麼。

　　小雲的悲劇就在於他過於軟弱，被人欺負之後不能精確地表達自己的情緒和需求，因為不善於表達，忍氣吞聲，又得不到安慰，學習不到自我保護的方式，轉學就成了他唯一的出路。生活中，像小雲這樣的孩子不在少數，因為性格軟弱，承受不了太激烈的刺激，因此在遇到競爭和壓力大的情況時，孩子往往會採取退縮的方式來保護自己。這導致他們做起事來畏首畏

第四章　幫孩子塑造良好的性格

尾，被欺負或者遇到不公平的待遇時不敢聲張，有道理不敢與人爭辯。這樣的孩子，將來的發展可想而知。

因此，在孩子性格形成的初期，家長如果發現自己的孩子表現得過於軟弱，一定要加以教育。

首先，面對軟弱的孩子，父母千萬不能流露出沮喪和惱怒，這樣會令孩子更加難過。父母要知道，孩子是承受不了太多的失望的，他需要的更多是安慰、鼓勵和訓練。

其次，家長應該讓孩子學會獨立面對、掌握自己的生活。家長代勞是孩子性格軟弱的主要原因之一。一些家長對孩子百依百順，不讓孩子自己做任何事情，舒適、平靜、安穩的生活，剝奪了孩子自我表現能力的機會；衣來伸手、飯來張口的生活方式，導致了孩子獨立生活能力的萎縮。因此，要培養孩子成為強者，父母首先要鼓勵孩子做力所能及的事情，學會生活。譬如，晚上讓孩子獨自一人上廁所；父母暫時離開時，年紀較大的孩子能夠獨立而不害怕；當發生意外事件時，不驚慌、不哭泣等。這些看起來雖然是小事，但是對培養孩子獨立、勇敢的品格很有益處。

第三，讓孩子多接觸同伴，鍛鍊自己。心理學家指出，孩子的性格在遊戲和日常生活中表現得最為明顯，這也是發現和糾正不良性格的最佳途徑。愛模仿是孩子的一大特點。父母要讓性格軟弱的孩子經常和大膽勇敢的小朋友在一起，跟著做出一些平時不敢做的事情，並將小朋友的言行舉止作為自己模仿的對象，耳濡目染，慢慢地得到鍛鍊，變得勇敢、堅強起來。

第四，家長要尊重孩子，不當眾揭穿孩子的缺點。相對來說，性格軟弱的孩子比較內向，心理較為脆弱，父母要特別注意保護孩子的自尊心。如果當眾揭孩子的短，會損傷孩子的尊嚴，讓他覺得無地自容、臉上無光而羞於見人，無形中的不良刺激將強化孩子的弱點。如果的確需要指出孩子的缺

點，應在肯定孩子成績的前提下，用提出建議和期望的口吻指出孩子的不足。在這種情況下，大多數孩子都會樂意接受的。

第五，給孩子一定的獨立空間。孩子就像樹木，會越長越大，所需要的空間就會越大。書本和課堂只是孩子獲取知識的管道之一，而不是孩子生命成長的空間。給他一個空間，讓他自由地呼吸，那他就會茁壯成長。在大自然的課堂上，孩子以天地為師，以萬物為友，以遊戲的形式來獲取生命之歌的營養。大自然是孩子最好的老師。

也許孩子成長需要的空間不僅局限於一間房、一張床或是一張書桌，而是一個更為廣闊的生活和學習空間，增加一項課外活動或一個體育項目，從房子裡走出來，來到草地，來到田野，走向大自然的懷抱，走進社會中，以不同的方式和角度思考問題，了解社會，這才是他們更加需要的東西。

第六，給予孩子自信。自信是最好的禮物，無論贈予誰，都會成為成長的動機。一個擁有知識的人，不一定能夠走遠，但一個擁有自信的人，必定能走遍天涯和海角。自信的教育就是教孩子學會自己為自己打氣。自信心是建立在自我肯定的基礎上的，否定的教育方式不可能培養出有自信心的孩子。

做父母都是望子成龍，激勵孩子成才的方法很多，但給予孩子自信的確很重要，教導孩子別用仰視的眼光看自己的同時，讓孩子用平視的目光看待自己也至關重要，千萬別讓孩子在你俯視的目光下失去自信。

第七，鼓勵孩子迎向前方的挑戰。生活中，有很多懦弱的孩子一遇到困難、挫折就開始退縮，以為這樣就可以逃避困難，不必去面對。實際上，孩子一旦產生了退縮的心理，就永遠不可能變得堅強、勇敢起來，因此，如果你希望自己的孩子不是一個懦夫，就應該鼓勵孩子，直面困難，迎上前去，不管是「刀山」還是「火海」，自己都應該試一試。孩子一旦有了第一次的成功，以後他們遇到同樣的難題時，也能夠很好地去解決。

第四章　幫孩子塑造良好的性格

　　總而言之，對於那些性格懦弱的孩子，家長一定要有足夠的耐心，既不能不顧孩子的自尊心任意數落孩子，又不能過於縱容孩子、心疼孩子，讓孩子產生更強烈的依賴心理。

第五章　培養孩子的社交能力

每個孩子成長的過程，都是一個社會化的過程。在這一過程中，孩子需要有自己的群體生活、自己的人際網路。

一個擅長與人社交的孩子，能夠培養出對生活的積極態度，感受到生活的幸福與歡樂。反之，一個不擅長與人社交的孩子，則無法建立起融洽的人際關係，以至於無法融入群體、適應社會，而且時常碰壁。

因此，家長一定要從小培養孩子的社交能力，讓孩子學會如何與人社交，怎麼才能與人融洽相處，它是孩子今後立足於社會的基本要件。

第五章　培養孩子的社交能力

學會「社交」比成績更重要

　　每個孩子成長的過程，都是一個社會化的過程。這個過程有兩個顯著的特點。第一個是群體性，孩子的成長離不開夥伴，再好的父母都沒有辦法替代夥伴的作用；第二個是實踐性，孩子需要在體驗中成長，與小朋友社交是孩子最初實踐社會化的機會。因此，從小培養孩子的社交能力很重要。

　　然而，在現實生活中，很多家長只重視孩子的學習成績，卻忽略了孩子社交能力的培養，這種做法不但影響了孩子與人社交的能力，還會引發一系列的社會問題。

　　對於孩子來說，學會社交遠比學習成績更重要。一個不懂得與人社交的孩子，即便學習成績很好，也不可能獲得成功。從某種意義上說，這個世界上與成功有關的「好東西」，大都是為人緣好的人所準備的。而一個人如果不善於與人社交，人緣差，即便他擁有再高的才華，也只會錯失成功的良機。

　　霍華德・加德納（H. Gardner）是美國哈佛大學的一位發展心理學家，在國際上享有盛譽。他曾經追蹤研究了很多孩子，發現那些從小學習成績優秀的學生，長大以後卻反而不是最有成就的人，那些在社會上取得了莫大成就的人，學生時的成績普遍是中上游。一開始，加德納覺得很費解，為什麼那些學習成績最好的孩子反而不是最有成就的呢？

　　經過深入的調查，他才明白，原來那些成績排名前列的孩子學習雖然很好，但因為他們把自己全部的精力都放在了書本上，結果變成了性格有些孤僻甚至怪異的「書呆子」，不善與人相處。當這些孩子踏入社會後，因為不擅長與別人合作，無法融入團隊，往往容易成為群體中被孤立、被排擠的對象，得不到足夠的支持與援助。而那些排名中上游的孩子，成績雖然不是最

好，但他們大多性格開朗、活潑，豁達大度，喜歡與別人合作，很容易和別人打成一片，可以輕而易舉地融入群體當中，從而可以借助群體的合力使自己的努力事半功倍。

這裡還有一個故事 ——

老張夫婦兩人都沒念過多少書，老張是水電工，張太太原先是紡織廠的女工，後來轉行做公車的售票員，兩人深知沒讀書的苦頭，決心不能讓兒子小張再走自己的老路。於是，他們拚命賺錢讓小張讀書。而小張也不負眾望，從小學到高中一路走來，成績都相當優秀，最後，他以優秀的成績考入了某名牌大學。

兒子上了名牌大學，父母的心願終於變成了現實。老張夫婦還沒為此高興幾天，就接到了小張的壞消息：和同學吵架了。原來，從小就生活在父母羽翼下的小張，無論什麼事情都由父母代勞。父母總是讓著他、護著他，他只需要一心一意讀書就行了。

以前，他每天除了吃飯、睡覺，其他的時間幾乎都花在學習上了，和別人沒有什麼社交。在大學裡，環境變了，什麼事情都需要自己去面對，小張一下子感到非常不適應，不懂得如何和他人相處。大學住的是集體宿舍，同學之間難免會有一些摩擦。小張因為習慣了以自我為中心的生活模式，在學校裡過得不順遂。

結果，不到一個學期，小張就把同寢室的其他 7 位同學都得罪了。同學們都有意疏遠他，以避免彼此產生衝突。由於沒有朋友，小張形單影隻，有事只會打電話回家，向媽媽訴苦……

其實，對於那些能夠恰當地與別人社交的孩子來說，同學之間的事情都是一些很容易處理的小事。相互協商、彼此退讓一下，也就解決了。但是對小張來說，因為父母從來沒有引導他去掌握這些人與人之間社交的常識，培

第五章　培養孩子的社交能力

養他這些最基本的社會行為能力，導致他不懂得人情世故，讓自己陷入了孤獨的窘境裡。

正因為與人社交的能力如此重要，難怪石油大王洛克斐勒（John D. Rockefeller）說：「與得到其他本領相比，我願意付出更大的代價來獲取與人相處的本領。」而美國前總統羅斯福（Franklin Roosevelt）則說得簡單直接：「在成功的公式中，最重要的一項因素是與人相處。」

此外，善於與別人交流、社交的孩子，可以得到更多的情感交流、更多的快樂。心理學家發現，善於社交的孩子容易擁有快樂健康的性格。如果孩子總是被拋棄、被拒絕於群體之外，就會產生孤獨感，情感也會受到壓抑。久而久之，他們會不願意開放自己的心靈，感到寂寞、空虛和無聊，始終處於孤獨、封閉、退縮的狀態，如同置身於一座「孤島」之上。這種狀態對孩子的身心發展會產生十分不利的影響。

現代社會，人際社交能力已經成為個人事業成功、生活幸福的重要因素。實驗證明，凡有卓越成就的人都具有良好的人際社交能力。這種能力，其實就是理解他人的能力，比如，如何去感受別人的情緒、了解他人，然後在此基礎上進行溝通與合作等，達到自我提高、自我發展。

對於孩子來說，社交能力和其他任何習慣一樣，應該從小培養。如果錯過了童年這個關鍵期，它就失去了社交經驗的深厚累積，無法形成好的社交習慣，那在餘生裡就十分棘手。因此，家長應懂得積極、主動地與孩子進行交流，及時滿足孩子的各種需要，協助孩子學會如何與人社交。

讓孩子學會基本的社交禮儀

社交禮儀是指在人際社交中，以約定俗成的方式來表現的自律、敬人的規則。從個人修養的角度來看，禮儀可以說是一個人內在修養的外在表現。一個懂禮儀的人，展現的是一種高雅的儀容風度、完善的語言藝術、良好的個人形象和氣質修養。它是一個人贏得尊重與成功的基礎。

優秀的人從來都不能缺少良好的禮儀。對孩子來說，禮儀是他們成長過程中不可缺少的個人素質，是他們與他人溝通感情、獲得信任與支持的要件。

那麼，身為家長，我們應該教孩子掌握哪些社交禮儀呢？

1. 要求孩子注重個人禮儀：在平時的生活中，家長要有意識地向孩子強調個人禮儀的重要性，並從以下幾個方面來培養孩子的個人禮儀：

   - 儀容整潔，讓人先入為主。教育孩子保持儀容的整潔，要把臉、脖子、手都洗得乾乾淨淨的。勤剪指甲勤洗頭；早晚刷牙，飯後漱口，注意口腔衛生；經常洗澡，保持身體沒有異味；衣著要乾淨、整潔、合身。一個儀容整潔大方的孩子，會在他人面前留下好印象。

   - 行為舉止，是優雅無聲的身體語言。主要對站、坐、行以及神態、動作有所要求，優美的站立姿態讓人覺得挺拔、有精神，身體應直立、挺胸收腹、腳尖稍微向外呈 V 字形。要避免無精打采、聳肩、駝背，千萬不能半躺半坐。走路要昂首挺胸，肩膀自然擺動，步速適中，防止搖搖晃晃，或者扭捏碎步。行為也是一種語言，是一種表達複雜資訊的身體語言。在與人社交的過程中，保持良好的行為舉止，能夠幫助

第五章　培養孩子的社交能力

孩子拉近與他人之間的距離。

- 表情親和，讓孩子更有吸引力。教育孩子在神態表情上表現出對人的尊重、理解和善意。與人社交要面帶自然微笑，千萬不要出現隨便剔牙、掏耳、挖鼻、搔癢、摳腳等不禮貌的動作。友好與善意的表情，能打動他人、感染他人，讓他人更加願意親近自己、信賴自己。

- 說話有禮貌。日常生活中，家長要讓孩子常說「您好、謝謝、請、對不起、沒關係」等。教育孩子無論碰到熟人或陌生人，都要學會主動地和人家打招呼，「哥哥好、姐姐好、弟弟妹妹好、阿姨好、奶奶好」等。對人說話彬彬有禮是有教養的表現，也能受到其他人歡迎。

為了讓孩子更好地表達，家長應在日常生活中指導並示範給孩子看。

從兒子 2 歲開始，小丘就特別著重教導兒子說話的禮節。

兒子不會做的事情，需要大人幫忙時，小丘會教他說：「爸爸（媽媽），幫我一下好嗎？」幫完後，教他說：「謝謝！」然後，大人也禮貌地回答：「不客氣。」

同樣，有時她刻意讓兒子幫忙拿東西，然後大聲說：「謝謝！」兒子也會說：「不客氣。」

在兒子做錯事情的時候，小丘會讓他承認錯誤並說：「對不起。」等兒子把自己想說的話說出來後，小丘才會對他說：「沒關係。」而當小丘和丈夫犯錯誤時，他們也會主動對兒子說：「對不起，爸爸（媽媽）做錯了。」並表現出道歉的誠意，兒子也會禮貌地回答：「沒關係。」

久而久之，小丘的兒子不但口齒伶俐，很會說話，而且習慣了有禮貌地說話。

可見，孩子的禮貌應該從小培養。只要家長能有意識地對孩子進行引導，時間久了，孩子自然而然就能變得大方得體了。

2. 要尊重社交的對象：對社交對象要表示尊重，不能失禮於人。具體來說需要做到以下幾點。

- 說話態度要和藹。談話力求簡潔，抓住要點。語氣要誠懇，使對方感到被尊重。說話時態度要誠懇和親切，聲音的大小也要適當，不能太大聲或太小聲。

- 不要無故打斷他人的講話，要認真聽他人說話，不能心不在焉或做自己的事情。

- 不要在背後議論他人，也不要打聽別人的秘密和隱私。

- 接受了別人的幫助應該及時表示謝意。在道謝時，除了用「謝謝」等詞語外，還要雙眼看著對方，態度要真誠。

- 做錯了事、打擾了別人，應該主動道歉。道歉的時候態度要真誠，懇請對方的原諒。

- 要準時。準時是主要靠言傳身教的一項基本禮儀。即使因為各種原因而遲到，畢竟還是對等候人的不尊重。如果大人經常遲到，就會使孩子形成別人的時間不重要，為他人著想不值得的錯誤觀念。「言必信，行必果」，孩子如果從小就在此氛圍中成長，就會形成準時、守信、負責的好品格。

- 在公共場合不要吵吵鬧鬧，也是應該從小學會的社交禮儀之一。如果說孩子良好的社交能力是他們在社會立足的「硬體」，那麼孩子得體的禮儀就是孩子立足社會、建立良好關

161

係的「軟體」。兩者缺一不可,沒有禮儀的社交永遠不可能成功。

因此,家長們要重新認識禮儀在家庭、在與孩子相處中的影響力。在鼓勵孩子積極發表自己想法,積極與家人、朋友溝通的同時,也不能忽視對孩子禮貌習慣的培養,這樣才能使你的孩子真正學會與人社交。

讓孩子學會與人分享

我們發現,在實際生活中,最受歡迎的孩子往往不是最漂亮的,也不是最能說會道的,而是有好東西能夠想到朋友、和朋友分享的孩子,也就是表現比較「大方」的孩子。因為孩子們對分享很在意,如果有人對他們以分享的方式示好,那個人將會受到歡迎,反之亦然。

孩子們在一起玩的時候,獨占甚至爭搶玩具是經常發生的事情,但不能武斷地說自己的孩子「自私自利」。孩子們爭搶玩具,這說明他們還沒有建立良好的分享規則,還不具備對分享美德的認知。這就需要父母平時有目的、有意識地進行培養。究竟該如何培養孩子的分享行為呢?有以下幾點建議。

1. 讓孩子體驗分享的快樂:在孩子主動與別人分享玩具或者其他東西的時候,家長應給予適當的物質或者精神上的幫助和鼓勵,這樣就能讓孩子感到分享對他不是一種剝奪,而是一種增添更多樂趣的機會,同時也能為自己帶來快樂。

2. 透過換位思考,引導孩子與他人分享:從孩子懂事開始,家長就要讓孩子學習與別人分享東西。比如,在飯桌上,家長可以讓孩子學著幫長輩夾菜;鼓勵孩子幫爸爸媽媽拿東西;教孩子為客人讓座等。讓孩子做這

些力所能及的事，從中品味幫助他人而帶來的喜悅。

有位母親是這樣教育孩子與人分享的：

週末，媽媽帶小小去公園遊玩。小小又累又渴，提出要求想坐在路邊的凳子上喝點東西。

媽媽拿出了一袋餅乾和牛奶。這時，媽媽看見一個小女孩也坐在旁邊，正看著小小吃餅乾。媽媽看出，小女孩也餓了，也許和她一起來的大人是去買吃的了。

媽媽對小小說：「兒子，給小妹妹一點餅乾，好嗎？」

「不，我要自己吃！」小小顯然不樂意。

媽媽耐心地引導小小：「寶貝，如果媽媽有事沒有陪在你身邊，這位小妹妹有餅乾吃，你會不會想吃呢？」

「想吃。」小小幾乎是毫不猶豫地回答。

「這就對了，現在你拿一些餅乾給小妹妹吃，下次媽媽不在你身邊的時候，小妹妹也會把好吃的東西分給你吃的。」

小小看了看媽媽，又看了看小妹妹，於是把自己的餅乾送到小妹妹手上。

大多數孩子不願意把自己的東西分給別人，但他卻希望能夠分到他人的東西。家長應該充分了解孩子希望獲得他人東西的心理特徵，透過換位思考，讓孩子站在他人的角度去思考問題，引導孩子與他人分享自己擁有的東西。

3. 家長可以讓孩子多結交大方的同齡朋友：大人有大人的世界，孩子有孩子的世界。如果說大人的榜樣是很重要的，那麼同齡人的帶領就會更加實在，孩子會下意識地向同齡人比較和學習。如果孩子身邊的朋友大多是大方、不愛計較的孩子，那麼自己的孩子也不會太差！可見環境是很重要的因素。

第五章　培養孩子的社交能力

4. 讓孩子之間互通有無：有一個媽媽為了讓孩子學會更好地分享，是這麼做的：

   只要買給了孩子他喜歡的玩具、繪本，這位家長都鼓勵孩子帶到學校去，並且鼓勵他與其他孩子交換自己的玩具、繪本。媽媽教育她的孩子說：「只要你把自己喜歡的玩具借給別人玩，那麼，別人也會把好玩的玩具送給你玩，這樣你們就有很多的好玩的玩具可以玩，也有很多的繪本可以看。」

   慢慢地，這個孩子嘗到了分享的甜頭，以後，不用媽媽提醒，他都會把新買的玩具帶到學校，跟其他小朋友分享。

5. 讓孩子與自己的家人一起分享：日常生活中，許多家長寧可自己受苦也不願讓孩子吃苦，好吃的、好玩的、好用的全都讓孩子去享受。

   我們經常會看到這一幕：孩子誠心誠意地請爸爸媽媽或者爺爺奶奶一塊吃好東西，家長卻堅決推辭，說：「你吃吧，我們是大人，大人不吃！」或者說，「叫你吃你就吃！」就這樣，孩子與人分享的好意被父母扼殺了。久而久之，孩子也就沒有謙讓與分享的念頭了。

   因此，要培養孩子與他人分享的習慣，最重要的是家長首先要學會坦然地與孩子分享，成為與孩子分享的夥伴，讓孩子接受和別人分享的事實，讓孩子去發現分享過程中的樂趣和成就感。比如在家裡，父母可以讓孩子為每個家庭成員分蘋果、分橘子等，教孩子學會尊敬老人，先分給爺爺奶奶等長輩，再分給爸爸媽媽，然後才分給自己。在這分東西的過程當中，孩子不僅學會了與人分享，而且明白了應該尊敬長輩、關心父母的傳統美德。

6. 讓孩子做「分享訓練」：當孩子較小時，家長不妨就對孩子進行這方面的「分享訓練」。比如，當孩子手中拿著畫冊時，家長可以拿著一個玩

具，然後溫柔地、慢慢地遞給他玩具，並從其手中取走畫冊。這樣透過反覆訓練，孩子便學會了互惠與信任。此外，家長還可以想一些特別的點子，讓孩子體驗到與人一起分享玩具時可以玩出的新花樣，孩子在體驗到更多的快樂之後，就能自動自發嘗試著與其他小朋友分享。

值得注意的是，在日常生活中，家長別對孩子做「假分享」的遊戲。

在生活中我們經常會見到這樣的一幕：

小寶貝正吃著自己最喜歡的東西，奶奶假意試探說：「寶貝，給奶奶吃一點。」小寶貝乖巧地跑到奶奶跟前，拿著餅乾往奶奶嘴裡送，奶奶假裝咬了一口，說：「寶貝真乖，奶奶不吃，你吃吧！」孩子一看，自己的東西不但沒有被奶奶吃掉，還得到表揚，心裡喜滋滋的。接下來，為了測試孩子是否真的「大方」，爺爺、姑姑、爸爸、媽媽都會如此訓練一番。而孩子每次都很大方地配合大人們的「表揚」。他（她）料定，大人是不會真吃自己的東西的。後來，有一次，家裡來個小朋友，媽媽要求孩子將餅乾分給小朋友，小朋友開開心心地吃掉了餅乾，結果孩子「哇」的一聲大哭起來。因為，以往都是「假吃」，這次卻變成「真吃」了。

因為知道獨享是自己的專權，孩子從小就不懂得有東西應該跟他人分享，從小就有了自私的觀念，這對孩子的成長是不利的。因此，若想培養孩子的分享意識，請家長不要跟孩子玩「假吃」的遊戲。

第五章　培養孩子的社交能力

培養孩子的合作意識

林格倫（Astrid Lindgren）曾說過：「在文明世界中的人們，真正需要學會的本領是有成效的合作本領，以及教會別人也這樣做的本領。」善於協商與合作既是一種精神和態度，也是一種能力和修養。孩子雖然年紀小，但協商與合作的重要程式卻絲毫不能省略，無論是擁有當下的快樂童年，還是順利地適應未來的社會生活，都需要他們具備良好的合作精神及必要的行為經驗。歐洲心理學家阿德勒（Alfred Adler）說：「假使一個兒童未曾學會合作之道，他必然走向孤僻之道，並產生強烈的自卑情緒。」因此，家長要在孩子的日常學習和生活中逐漸培養孩子的合作能力，為孩子將來拓展自己的人生打下基礎。

如何培養孩子的合作能力呢？建議做到以下幾點。

1. 教孩子學會與人合作：如果孩子學習比較優秀，或者在某個方面有突出的特長，就要著重教育他不能驕傲，在群體中更要善於合作，不能總是處處想表現自己。

2. 著重培養孩子良好的性格：心理學家研究發現，一般情況下，有良好性格的孩子合作意識與合作能力都比較強，這種良好性格包括開朗、自信、友愛、平等以及探索精神。具有這種性格的孩子會主動與別人合作，而且會合作得很好。所以，培養孩子良好的性格是邁向合作的必備條件。

3. 培養孩子有愛心、友愛互助等品德：如果孩子因為幫助別人而耽誤了自己的學習時間，甚至損失了一個獲得榮譽的機會，反而應該要給他鼓勵和支持。

4. 讓孩子學會接納別人：所謂接納別人，是指自己從內心深處真正地願意

接受別人。從實質上來講，合作是雙方長處的相得益彰，也是雙方短處的相互遏制。因此，只有相互認識、欣賞對方的長處，合作才有真正的動力和基礎。所以家長要常和孩子講「金無足赤，人無完人」這個道理，不能因為別人有這個缺點或那個問題，就嫌棄他、疏遠他。在日常生活中，家長要教育孩子多看並善於發現別人的優點，對於別人的優點要誠心誠意地加以讚美。此外，家長自己平時在工作和生活中也應堅持這種態度來對待他人，成為孩子的表率。

5. 讓孩子多參加需要互相配合的團體活動：家長可以讓孩子玩一些諸如共同堆積木、拼拼圖等需要合作的活動，還要鼓勵孩子參與足球、籃球、排球等體育活動。這些活動既有團體之間的對抗與競爭，又有團體內部的協調與一致，這就更有利於培養參與者的合作精神。

6. 幫助孩子形成良好的合作態度：通常，在體育遊戲和角色遊戲中，孩子們的合作都比較好，但是在建構性的遊戲（Constructive Play）中，往往會出現合作得不愉快。究其原因，便是合作態度的問題，因為衝突往往發生在遊戲材料缺乏時，孩子們會將一部分遊戲材料據為己有，擔心一合作，就沒自己的分了。這時候，就需要家長與老師及時引導，幫助孩子消除一些顧慮，必要時家長或者老師可以參加到遊戲中，示範合作，引導拒絕合作的孩子與自己一起遊戲，讓孩子逐步學習良好的合作態度。

7. 教給孩子正確的合作方法：合作不是一個人的事情，自然不能隨心所欲。為了讓孩子更好地學會合作，家長應在實際的活動中教給孩子正確的合作方法。

有一位幼兒老師是這麼教孩子合作的方法的：

在一次教學活動延伸中，我讓孩子們分組合作畫畫，為一棵大樹添加樹

葉，結果只有一組孩子在真正地合作，他們在商量分工，分別完成大樹的某一部分。而其餘幾組幼兒雖然都在同一棵樹上畫畫，但卻在自己做自己的，並未真正合作。我便讓合作得較好的孩子向大家介紹他們的方法，然後再進行示範，結果孩子們就馬上明白該怎樣和別人合作了。

由此可見，在活動中教給孩子正確的合作方法非常重要，這能讓孩子更好地學以致用，以便在今後的活動中更好的合作。

8. 幫孩子解決合作中遇到的問題：有時，在遊戲活動中，孩子遇到糾紛時找不到很好的解決方法，不是告狀就是吵鬧，這時就需要家長幫助孩子解決他們之間的矛盾。解決這樣的問題時，需要採取一種孩子喜歡並樂於接受的方式，不要傷害孩子的自尊心。

9. 向孩子充分展示合作的成果：家長應充分肯定孩子的每一次合作，哪怕是一點點成果，也要展示給孩子，讓他們體驗合作的快樂和成功，激發孩子們還想合作的願望，在家長與老師的積極引導和充分肯定中，孩子的合作意識和能力才能得到有效的培養。

10. 創造合作的家庭環境：家長應創造善於協商與合作的家庭環境，使孩子在日常生活中得到薰陶。家庭或學習上有什麼事情，父母應多與孩子商量，不主觀武斷地幫他做決定，要讓孩子感受協商與合作的過程。

　　協商與合作能力在孩子的成長中是非常重要的。因此，家長要積極地創造條件引導孩子學會協商、學會合作，多啟發他們，讓孩子從小多與同齡孩子接觸，適應集體生活，使孩子具備積極向上的心理，活潑、快樂、健康地茁壯成長！

培養孩子的幽默感

　　幽默是一種涵養，更是一種魅力。生活中的每一個人都喜歡有幽默感的人，因為幽默的人常常可以做到妙語如珠，使原本枯燥無味的語言變得活潑有趣，讓聽者身心放鬆、心情愉悅。

　　一天，英國著名的劇作家蕭伯納（George Bernard Shaw）在街上行走，被一個騎腳踏車的冒失鬼撞倒在地，幸好沒有受傷，只是虛驚一場。

　　騎車的人連忙扶起他，向他道歉。可是蕭伯納卻惋惜地說：「你的運氣真不好，先生，如果你把我撞死了，你就可以名揚四海了。」

　　蕭伯納的這一句幽默的話語，把他和肇事者雙方的不愉快、緊張情緒消除了，使得這場事故得到了友好的處理。

　　德國詩人歌德（Johann Wolfgang von Goethe）以幽默著稱。有一天，歌德在公園裡散步。在走到一條只能通過一個人的小路時，他迎面遇到了一個曾經對他的作品提出過尖銳批評的評論家。這位評論家高聲喊道：「我從來不讓路給傻子！」……「而我則正好相反！」歌德一邊說，一邊滿面笑容地讓在一旁。笑聲中，歌德把「傻子」的頭銜還給了評論家，評論家也無言以對，只好「笑納」。

　　歌德運用的這種幽默戰術，就像太極中的「以柔克剛」，不僅能達到反擊的目的，還顯示了自己的智慧，從而成了千古佳話。

　　這就是幽默的魅力和珍貴之所在，它的妙處無與倫比。

　　適度地使用幽默的口才，不但可以淡化消極情緒、消除人際間的矛盾、緩解緊張氣氛，還能表達人與人之間的真誠友愛，溝通心靈，拉近人與人之間的距離，填平人與人之間的鴻溝。所以，懂得幽默很重要。

　　同樣，幽默感在孩子的人際社交中十分重要。有幽默感的孩子，能讓自

第五章　培養孩子的社交能力

己有一種無形的親和力，從而縮短同儕之間的距離，因此比那些不具備幽默感的孩子更會受到大家的喜歡。對於孩子而言，具有幽默，也就是有了他快樂面對挫折和失敗的本領，培養了他與人相處的能力。

一個孩子犯了一個小錯誤，媽媽生氣地揚起了巴掌：「看我把打得你屁股開花。」孩子瞪著眼睛看著媽媽，突然哈哈大笑了起來：「真的嗎？我的屁股會開出什麼花？妳快打打看啊！」媽媽聽了一愣，也忍不住笑出了聲，和孩子一起樂成一團。

孩子從一句很平常的話語中感受到了幽默，並營造出了有趣、輕鬆的氛圍，化解了媽媽的怒火，緩和了彼此之間的氣氛。這是孩子對有趣、可笑事物的一種愉悅的心理反應。

滑稽常常被看做是幽默。會說調皮話的孩子，會說笑話的孩子，常常被看做是有幽默感的人，其實這並不是真正的幽默。所謂幽默感，就是透過語言或肢體語言，讓與自己互動的對象感到愉快。它是 EQ 的重要組成部分，是智慧的體現，也是人際社交的調劑，能融洽關係、化解矛盾。

幽默感是一種生活態度，嚴肅緊張的孩子長大成人之後還是一樣嚴肅緊張，所以必須從小培養，從小事訓練，目的在於把幽默感變成孩子的習慣，並內化成孩子的性格。那麼，該如何培養孩子的幽默感呢？

1. 當一個有幽默感的家長：想讓孩子具備幽默感，家長首先要讓自己學會幽默。父母的幽默，能達到說教無法比擬的效果，能潛移默化地影響孩子成為一個樂觀的人，增加他受人歡迎的機率。

   有幾位媽媽帶著自己的孩子到郊外春遊，其中一個孩子被蜜蜂蜇了一口，頓時臉上起了一個小包包，小女孩哭個不停，任憑其他人怎麼勸也無濟於事。

   正在大家束手無策時，她媽媽趕過來，一邊摟著女兒一邊說：「寶貝，

別哭了，誰叫我的寶寶長得跟花一樣漂亮！妳看，蜜蜂都分不清誰是花了！」小女孩聽了，瞬間笑了，又高高興興地和其他小朋友去玩了。

這位媽媽以幽默的表達方式讓孩子停止了哭鬧，使孩子破涕為笑。這對孩子的語言與思維能力也有很大的幫助。

如果家長懂得營造一種幽默的語言風格，不但能讓孩子顯得輕鬆快樂，更能讓孩子在潛移默化中學會幽默的表達方式。

孩子的幽默感來自於父母，比如，三四歲的孩子，會因為聽到大人說好玩的話，或看到某個不協調的動作，便哈哈笑個不停，這表示孩子的幽默感正在形成，此時，父母的協助很重要。有幽默感的父母可以比孩子笑得更誇張，從而強化孩子的幽默感。

2. 培養孩子愉悅和寬容的心態：幽默的心理基礎是愉悅、寬容的心態。家長要教育孩子在與人社交時愉悅相處、寬容待人，用幽默解決矛盾糾紛、用幽默提出與對方分享的要求、用幽默提出批評建議等。

3. 讓生活充滿笑聲：一個幽默的孩子肯定是愛笑的孩子，愛笑的孩子往往善於發現幽默和製造幽默。在日常生活中，家長可多跟孩子玩一些有趣的情境遊戲，如躲貓貓、扮鬼臉、找寶藏等，讓孩子在遊戲中充滿開心的笑聲。

富有幽默感的語言應當以不傷害他人為原則，幽默的語言要以禮貌為基礎，幽默的動作則應以不涉及危險動作為原則。家長與孩子說笑話或表演滑稽的動作時，要考慮孩子的年紀。因為大人認為好笑的語言或動作，孩子不見得有同感。但孩子認為好笑的語言或動作，即使大人覺得不好笑，也要陪孩子一起笑。

4. 鼓勵和強化孩子的幽默：鼓勵孩子大膽地表現幽默，讓孩子大聲地說笑，為孩子搭建一個可以自由表現幽默的舞臺，對幽默感的培養很重要。而

當孩子說出一些好聽的話或者做出一些有趣的動作時，別忘了給孩子一些掌聲，讓孩子和自己都輕鬆一下。

而且，父母要用藝術的眼光，將孩子的幽默故事加以擴大並提煉，讓它們在適當的場合加以重現，以強化幽默感，讓孩子意識到這就是幽默。

總之，一個孩子的幽默感是家長培養出來的。如果你希望自己的孩子贏得更多人的喜愛，那麼，請從小培養孩子的幽默感吧！

教孩子學會與人溝通

溝通是人與人之間情感交流、彼此了解的最好方式。不管是上司下屬、同事、家人、朋友或者情人都是需要溝通的。良好的溝通是創造和諧環境的先要條件，它不但能夠化解衝突，創造和諧的人際關係，還能夠讓人們在溝通的過程中，使彼此的情感得到相互理解，思想得到交流。良好的溝通能力對孩子的生活有著重要的意義。

1. 良好的溝通能力能夠提升孩子的自信：在與人溝通、社交的過程中，孩子能慢慢地認識到自己的能力，體驗到自身的魅力。他們的自我意識也會在他人的認可中慢慢建立起來，會變得越來越有自信。因為善於溝通，孩子還更能夠排除孤獨感和脆弱心理，克服憤怒、恐懼、害羞等負面情緒。變得越來越擅長交際、善解人意，也因此受到他人喜歡。相反地，一個孩子如果不喜歡與人社交，不擅長溝通、交流，就會因為困惑變得越來越自閉，他們也就不能客觀地評價自己，更無法正常與人社交，導致自尊心受損，出現自卑感。

2. 良好的溝通能力，能使孩子與他人的關係融洽：在與人溝通的過程中，孩子在了解他人、讓他人了解的同時，逐漸邁出了自己「狹窄的個人

天地」，從而不再孤獨、壓抑，同時，他們也能從社交中找到生活的樂趣。不會溝通的孩子，因為心情無人疏導，只會變得越來越孤獨、壓抑，他們甚至會覺得沒有人了解自己！

3. 良好的溝通能力，是孩子學得新知識的基礎：對於孩子未來的事業發展來說，良好的溝通能力同樣有極大的幫助。有效的溝通，能節省時間和精力，減少過剩勞動，提高生產效率。相反地，缺乏溝通，只會使孩子在工作的過程中四處碰壁。因此，我們說，溝通是必要的。為人父母，我們一定要教孩子學會與別人溝通，只有透過良好的溝通，孩子才能夠融入新的環境當中；只有透過溝通，孩子才能夠從別人身上學到更多的知識，更快地成長。

家長可以從以下幾個方面培養孩子的溝通能力。

1. 創造良好的空間：溝通從心開始，人只有在意識到自己是安全的前提下才可能敞開自己的心扉。要讓孩子學會與人溝通，首先要讓孩子願意與人溝通。寬鬆、和諧、民主的氛圍是實現人與人之間良性溝通的前提，家長首先要改變觀念，學會「蹲下來看孩子」，尊重孩子的興趣、愛好、個性和人格，以一種平等、寬容、友善的心態引導孩子，允許孩子犯錯和失敗，接納、鼓勵孩子提出不同的見解。

2. 增強孩子的自信心：一個不善於溝通的孩子，與他的自信心缺失有關。如果孩子在團體中不被重視，沒有表現自己能力的機會，或者受到太多的批評、指責甚至諷刺、挖苦，或者受到某種挫折後得不到應有的指導和具體的說明，都會傷害孩子的自尊，影響其自信。在這種心境下，孩子難免表現不佳，又有可能招致新的壓力，形成惡性循環，孩子會越來越退縮，進而躲避人群不善溝通。

任何人都有自尊和被人尊重的需要，孩子也不例外。而自尊和被人尊

第五章　培養孩子的社交能力

　　重，是產生自信首要的心理動力，它能讓孩子自信地度過一生，活得有價值、有尊嚴。可以說，自信是溝通的第一步。要學會成功地溝通，就要讓孩子樹立與人社交的信心，讓孩子正確地評估自己。

3. 鼓勵孩子表達自己的想法：鼓勵孩子說出他的想法、表達自己的感受。讓別人知道自己在想什麼，是進行溝通的第一步，對於那些羞澀、內向的孩子尤其要如此。鼓勵他們平時多說話，多發表自己的觀點，鼓勵他們與人爭論。

4. 鼓勵以友善的姿態對待別人：在生活中，有些動作表示出攻擊性和不友好性，比如叫喊、皺眉和緊握拳頭等；有些動作，比如微笑、握手、擁抱等，則表示出友善的意味。鼓勵孩子多做出一些友善的姿態，而不要總是一副盛氣凌人、高人一等的架勢，那樣的話難免會把朋友都嚇跑。

5. 提供溝通的機會：家庭在日常生活中要將時間和空間還給孩子，給孩子參與溝通的機會。這裡應該提倡「五給」：「給孩子一個條件，讓他自己去鍛鍊；給孩子一點時間，讓他自己去安排；給孩子一個問題，讓他自己去解決；給孩子一個空間，讓他自己去活動；給孩子一個權利，讓他自己去選擇。」家長要讓孩子成為家庭事務的參與者與決策者，給孩子充分表達意見的機會，實行家庭民主，耐心接納孩子的正確意見。如果學校和家庭都能做到這一點，孩子不但得到了溝通的機會，還能提高與人合作的能力，提高實踐能力，增強自信心。

6. 豐富溝通的內涵：溝通不是無目的、無意義的聊天，溝通應當有豐富的內涵。除了與人溝通交流之外，還要引導孩子博覽群書，不斷拓寬自己的知識面，讓孩子言之有物。可以利用家庭的圖書室和網路資源，開設閱讀課，舉辦家庭讀書交流活動。並鼓勵孩子利用多種管道進行資料的收集和整理。

7. 鼓勵孩子多參加團體活動：特立獨行的孩子自然會缺少朋友，溝通能力也就好不到哪去，所以，應該鼓勵孩子多參加學校的各種社團活動。讀書會、公益活動、旅遊、小組體育訓練，都是促進孩子與別人溝通的好途徑。父母應該鼓勵孩子與同儕社交，矛盾也讓他自己解決，這樣孩子的溝通能力才會在無形之中增強。

8. 教給孩子與人溝通的方法：溝通需要技巧，父母在說明孩子學習與人溝通的時候，要注意教給孩子溝通的方法。如：

　A. 努力尋找話題。你可以讓其認真觀察別人的對話，看是如何延續話題的。

　B. 學會傾聽。聽聽別人的講述，少說話。學著順別人的話題說。

　C. 了解當下比較流行的事或詞，這樣就不至於插不上話，並且看看別人平時談什麼。

　D. 多找能說會說的人交流。即使你沒話了，但對方話比較多，能延續話題，對孩子也會有啟發。

讓孩子學會傾聽

　　有句話說：「良好的談吐有一半要靠聆聽。」專家也指出：「人們之間相互對談之缺失、弊端，不一定來自談話本身的技巧，而是由於彼此急於表達自己，缺少耐心去傾聽對方的訴述。」可見，在人與人社交的過程中，「傾聽」是十分重要的一步。

　　首先，有效地傾聽能幫助孩子多方截取他人的優點，彌補自己的不足；也能使孩子觸類旁通，萌發靈感。善於傾聽的孩子通常都具有好的學習能力，成績優異。而一個總在他人說話時插嘴的孩子，通常沒有認真聽課的習

第五章 培養孩子的社交能力

慣。由於注意力不集中，所以在老師提問的時候，什麼都不會。這樣的孩子，通常學習成績都比較差，思路也跟不上課堂的進度。

其次，善於傾聽的孩子能獲取朋友的信任，是一個人真正會交際、有教養的表現。善於傾聽的人能夠給別人充分的空間訴說自己，幫助他人減輕心理壓力。每當人們遇到不如意的事，就總想找個人一吐為快。我們的傾聽，在別人不如意時往往會有意想不到的緩解作用。同時，善於傾聽，還可以了解到他人的心理想法與需求，能夠提出適當的建議，從而獲得友誼與信任。

一個不善於傾聽別人說話的人，人際關係通常都很差。他們總喜歡滔滔不絕，別人的話還沒有說完，他們就插話；別人的話還沒有聽清，他們就迫不及待地發表自己的見解和意見。可是，當對方興致勃勃地與他們說話，他們卻心不在焉，手上還在不斷地忙自己的事。這樣的人，沒有人願意與其交談，更不會有人喜歡和他做朋友。這樣的人，給人的印象是浮誇、不值得信任、沒有教養的，所以總是招人嫌棄。

英國劇作家蕭伯納是個很聰明、很健談的人。少年時，他總是習慣於表現自己，無論到哪裡都說個沒完，而且說話尖酸刻薄。有一次，他的一個朋友忠告他：「你說起話來真的很有趣，這固然不錯，但大家總覺得，如果你不在場，他們會更快樂，因為他們都比不上你。有你在場，大家就只能聽你一個人說話了。加上你的言辭尖銳，聽上去實在刺耳，這麼一來，朋友都將離你而去，這樣對你又有什麼益處呢？」

朋友的提醒給了蕭伯納很深的觸動，他從此立下誓言，決心改掉「自說自話」的習慣，因此，他重新贏得了朋友的歡迎和尊敬。

對於談話者來說，傾聽是褒獎對方談話的一種方式，是對人尊重的體現，是安慰別人的一劑良藥。它有些時候比「說話」更為重要。要做到會傾聽，應注意多聆聽，了解對方的真正意圖，不要在別人還沒說完的時候就插

嘴或者打斷別人的話。

在《傾聽的藝術》這本書中，曾講述了這樣的故事：

一天，美國一個知名主持人訪問一名小朋友，問他道：「你長大後想做什麼職業？」

小朋友天真地回答：「我要當一名飛機的駕駛員！」

主持人接著問：「如果有一天，你的飛機飛到太平洋上空所有的引擎都熄火了，你會怎麼辦？」

小朋友想了想：「我會先告訴機上所有的乘客都綁好安全帶，然後我背上降落傘跳下去。」

頓時，在場的觀眾都笑得東倒西歪，林科萊特先生繼續注視著這個孩子，想看看他是不是個自作聰明的傢伙。沒想到，孩子的兩行熱淚奪眶而出，林科萊特這才發覺這孩子的悲傷之情遠非筆墨所能形容。於是，林科萊特問他：「為什麼要這樣做？」

小孩的答案透露出一個孩子真摯的想法：「我要去拿燃料，我還要回來的！」

聽別人談話時，應該等別人把話說完以後再發表意見。這就應該做到：聽話不要聽一半；更不要把自己的意思投射到別人所說的話上。只有這樣，才算是會「傾聽」了。

家長應如何讓孩子學會傾聽呢？

1. 利用「按指令行事法」發展孩子的傾聽能力：好動是孩子的天性之一，也是身心發展的一個階段。為此，家長可以用按指令行事的方法來發展孩子的傾聽能力。比如要求孩子聽指令做相應動作；在日常生活中交辦孩子一些任務，讓他獨力完成，以鍛鍊孩子對語言的理解能力；讓孩子根據某種音樂或節奏等，一邊看著大人的手勢，一邊完成某些動作或相

第五章 培養孩子的社交能力

應的行為等。

2. 利用「聽辨錯誤法」來發展孩子的傾聽能力：生活中，有的孩子聽一件事時，只聽到其中的一點就聽不下去了，這就說明其傾聽的品格不高，聽得不仔細、不專心和不認真。因此，家長應該有目的地讓孩子在日常生活中吸引孩子注意傾聽，去判斷語言的對錯，並加以改正。比如說「玉米長在地上，葡萄長在樹上」等錯誤語句，讓孩子傾聽後，挑出問題並糾正。

3. 培養孩子傾聽的習慣：有些孩子在聽他人講話時不是心不在焉，就是東張西望、四處走動，這種行為會使說話者感覺受到傷害，不僅無法收到較好的談話效果，還會影響雙方的關係。

   家長在面對這樣的孩子時，一定要端正對孩子的態度，孩子首先是一個獨立的人，其次，他是一個與大人平等的人，父母既要重視孩子的自尊心，也不能把孩子當成全家的中心，什麼事情都圍繞著孩子轉。應該讓孩子懂得在聽別人講話時，要尊重他人，可以自然地坐著或者站著，眼睛看著說話的人，不要隨便插嘴，安靜地聽別人把話說完，這是一種禮貌。

4. 透過遊戲訓練孩子的傾聽能力：一種良好的練習傾聽的遊戲就是「傳話」。比如，媽媽可以向孩子說一段話或者講一個故事，要求孩子認真仔細地聽完，然後把這段話或者這個故事講給爸爸聽，媽媽要聽聽孩子複述得是否準確。或者集結好幾個孩子一起玩這個遊戲，大家圍坐一圈，由一個人開始，將一段話悄悄傳給第二個人，第二個人又傳給第三個人……如此轉一圈，當最後一個人把話傳到發話人的時候，原話往往已經變得面目全非了。透過這種遊戲可以訓練孩子的傾聽能力。

5. 教給孩子傾聽的技巧：告訴孩子，在聽別人說話的時候，認真、專注是對他人最好的嘉獎。在聽的過程中要邊聽邊想，如果能夠在聽的過程中

提出自己的問題，那就更好了。當然，這裡的問題不是故意刁難，更不是挑問題。一個懂得傾聽的孩子才能讓自己的語言彰顯出無窮的魅力！

6. 透過活動讓孩子得到更多的傾聽機會：多讓孩子參加各種有益的活動，既要孩子聽明白活動的內容、要求、規則及其他事宜，又要鼓勵他們尋找表現自己的機會，在適當的時候突出表現自己的才能。幼稚園可開展形式多樣的表演會、演講會、故事會、小新聞發布會等類似的活動，引導孩子認真聽同儕講話，鼓勵他們大膽、踴躍地參加表演。

教孩子建立良好的友誼

媽媽帶著小浩去參加幼稚園同學的生日派對，為了這個派對，小浩特地讓媽媽幫他精心打扮成了一個小紳士，小浩之所以這麼在意裝扮，是因為自己喜歡的同班同學小涵也會參加這個派對。

但很糟糕的是派對已經開始很久了，可小涵卻一直沒有注意到小浩，她正開心地在媽媽的陪同下與其他的小朋友玩。

小浩生氣極了，他突然發起飆來，衝過去把小涵推倒並不斷哭鬧，還大喊大叫說，如果小涵再不理他，他就要打小涵。

小浩的媽媽尷尬極了，連忙向小涵的媽媽道歉。

小浩的表現其實是不懂得與人相處的例子，相對於某些不知道如何和其他同齡人相處的孩子，有些小朋友天生就是 EQ 高手，在遊樂園溜滑梯、到超市買東西、到主題樂園排隊，他都能認識一些新朋友，並和新朋友們玩得很開心。這些人氣很旺的小朋友，即使年紀很小，他也知道出去玩時可以和其他新朋友分享自己的玩具、零食，所以總是會有一大群同齡人圍在他身邊，十分熱鬧。這種高 EQ 其實一半是天生的，一半是和爸爸媽媽的教育有關。

第五章 培養孩子的社交能力

孩子從 3 歲開始就已經開始意識到友誼，並擁有固定的「朋友」。3～4 歲以後，由於性別角色意識的日益增強，孩子在興趣、愛好、活動內容和方式等方面的性別差異也就越來越大，男生、女生各自分開進行遊戲活動的現象也開始發生。男孩子們開始初步形成社會社交中的「小組」，並因此有了一定的團體歸屬感；女孩子開始希望自己有好朋友，並對沒有同伴共同玩耍而感到難過。

孩子們往往都會搶著跟某幾個受歡迎的孩子做好朋友，而被冷落、排斥甚至忽視的孩子，他們形單影隻、鬱鬱寡歡。如何才能使孩子擺脫孤獨感，建立良好的夥伴關係並獲得企盼的友誼呢？專家認為，要讓孩子得到友誼，家長應教給孩子與同伴友好相處的方法。

1. 家長要樹立好榜樣：家長是孩子模仿的對象，家長待人接物的態度和方法也會反映在孩子身上。如果父母能與家裡的長輩、同輩相處融洽，能與鄰居維繫好關係，這就為孩子樹立了很好的榜樣。因此，家長要先能夠與尊長、鄰居、同事維繫好關係，對孩子的小朋友要熱情、尊重。

2. 鼓勵孩子多結伴交遊：多讓孩子結伴交遊，可以使孩子的性格變得開朗、合群。孩子在結伴交遊的過程中會逐漸學到待人接物的態度和方法。當然，對結伴交遊的時間、地點和禮儀規範，家長要給予適當的指導和控制。

3. 教育孩子平等待人，不可以自我為中心：同伴之間的社交原則是平等。如果孩子在與人社交時太霸道，處處只考慮自己，不考慮別人，那麼，別的小朋友就會疏遠他、孤立他。而孩子霸道的性格往往是在家中形成的，因此，家長在日常生活中要教育孩子多為別人著想。比如，吃飯時，不要將自己愛吃的菜端到自己面前獨占；家中有人生病時，家長要讓孩子不要吵鬧，要學會為病人著想等。教育孩子適當地為別人著想可

以使孩子減少一切以自我為中心的情況。

4. 要求孩子助人為樂、待人友好、與人合作：凡是那些被同伴接受的孩子，他們的共同特點是助人、友好、合作、快樂和親近社會；而那些被同伴排斥的孩子往往是那些攻擊性、破壞性強，易爭吵，好打鬥，懷有敵意和逃避責任的孩子。因此，家長如果要讓孩子能與同伴友好相處，就要有意識地培養他的性格與行為。

5. 家長教育方式很重要：家長要以溫暖和關懷灌溉孩子，不要用強制和打罵的方式教育孩子。幼年缺乏父母之愛和家庭溫暖的孩子容易形成破壞性、攻擊性的性格傾向，同時家長教育孩子的方式也往往被孩子模仿。因此，孩子與同伴社交的模式常常是父母對待孩子的態度、方法的反映。家長最好要用民主的方式（比如尊重孩子、聽孩子合理的建議、對孩子講道理、參與孩子的活動等）去教育孩子。

6. 教給孩子與人社交的技巧
   這些社交技巧有：

   - 說話有禮貌，如「謝謝」、「再見」、「對不起」、「沒關係」等，不對別人說粗話。
   - 教育孩子主動和同學打招呼問好，這樣可以打開友誼大門。
   - 在與同學的社交中，寬容同學的缺點和過錯，不為區區小事而計較。
   - 與人社交要樂於給予，而不是凡事要求回報。
   - 不無故打斷他人的講話，要認真聽他人說話，不要心不在焉或只顧著做自己的事情。
   - 不在背後議論他人，也不打聽別人的秘密和隱私。
   - 真心誠意待人，遵守信用，不欺騙、說謊。

第五章 培養孩子的社交能力

- 不用捉弄、嘲笑的方式吸引別人的注意，這樣反而會引起別人的反感。
- 在與同學的社交中，善於發現別人的優點和長處，多讚美別人，不因為自己的某些特長而處處炫耀自己。
- 與他人說話，盡量講一些兩人都感興趣的話題，不獨自一人說個不停而不考慮他人的感受。
- 同學之間的社交盡量不要有過多的物質往來。
- 不要因自己的成績得意忘形，要體諒他人的心情。
- 學會帶領其他同學參與集體社交，並組織大家一起交流。

當然，要想孩子真正掌握人際社交的技能，就需要他多實踐、多練習。在日常生活中，家長可以鼓勵孩子帶同學回家，並且幫助孩子熱情地招待他的同學、朋友，提高孩子在同學、朋友中的形象。家長的熱心會讓孩子的同學和朋友增加對孩子的好感，從而願意與孩子保持良好的朋友關係。

必須注意的是，家長不要規定孩子交什麼類型的朋友，應該允許孩子結交一些年齡不同、性格不同或者特長不同的朋友。例如，孩子結交了在寫作、繪畫或者音樂上有特長的朋友後，就等於找到了一位好老師，孩子在這方面的才能也會得到相應的回饋，與不同類型的人打交道的能力也會不斷提高。

讓孩子獨自到同學或鄰居家去串門子，也是一個鍛鍊孩子社交能力的機會。到別人家做客牽涉到寒暄、問候、交談和禮物等方面。孩子一個人去就會成為主角，與對方的一切接觸都得由自己來應酬，這無疑把孩子推到了前線，刺激他考慮如何交際。家裡來了客人時，有時不妨讓孩子出面接待，特別是當客人或朋友與孩子年齡相仿時，家長千萬不要代勞。

引導孩子與鄰里和睦相處

　　這天，小傑又哭著回家了：「阿華與阿明不讓我跟他們一起玩。」小傑的媽媽是個急性子的人，她馬上拉著小傑問：「怎麼回事？是不是他們又欺負你了？你為什麼要和那些壞孩子一起玩？」這還不夠，她還推開窗戶對著樓下的孩子們喊道：「我警告你們，不准再欺負小傑。」當然，大人的話孩子們是會聽的，小傑卻有了很長一段時間的「獨處機會」。

　　人們常說「遠親不如近鄰」，鄰里之間的和睦相處像溫馨的春風吹拂著人們的心田。引導孩子與鄰里和睦相處，可以幫助陶冶孩子的性情，塑造孩子高尚的人格。但是，如果鄰里關係處理不好，不僅會影響人們正常的工作與生活，還會使得孩子產生不健康的心理。

　　因此，家長應讓孩子學會與鄰居和睦相處，與鄰居及鄰居的孩子建立深厚、長久的友誼，這不但能樹立起自己的形象，還能幫助孩子贏得他人的喜愛。對孩子的成長是十分有好處的。

　　要引導孩子與鄰里友好相處，家長應做到以下幾個方面：

1. 要嚴於律己，寬以待人：要鼓勵孩子和鄰居家小朋友交流，多提供一起玩的機會，並告誡孩子要能夠容忍，尤其應該謙讓比自己小的孩子，主動把自己的書、玩具等借給小朋友，懂得「禮尚往來」的道理。與小朋友在一起玩時，可以比一比小朋友的課業情況，達到相互學習與促進的目的。如果孩子在外面受了委屈回家向你訴苦時，你要告訴孩子，你非常理解他此時的感受。如果他不停地訴苦，那麼你需要做的就是轉移他的注意力了。你要問他：「你們不打架時是什麼樣子？玩得愉快嗎？」你這樣問是幫助他把眼界放寬，而不是只盯在不愉快的事情上。這樣做有助於使他回想起過去的美好時光，也許他會發現以前玩得很開心。

第五章 培養孩子的社交能力

2. 讓孩子尊重鄰居：家長應經常教育孩子，見到鄰居中的長輩要主動問好、打招呼，主動謙讓，而不能置之不理。尤其是對待年紀較大的老爺爺、老奶奶，應主動上前攙扶或幫助提重物；如果想向鄰居家借東西，借了一定要保管好，而且要按時歸還；如有損壞，必須賠償並要得到別人的諒解。

3. 教育孩子學會幫助鄰居：當鄰居家有困難要主動幫助，如鄰居不在家，主動代收信件，代替鄰居招待客人；如果遇到颱風下雨，還要主動為鄰居代收衣物；如果鄰居家有病人，應主動探望；如鄰居家中有急事，可盡自己最大的力量，幫助出主意、想辦法，給予人力、物力的援助；如鄰居家遇有不幸，要表示慰問。

4. 教育孩子不隨便打擾別人：在鄰居休息的時間裡，盡量把電視機的音量調小，不在樓道裡隨便跳跳繩、跳舞、打球，以免影響他人的學習與休息。

5. 教會孩子不介入矛盾中：因為孩子年齡小，明辨是非能力較差，如果隨便發表議論也許會使矛盾激化，產生不良效果。所以，要教育孩子「三思而後行」，不要輕易發表自己的觀點。當孩子間出現矛盾和糾紛時，家長應該放手讓孩子自己去解決糾紛。對於孩子來說，解決衝突的過程，正是他們健康成長、走向成熟的過程。因此，當孩子跟他的同伴爭吵或者向家長訴說自己遇到的諸如人際社交的矛盾時，家長應鼓勵孩子去面對它，指導孩子自己去解決，而不是迴避它，更不宜動輒由家長代替孩子解決問題。有些時候，家長的參與反而會使矛盾激化！

6. 父母應以身作則影響孩子：正如某個學生在日記中寫道：「別人都說我的媽媽古道熱腸。記得有一次，鄰居家的阿姨因為擦玻璃而失足墜落摔傷。媽媽二話不說立即打電話叫救護車，日後，又照顧了阿姨家小妹妹的一切生活……我為有這樣一位助人為樂的媽媽感到驕傲……」

第六章 教孩子從小「會說話」

說話每個人都會，難就難在該怎麼說、說得好不好。一個「會說話」的孩子，說起話來頭頭是道，說出的話合乎人心、順達人意，必定會受到他人的歡迎。反之，一個不分場合說話，且說話囉哩囉嗦，總是出口成「髒」的孩子，也一定會受到周圍人的排斥。因此，想要孩子成為說話得體的人，家長應從小培養孩子良好的說話習慣。

第六章　教孩子從小「會說話」

營造彼此尊重的對話氛圍

米雅是一個活潑開朗、惹人喜愛的小女孩。她的小嘴甜甜的，特別討人歡心。

比如，米雅想喝優酪乳了，就會細聲細氣地對媽媽說：「媽媽，我想喝優酪乳，請妳幫我拿好嗎？」

媽媽驕傲地表揚：「看，我家的小米雅多有禮貌呀！給妳！」

於是，米雅喝完優酪乳就高高興興地跑出去玩了。

在走廊裡，米雅遇到鄰居家的王奶奶，連忙止住腳步，讓路給王奶奶，還很有禮貌地說：「王奶奶小心！」王奶奶聽了，心裡不用說有多高興了，連忙說：「米雅的教養真好呀！謝謝米雅！」

……

小米雅就是這麼一個聰明伶俐的孩子。

鄰居請教米雅的媽媽是怎麼把米雅教得這麼好的。米雅的媽媽笑著說：「其實很簡單，在家裡我們大家都注意說話禮節，久而久之，孩子也就養成了習慣。」

事實也是如此，要想培養孩子良好的「說話」習慣，應從家庭生活點滴做起。而家庭成員間的禮貌用語，更是孩子學會禮貌的主要途徑。

在沒有養成互相問候的習慣的家庭裡，家庭成員間的像「早安、您好、晚安……」這樣的對話一定很少，即使有簡短的回答，也談不上是對話，僅是向對方表達自己的要求而已，同意或者拒絕。反之，如果家庭成員間養成懂得禮貌、禮讓與互相尊重的習慣，家裡一定其樂融融。

那麼，如何才能讓家裡充滿和諧的氛圍呢？我們的建議是：

1. 說話有禮貌，父母要做好表率：日常生活中的禮貌寒暄、相互致意，在

家庭中看來好像是無關緊要的小事，但如果能養成習慣，堅持下去，家庭成員之間就會形成一種互相尊重的良好氣氛。培養孩子講禮的品格，是家長們管教子女的任務之一。為此父母必須在日常生活中注意說話禮節，並能做好表率。

2. 不要忽略平時的生活細節：教會孩子學會說話禮節，讓他懂得要求別人幫助時要說「請」，受到他人幫助以後要說「謝謝」，與客人見面時要說「您好」，告別時要說「再見」等。當孩子學習了說話禮節後，要讓他經常應用和交流。在學校裡同學之間互相交流，在家裡與家長交流，使孩子在說話禮節中得到愉快的體驗，並形成習慣。

3. 告訴孩子，禮貌不是表面的客套：禮貌包含著對別人的尊重、關切和熱情，它不是表面的客套。要使孩子體會到這一點，使他們自發、主動地注意禮貌，而不是敷衍。比如，讓孩子在公共場合遵守社會道德，安靜地聽別人談話，不講粗言穢語。這些既是禮貌的表現，也是良好的品德。

4. 父母應在家中培養一種互相尊重、禮貌待人的良好氣氛：如果過去很少這樣「客氣」，從現在開始也為時不晚。當父母第一次向孩子問候時，孩子可能不太習慣，但時間一久，孩子也會自然而然地使用「早安」、「我去上學了」一類問候寒暄的語言，這樣的習慣能使家庭氣氛增加幾分快樂、和睦的色彩。

5. 透過遊戲的方式來調教孩子的言行：比如，父母說一句孩子經常說的那句口頭禪：「快讓開，別擋我的路！」或者「我就是不做！」多次重複這樣的話，孩子的自尊有時會受到一定的傷害，但最終能改變他的言行。不過，當孩子稍有一點轉變時，父母則必須加以鼓勵，期許他今後能繼續改正並堅持下去。

第六章　教孩子從小「會說話」

教孩子說關心別人的話

每個人生活在這世界上，都有被別人關心與注意的需要。當一個人得到關心的時候，心裡會產生一種溫暖、安全的感覺，反之則充滿了孤獨與憂傷。所謂「投我以木瓜，報之以瓊琚」，因為受到別人的關注，他同樣也會懂得關心別人。這樣，人與人之間自然就形成一種友好、親密的關係了。

在現實生活中，許多家庭只有一個孩子，家長的萬般寵愛、處處遷就，造成了孩子唯我獨尊的性格。這樣的孩子，很難說會關心別人，更不用說懂得傳達關心別人的話了。丹丹就是這樣的孩子：

丹丹今年 8 歲，念小學二年級。丹丹的爸爸媽媽非常疼愛丹丹，孩子要什麼，爸爸媽媽就給什麼。照爸爸媽媽的話說：「家裡就只有一個孩子，不給她的話要給誰呢？」丹丹習慣了爸爸媽媽的關心與愛護，卻從來不懂得自己也應該學會關心爸爸媽媽。

有一次，爸爸到外地出差，媽媽生病了，躺在床上。

丹丹回到家裡，正為了爸爸媽媽沒有去接自己放學回家而生氣，她哪裡顧得上媽媽的病情呢？這時候，她發現媽媽根本沒有做飯，冰箱裡只有冷硬的乾麵包，就更加生氣了，她大聲哭鬧起來：「什麼媽媽嘛，就不知道我肚子餓嗎？」

丹丹的媽媽躺在病床上，聽著孩子抱怨的話，心都涼到了肚子裡。

丹丹的媽媽這才意識到，自己以往對孩子的教育方式是多麼錯誤的呀！

生活中像丹丹這樣的孩子有不少，家長們一定要給予充分的重視，讓孩子從小就學會體貼他人、關心他人，做一個善解人意的孩子。只有這樣，孩子以後才能融入社會。

那麼，家長應如何培養孩子關愛他人的心呢？建議做到以下幾點。

1. 父母應做好榜樣，多關心自己的親人與朋友：父母自己若能注意自己的言行舉止，在生活中多關心自己的親人與朋友，就會為孩子提供好的範本。比如下班回家以後，幫孩子的爺爺奶奶做飯，多關心老人的生活；當朋友生病了，除了打電話問候以外，還應該親自去探望……家長的一言一行，孩子會看在眼裡，記在心上，反映在行為中。

2. 家長要先教孩子與人分享：人是群居動物，需要別人的肯定和關心，但是得到的前提是付出。快樂與人分享會變成雙倍的快樂，痛苦與人分享會減半。學會分享是人生最大的樂趣。要教導孩子在分享的過程中得到快樂，就會有分享和關心他人的興趣。

3. 教孩子說關心他人的話：關心他人的行為，同樣可以用言語來表達。因此，家長應該叫孩子說關心他人的話。

   首先，家長應該讓孩子知道，每個人都需要別人的關心，如果自己能在別人需要關心的時候，說一些關心的話，會讓別人感到溫暖，並對自己產生好感。

   其次，家長可以教孩子怎麼說關心的話。

   比如，媽媽生病了，回到家裡，應該關切地問：「媽媽，妳今天好點了嗎？要不要幫妳倒杯水呢？」

   同學有幾天都沒有來上課了，除了打電話去關心地詢問情況以外，還要在同學回學校讀書的時候上去問候人家，關心他的情況。可以說：「某某，你為什麼這麼久沒有來上課，發生什麼事情了嗎？」類似的話，讓別人聽了之後溫暖油然而生。

   ……

第六章　教孩子從小「會說話」

　　事實上，孩子懂不懂得關心、體貼別人，都是家長教育出來的。如果家長能從小培養孩子關心他人的意識，教會孩子說關心、體貼他人的話，久而久之，孩子一定也能變得善解人意。

　　讓孩子學會說關心別人的話，還應該注意到以下幾點。

1. 說話的時候要真誠。真誠的言語暖人心懷，如果僅僅是為了說而說，嘴裡說著關心的話，但從聲音中聽起來卻顯得冷漠，沒有熱情，也達不到關心人的效果。

2. 說話的時候要設身處地為別人著想。

　　豔豔因為生病，已經好幾天沒有到學校上課了。身為班長的巧玲敲開了豔豔家的門，她一進門就笑盈盈地對豔豔說：「今天有好一點嗎？知道妳生病了，我們大家都很著急，怕妳跟不上進度，所以今天就派我來幫妳補課哦！」

　　豔豔一聽，感激地笑了，她對巧玲說：「謝謝你們的關心，請妳代我向班上同學說聲謝謝哦！」

　　這個例子裡，巧玲懂得設身處地考慮到豔豔的情況，因為豔豔好幾天沒有來上課了，怕她功課跟不上，所以就代表全班同學來幫她補課，讓生病的豔豔感到溫暖極了！如果你的孩子懂得設身處地為人著想、關心他人，又何愁沒有好人緣呢？

3. 關心也可以透過諮詢的方式達到目的。

　　小軍今天上課的時候總是一副精神恍惚的樣子，班導侯老師看在眼裡。下課的時候，侯老師來到小軍的桌前，關切地問道：「怎麼了，小軍，我看你這節課精神很不好，是不是家裡發生了什麼事情，需要老師的幫忙嗎？」

　　聽了老師的話，小軍心裡一熱，就一五一十地告訴老師自己遇到的情況。

侯老師正是透過詢問的方式讓小軍感受到了老師的關心與體貼，這樣，他才能敞開心扉，告訴老師自己遇到的事情。

可見，想讓別人感受到自己的關心並不難，只要語言體貼、方法得當，便能讓受到關心的人倍感溫暖。

讓孩子學會讚美

讚美，就是用語言表達對人或事物的優點的喜愛之意。它不是虛偽，不是恭維，而是發自內心地對他人的欣賞與鼓勵。渴望得到他人的讚美是人的天性，被別人欣賞、得到他人尊重是一種正常的心理需求。因此，要滿足他人的這種需求，就應該讓孩子學會真誠地讚揚他人。真誠的讚美，常常會在最恰當的時刻發揮最好的效果。

第一，真誠的讚美和鼓勵，就是對他人價值的最好承認和重視，能讓人的心靈需求得到滿足，有助於增強對方的自尊心和自信心，給他勇氣、激發他的潛力。得到讚美的人會因此表現得更加卓越，從而做得更好。如孩子因為聽到同學的讚美，變得更加自信、飽滿、富有鬥志，因為家長的讚美，孩子能表現得更加乖巧、懂事、善解人意；因為老師的讚美，孩子能更好地完成學習任務，取得優異的成績；因為聽到上司的讚美，工作就會更加積極、主動，從而把工作做得更加完美……世界上，不知有多少人從讚美的掌聲中汲取力量、奮發向上，又有多少人在責罵、抱怨聲中意志消沉、碌碌無為。

有甲乙兩個獵人，各自獵到兩隻野兔回家。

甲的妻子看到丈夫獵回的野兔冷冷地說：「只有兩隻？」甲心裡很不高興，反駁說：「妳以為打獵很容易嗎？」第二天他故意空手回來，好讓妻子知道打獵並不是輕而易舉的事。

乙的妻子看到兔子則高興地說：「你竟然獵回了兩隻，真了不起！」第二天，乙獵回了四隻。

第二，讓孩子學會讚美有助於孩子更多地發現別人的優點，提升自我。每個人身上都存在著優點，都有值得別人去讚揚的方面。讚美別人首先要發現別人身上的優點，盡量找出他身上的與眾不同之處，並在適當的場合，以適當的方式告訴他。透過發現他人的優點來觸動孩子對所稱讚的美德或事物的嚮往，促使孩子以人之長補己之短，從而在溫暖和鼓舞他人的同時完善自己。

第三，真誠的讚美可以調和人與人之間的關係。讚美別人是處理人際關係的一種策略，也是良好心理素質的表現。在人與人的社交中，適當地讚美對方，總是能夠創造出一種熱情友好、積極懇切的社交氣氛。受讚美的人會因為自尊心、榮譽感得到滿足而倍感愉悅和鼓舞，並對讚美者產生親切感，這時彼此的距離就會因讚美而縮短，自然也就為社交創造了好機會。一個人善於讚美和發現別人的長處，也恰恰表明了他的胸襟開闊、人際關係和諧。

總之，讚美的好處很多，讓孩子學會讚美，是讓孩子贏得良好人際關係的關鍵因素。那麼，家長應如何讓孩子學會讚美呢？

1. 讓孩子明白讚美的真正意義：讓孩子明白讚美是發自內心真誠的語言，它並非虛情假意，也並非言不由衷。讚美的目的，是讓別人認識到自己的優點，從而產生精神上的愉悅！此外，讚美別人還能為自己帶來美好的心情。

2. 培養孩子讚美他人、欣賞同伴的意識：使同伴間透過獨特的情感交流與體驗來傳遞思想、增進友誼，形成一種和諧、友愛、團結向上的群體氣氛，從而增強孩子良好的習慣。

3. 要教給他們讚美的方法：比如用什麼樣的語言來讚美同伴，怎麼用行為

讚美同伴，以及讓孩子掌握不同的讚美方式。只要孩子掌握了正確的讚美方法，做到讚美有分寸，孩子在交際中就能遊刃有餘。

4. 家長言傳身教：在生活中，對孩子多一點讚美，少一點挑剔、批評、指責。孩子受到家長的薰陶，自然而然就學會了讚美他人、關心他人、體會他人的感受。

此外，家長也應善用童書繪本。因為繪本裡有許多故事比喻，還有許多人物角色，足以啟發他們的同情、憐憫與愛心，比講道理更容易培養孩子這些品格。

打動人最好的方式就是真誠的欣賞和善意的贊許。俗話說：「嘴甜的孩子最好命。」從小就懂得讚美他人的孩子，不但能贏得他人的喜愛，還能得到善意的回報。因此，就能獲得更多發展的空間與成功的機遇。

讓我們努力把孩子培養成一個懂得讚美他人，且能得到他人讚美的人吧！只要我們的孩子懂得在生活中留心觀察，真誠讚美、虛心學習他人的長處，就能夠收獲友誼、自信，快樂、幸福地成長！一個善於把讚美獻給他人的孩子，一定是一個時刻快樂、幸福的人。

糾正孩子說話沒有條理的問題

很多孩子都有這樣的問題，在向家長或者朋友敘述一件事情的時候，總是顛三倒四，沒有邏輯性，一件事情敘述了好幾遍，聽的人卻依然是一頭霧水。

案例一：

有一天早上，小坤沒有去上學，他讓同學帶給老師一張請假單。上面寫著：「早上我來上學的時候，遇到了一條小狗，小狗向我大聲吼叫，我也吼

叫，狗爸爸狗媽媽過來幫忙，牠撲過來咬我，把我的手臂咬傷了，我轉身就跑。一個老奶奶出來叫住狗，我請假一天。」

案例二：

放學後，三年級的東東對爸爸說：「爸爸，今天我們班裡發生了一件令人難過的事情。明天我們班和二班要舉行足球比賽，我的同學小強腳傷了不能上場。小強是我們班的班長，他每次考試都是全班第一名。今天第三節體育課，老師進行一百公尺測試，5個人一組，每組跑3次，選一次最快的成績作為考試成績。小強分在了我那組，第一次賽跑，我比小強慢0.2秒，第二次他又跑在最前面，可是他在衝刺的時候摔跤了，扭傷了腳，結果我跑了第一。真讓人擔心啊！」

……

像小坤和東東這樣說話沒有條理、沒有邏輯，說出的話讓人哭笑不得的孩子還真不少見。與口吃一樣，這也是一種語言障礙，甚至比口吃更可能影響一個人的發展。曾有一位商業人士說：「之所以要講究說話的技巧，是因為許多人常常不假思索就信口開河，因而導致種種不良的後果。」試想，身為一個聽眾，你是願意聽語言簡練、脈絡清晰的談話，還是願意聽囉哩囉嗦、沒有條理的談話呢？

心理學家研究發現，孩子在7歲之前，是語言發展的關鍵時期，3歲之後，講話就有先後順序，有條理了。在這一時期，孩子說話囉嗦、沒有條理的主要原因與孩子的語言平衡能力、邏輯思維能力、觀察能力有關；另外，孩子受到電視及周圍環境的影響，不恰當的模仿也是形成說話沒有條理的原因之一。

語言平衡能力差的孩子，語言組織能力也就比較差，雖然說得滔滔不絕，但大多重複贅述，沒有條理。有的孩子邏輯思維能力發展緩慢，不能正

確理解事物之間的關係和語言內部的語法結構，因此，雖然擁有很多的詞彙，卻往往不能把握重點，語句之間缺乏關聯，前言不搭後語，聽起來不知所云。有的孩子觀察能力低下，無法正確觀察事物之間的前後順序和人們行為的先後發展，反映在言語上就經常南轅北轍，讓人摸不著頭腦。父母的談話和電視也是影響孩子語言發展的重要因素。如今的孩子花在電視前面的時間過長，毫無疑問，電視裡尤其是一些娛樂節目中語言粗糙、囉嗦、沒有條理，在不知不覺中就使得孩子的語言認知能力受到了影響。

　　針對孩子說話囉嗦、沒有條理的壞習慣，專家給家長的建議是：

1.　從教孩子有順序地進行觀察著手：3歲多的孩子對他身邊的一切都充滿興趣，無論是自然界動植物的變化，還是社會上人們的行為，他們都想了解，他們喜歡看、問、摸。針對這一特點，家長可以引導孩子進行觀察，以增長他們的知識，發展他們的語言表達能力，這種觀察可以隨時隨地進行。

　　如在家中，家長買回一個娃娃，就可以讓孩子觀察後，說說娃娃是什麼樣子的。家長引導孩子先看娃娃的頭：什麼顏色的頭髮，是長髮還是短髮？什麼樣的臉、眼睛？娃娃穿什麼樣子、什麼顏色的衣服、襪子和鞋？在街上，引導孩子觀察、說說路邊的樹（從樹幹、樹枝到樹葉）、樓房（自下而上或自上而下）、路上的車輛（從頭到尾）等。時常引導孩子按照一定的順序進行觀察，並把觀察到的事物按照同樣的順序說出來。漸漸地，孩子就形成了有順序地觀察和有條理地講話的習慣。

2.　教孩子按照順序說話，逐漸培養說話的條理性：如用「先……再……然後……最後……」等句式，說出完整的過程。我們可透過做一件家事來教孩子。比如洗手帕時，讓他自己邊動手邊體會做事情的條理，並按照句式，要求他把洗手帕的過程完整地敘述一遍。也可利用「前、後、

左、右、上、下」等方位詞來說話，說出我們的家或我們的臥室，這是一種空間的順序練習。

3. 引導孩子由觀察單個物體過渡到幾個物體或整個環境：例如，觀察大街上有什麼？就可以教孩子由路旁的建築到樹木、花壇，再到路邊的行人、路中間的車輛這個順序進行觀察。還可以利用圖畫書，教孩子在看畫時由左向右看，或是先看背景（地點、房子、樹等），再看人物（有誰？在做什麼？），使孩子不斷提高語言的條理性。

4. 按照一定的邏輯順序說話：按邏輯順序描述就是把眾多的說話材料，按照它們的性質及內容連繫在一起，加以分類，從不同方面歸納。這對年紀較小的孩子來說可能會有一定的難度，父母可以等孩子長大一些再訓練他的這種能力。

5. 培養孩子的邏輯思維能力：3～4歲的孩子，說話是否囉嗦、有條理，與家長的示範教育有關。在與孩子交談的過程中，家長可以對孩子做出示範，比如教他這個問題如何回答，那件事情怎樣描述，然後讓孩子重複。家長自己首先要戒掉說話囉嗦、沒有條理，當孩子有這些問題時，家長要及時地指出來，並教他如何言簡意賅、條理清晰地表達。同時，家長要注意培養孩子的邏輯思維能力，讓孩子讀一些簡單的推理小說，玩一些複雜的字謎遊戲，對一件事情深入、認真地進行思考等。

6. 讓孩子多閱讀：家長應給予孩子充足的時間閱讀，透過閱讀，孩子更容易了解語法結構，學會用正確的語言表達。家長要盡量找一些精彩、短小的文章讓孩子閱讀，讓他們理解語言材料的結構安排，體會文章的韻味和語言的精練，這是提高孩子語言表達能力的重要練習項目。

值得家長們注意的是，在教孩子掌握說話的條理性時，不要因為孩子表達得不好，就責備孩子，甚至動手打孩子，這會把孩子嚇壞的。如此一來，

不要說說話有條理了，甚至連說話都可能有障礙了。

對於培養孩子說話有條理的能力，家長應有一定的耐心，對孩子更應該有信心。只要你教育的方法正確，態度溫和，並不斷給予孩子鼓勵、引導和示範，孩子熟練地掌握表達的條理性就只是時間問題了。

不隨意打斷別人談話

生活中，許多家長可能會發現，自己的孩子喜歡插話，特別是當家裡的大人專注於討論某件事情的時候，孩子就更喜歡打斷家長的談話，然後說自己的事情。大人越是不理他，他越是非讓你聽他說不可。當然，孩子的這點小手段往往很有效，家長通常會放下自己的事情，聽孩子把話講完。久而久之，孩子覺得這種說話方式很管用，大人會因此注意到自己，所以他就變本加厲。事實上，孩子之所以養成這種不良的壞習慣，跟家長的教育是分不開的。

一般來說，孩子常常用以下幾種方式打斷別人的對話。

1. 插嘴：獨生子女在家中缺少有共同語言的同齡人，在大人談話中常常急切地插嘴，使大人的談話不得不中斷。也有的孩子在聽大人談話時，當他聽到大人所談論的內容自己曾經聽說過或有點似懂非懂，他就會產生「共鳴」，急於想「表現」自己，講一講自己的「看法」；或者對講話中的部分內容感到好奇，就會迫不及待地想解決心中的「疑問」，於是他可能會不顧場合打斷別人的談話。

2. 故意「找麻煩」：在大人之間談話時間較長時，在一旁的孩子會有被忽略的感覺。這時，他們就會因為內心的小小不滿故意發些小脾氣，或者弄些小彆扭甚至哭鬧起來，讓大人的談話不得不停止。

3. 不停地在大人之間來回地跑動：有的孩子常有一些「人來瘋」的情緒，

第六章　教孩子從小「會說話」

看見家裡來了客人，孩子會顯得非常興奮，總想做些什麼引起大人的注意，所以常常在大人之間來回跑動。如果大人之間正在進行重要的談話，也就難免常常被打斷。

事實上，任何人都不喜歡自己在說話的時候無故地被打斷。但是，孩子並沒有意識到這一點，所以經常扮演這個讓人「討厭」的角色。這樣的不良習慣不僅影響到孩子正常的社交，還對其未來的發展不利。如果發現自己的孩子有愛打斷別人說話的壞習慣，家長當然不能放任不管，但要注意處理方式。家長應注意以下幾點。

1. 針對孩子不同的情況加以引導：比如，當孩子對家人的談話內容提出疑問時，千萬不要因為孩子打斷了大人的談話而一時惱火，並當著別人的面訓斥孩子，這只會傷害孩子的「好奇心」和「自尊心」。父母應該在事後教育孩子，「不要在別人談話中間隨便插嘴，這樣做是不禮貌的。」

   當然，更重要的是，父母要抓住平時有利於對孩子進行教育的機會，對孩子加以啟發和誘導，尤其可以運用發生在孩子身邊的事情來教育孩子，使孩子受到啟發。例如，爸爸媽媽帶孩子上街玩，看到別的孩子在父母和別人講話時隨意插嘴、吵鬧不休，惹得父母心煩時，就可以問自己的孩子：「剛才那個孩子做得對不對？為什麼？如果是你，你會這樣做嗎？」用具體的事件，讓孩子更容易明白道理。

   如果是談話結束後孩子來提問，父母回答完以後，還可以再誇獎他一句：「你真是個懂禮貌的好孩子！」這樣孩子的好習慣就會得到強化。

2. 教孩子如何正確表達自己的意見：當遇到非打斷別人說話不可、問題必須當下就解決時，父母就應教孩子如何表達自己的意見又不失有禮。比如，要打斷別人講話之前先要對大家說聲「對不起」，在得到別人同意

後才開始說自己想說的內容；在有客人在場的情況下，如果孩子只跟父母說話時，可以讓孩子趴在大人的耳邊悄悄地說，而不要影響到別人的談話。

3. 不要對孩子的正當要求置之不理：父母平時盡量做到及時回答孩子提出的問題；只要有可能，就要及時地對孩子的要求做出反應，不要讓孩子等太久；特別是當孩子用適當的方式提出正當的要求時，父母更不應置之不理，而應適當滿足。

總之，當一個受人歡迎的傾聽者，不隨便打斷別人說話，是人與人之間相處的一門重要藝術，也是一個好的社交習慣。

教會孩子必要的時候說「不」

語言系大學生湯姆對別人的要求從來都不拒絕，因為他不好意思說「不」。

一天，他的阿姨來拜訪他，讓他請吃午餐。他跟著阿姨進了一家豪華的餐館，阿姨卻不顧他的學生身分，點了一大堆價格不菲的菜。

湯姆雖然囊中羞澀，卻不好意思說「不」。

吃完午餐，湯姆付了錢，已是身無分文了，他正在盤算這個月怎麼應付過去，卻見阿姨笑說：「孩子，你太溫柔了，但也太傻了！我問你，你是學語言的，你知道世上什麼詞最難說嗎？」

湯姆一臉茫然地看著阿姨。

阿姨說：「是『不』字，我知道你的錢不多，我一直點價錢昂貴的菜，就是在等你說『不』字，但是你始終沒說。你如果以後想做個不受別人牽制的人，你就必須學會說『不』字，學會拒絕。」

第六章　教孩子從小「會說話」

生活中有很多孩子像故事中的湯姆一樣，因為缺乏拒絕人的習慣和經驗，所以，有時候明明應該說「不」的事情，卻總是硬著頭皮答應。這對孩子而言，並沒有多大的好處。畢竟，生活中很多事情是應該拒絕的。比如有些壞人會利用孩子的這種心理投機做一些犯罪的事情，或者利用孩子的不懂拒絕，引誘孩子做壞事等。因此，家長要從小培養孩子「拒絕」的意識。不但要教孩子學會拒絕，還應該教給孩子婉言拒絕的技巧。這樣在孩子拒絕他人時，就能做到把拒絕帶來的傷害降到最小，即便拒絕，也不傷感情。所以，讓孩子學會巧妙地拒絕別人不合理的要求，既是他們與人交流中需要掌握的一種處世技巧，也是口才訓練中不可缺少的環節。

那麼，讓孩子學會說不，應該掌握哪些技巧呢？

1. 學會委婉地拒絕：拒絕，不僅要曉之以理，委婉地陳述原因，還要運用情感和誠心。只有這樣，才能使對方將心比心，即使自己的需求沒被滿足也不會動怒。

   家長可以根據孩子所經歷的一些事情，以及當時的情境和具體情況，教孩子以相對應的方式婉言拒絕他人的要求。

   文學大師錢鐘書先生是個「甘於平淡」的人。他不願意被人炒作，也不願拋頭露面，只想潛心做學問。

   當他的《圍城》出版後，引起了國內外讀者的轟動。很多人對這位作家非常陌生，記者們想採訪他，都一一被他婉言謝絕了。

   有一天，一位英國女士打來電話，說她很喜歡《圍城》，想見錢先生一面。錢鐘書婉言回絕了，但這位女士卻十分執著，錢先生最後實在沒有辦法了，便以其特有的幽默語言對她說：「假如妳吃了一個雞蛋覺得不錯的話，妳認為有必要去認識那隻下蛋的母雞嗎？」

   錢先生抓住問題的細微之處，透過一句巧妙的話語，春風化雨般地解決

了一場讀者的「糾纏」。既表現了他的學識涵養，又完美地謝絕了對方的要求。家長一定要讓孩子明白，即使拒絕了對方，也要讓對方了解到自己的拒絕不是草率的，實在是超出了自己的能力範圍。為對方留一個面子，也就是為自己留一條退路。

2. 拒絕的話不要脫口而出：每一個人都有自尊心，都希望能得到別人的重視，同時也不希望自己做不喜歡做的事。這就要求孩子們既要學會拒絕對方的不適宜要求，又要講究拒絕的技巧。

   家長要告訴孩子，不要在別人剛開口時就斷然拒絕，這只會讓人覺得你根本沒考慮到別人的處境，因此最易引起對方的反感。即使自己想拒絕，也應該耐心地聽完對方的話，弄清楚對方的理由和要求，要站在對方的立場上考慮問題，理解對方的要求。

3. 找一個合理的藉口：既不傷害對方，又不使自己為難的拒絕方式是難以做到的。拒絕他人，最困難的就是在不便說出真實的原因時又找不到可信而合理的藉口。那麼，不妨在別人身上動腦筋，比如以家人為藉口。

   小麗有一次到曉娜家裡推銷保養品，她告訴曉娜產品的種種好處。曉娜熱情地接待了小麗，並禮貌而堅定地說：「我婆婆堅決不讓我們買這些保養品，我不買你的商品，不是因為我不願意掏腰包捧妳的場，而是為了保持和婆婆良好的關係。這樣吧，我再好好說服我婆婆，如果她覺得還不錯，我一定會請妳幫忙！」

   小麗聽了這樣的回覆，也不好再說什麼了。只好附和著說：「是呀，還是家庭和睦更重要。」

   可見，借用他人的原因為自己的拒絕找一個合理的藉口，不但不會招到被拒絕人的怨恨，還能讓對方將心比心，進而欣然接受你的拒絕。為彼此找一個臺階下，不至於因為被拒絕而覺得尷尬。

第六章　教孩子從小「會說話」

4. 學會利用對方的言詞拒絕對方：有時候，我們還可以借用對方的話語表達不便直說或使人感到難堪的拒絕。

   羅斯福在當上美國總統之前，曾在海軍部任職。有一次，他的一位好朋友向他打聽海軍在加勒比海的一個小島上建立潛艇基地的情況，羅斯福謹慎地向四周看了看，然後低聲地問：「你能保證不說出去嗎？」「當然能。」「那麼，」羅斯福微笑著對他說：「我也能！」。

   羅斯福借用了對方的話語，運用含蓄委婉的語言，既保守了國家的軍事秘密，又沒有讓朋友過分難堪，相互在理解的笑聲中結束了這個問題。

5. 為拒絕加上幽默的元素：不方便正面拒絕時，可以採取「迂迴戰術」，讓對方無法反擊。

   有這樣一則故事：

   一個吝嗇的主人叫僕人去買酒，僕人向他要錢，他說：「用錢買酒，這是誰都能辦到的；如果不花錢買酒，那才是有能耐的人。」

   一會兒，僕人提著空瓶回來了，主人十分惱火，責問道：「你讓我喝什麼？！」

   僕人從容地回答說：「從有酒的瓶裡喝到酒，這是誰都能辦到的；如果能從空瓶裡喝到酒，那才是真正有能耐的人。」

   顯然，主人想不花錢喝酒是不適當的，但是，如果僕人不知如何機智應對的話，等待他的可能就是主人的嚴厲斥責，不然就是自己掏錢買酒給主人喝。

   總之，在孩子成長的過程中一定要教育孩子學會恰當地拒絕，這不僅是自我保護必須邁出的第一步，也是將來與人交流時需要掌握的一種處事技巧。試想，一個不會拒絕別人的人很容易被他人左右，一個沒有自己主張的人，其實就是一個不善於表達自己感受的人，是很難得到別人的尊重和認可的。

　　拒絕別人必須先要說服別人，讓孩子學會拒絕，就是讓他在拒絕中鍛鍊自己說服的能力。使得對方即使被拒絕了，也不至於心懷不滿，影響孩子與他的人際關係。

改掉孩子口無遮攔的壞習慣

　　生活中，有些孩子能說會道，但是因為說話不分場合、口無遮攔，經常使現場陷入尷尬，讓別人覺得彆扭，甚至讓別人錯誤地理解了話意，造成矛盾。這個故事想必大家都不陌生：

　　有個財主晚年得子，非常高興。滿月那天，大家都來祝賀。財主問客人：「這孩子將來怎麼樣？」

　　客人甲說：「這孩子將來能當大官！」財主大喜，給了賞錢。

　　財主又問第二個客人：「這個孩子將來怎麼樣？」

　　客人乙說：「這個孩子將來會發大財！」財主又賞了錢。

　　財主又問第三個客人：「這個孩子將來怎麼樣？」

　　客人丙說：「這個孩子終究要死。」財主氣極了，叫人狠狠地把他打了一頓。

　　客人丙說得顯然是實話，畢竟每個人都是要死的呀！但這實話在人家孩子滿月的時候說，就顯得太不吉利了，難怪財主把他打出去。無獨有偶，生活中還多得是不注意場合亂說話、被人哄罵的例子。

　　有一天，鄒醫生要趕到好朋友小張家去參加婚宴。

　　他拚命地踩著腳踏車前往，但來到小張家時，已經遲到了一段時間，於是小張要罰他三杯酒。

　　小鄒聽了急得亂叫：「我不想遲到，誰知道突然送來了急診病人，救了半天也沒救活，死了。」大家聽了，個個面有慍色，小張想改變一下氣氛，

第六章　教孩子從小「會說話」

連忙讓小鄒去見新娘，來到新娘面前，小張想介紹小鄒和新娘認識，小鄒得意地說，「新娘嘛，我跟她熟透了，她燒成灰我也認得！」

新娘立刻氣得臉通紅，滿屋子的親朋好友都十分尷尬。

最後，雖然小鄒滴酒未沾，但大家一致認為他喝醉了，於是決定把小鄒送回家去。小鄒自己都還不知道是什麼原因呢！

小鄒因為說話不注意場合，所以才會一到場就被送出婚宴。可見，說話注意場合很重要，如果不看場合隨便亂說話，就會像客人丙和小鄒一樣，成為一個不受歡迎的人。

生活中，像客人丙、小鄒那樣「口無遮攔」的孩子並不在少數。

小王帶著自己的兒子去參加同事的婚禮。

婚宴上，新郎帶著新娘子到每一桌敬酒，來到小王這一桌的時候，小王的兒子突然對媽媽說：「媽媽，新娘阿姨長得真醜呀，臉上都是疙瘩！」

一聽這話，新娘原本笑容可掬的臉一下子拉長了，而小王尷尬得差點要找一個地洞鑽進去。

類似的例子數不勝數。孩子性格外向、愛說話原本是好事，可是，如果說話不看對象、不分場合亂說，就顯然不是一件值得高興的事情了。家長應該如何引導孩子注意說話的對象和場合呢？

1. 說話之前，應該先了解有關場合的一些知識：如「13」這個數，歐美人認為它不吉利，他們盡量避免與之打交道。而「4」和「9」是日本人的忌諱。原因是日語中「4」的發音同「死」相似，而「9」的發音與「苦」相近。

  又比如，菊花在日本是天皇的象徵，所以送日本人的禮物上，不能有菊花圖案，否則會被認為是一種放肆的行為。在拉丁美洲國家，菊花是最常用的葬禮之花，因此，看到菊花會使人聯想到死亡。

而華人傳統社會中，禁忌語更是特別多，婚喪喜慶以及開會、社交、遊樂等諸多場合，都各有各的特點和約定俗成的規矩，都應該讓孩子認真學習。只有這樣，孩子才能避免說出一些不合時宜的話來。

2. 教導孩子說話要看對象：要做到說話看對象，首先要了解交談的對象。孩子對家人、親朋好友十分熟悉，說話時自然會注意到個人的不同特點，但是與初次相識的人交談就需要一些技巧。有些資訊能夠從他人的神情、精神狀態上直接獲取，有些資訊則必須在言談間了解。因此，與陌生人見面時，要教育孩子不急於表達，而要先傾聽對方的話語。如果對方彬彬有禮，就應該讓孩子和氣、謙遜、文雅；如果對方說話很直，不拐彎抹角，就應該讓孩子坦誠，想到什麼就說出來；如果對方情緒低落，不愛說也不想聽，就應該讓孩子少說幾句，或者乾脆不說。總之，只有讓你的孩子多了解對方，才能說出適當、有禮貌的話。

3. 教育孩子學會換位思考：如果你的孩子說話也是口無遮攔，家長不要當眾斥責孩子，這個時候態度溫和的引導比純粹的斥責要好得多。家長可在事後教育孩子，有什麼話可以悄悄地跟媽媽講。同時，家長應讓孩子學會換位思考，提醒孩子，如果別人當著自己的面說了讓自己不愛聽的話，你的心情會如何呢？此外，家長還應該進一步提示，經常這樣說話沒有人願意跟他做朋友，讓孩子明白口無遮攔的嚴重後果。

第六章　教孩子從小「會說話」

杜絕孩子的髒話

媽媽在客廳裡一邊織毛衣，一邊聽音樂。而她的兒子此刻正在他自己的臥室裡打遊戲。

不一會兒，兒子的房間裡發出「砰砰」的響聲。媽媽有些納悶了，兒子在砸東西嗎？她再仔細一聽，嚇了一大跳，原來是兒子在用力敲鍵盤，他一邊敲鍵盤還一邊咒罵：「去你的」、「他媽的」、「王八蛋」，聽到一向乖巧的兒子用帶著稚氣的聲音說出這樣的語言時，媽媽都快氣炸了。

為什麼孩子會有這樣的語言習慣呢？

其實，孩子之所以會說髒話、粗話，不外乎是以下幾種原因。

1. 學著說粗話：沒有是非觀念是兒童的特點。別人罵，我也跟著罵，是孩子學罵人的普遍原因。身為父母，要釐清孩子是跟誰學的，然後著重教育。

　　・ 孩子好奇心強，有一種情不自禁的模仿本能，偶爾聽見別人說一句髒話，他雖然並不知道這句話的意思卻跟著學了。
　　而許多家長剛開始的時候，往往覺得很好玩，故意引逗他或哄然大笑，孩子也因此覺得新鮮好玩，故意用來取悅大人或表現自己。這樣的行為強化了孩子說髒話的習慣。

　　・ 有的家長平時過於放縱自己的言行，孩子受其影響，也學會說粗話。這樣的家長首先要提高自己的修養，嚴於律己，從頭做起，為孩子營造禮貌的語言環境；其次，透過講故事、做遊戲等形式教會孩子說話的禮節。如果家長偶爾又犯，就應該坦誠地跟孩子檢討：「剛才是由於不高興，說出那句話，那是不對的，你也不要學，今後我們誰都不說這種話了。」

- 孩子生活在社會的大環境中，難免受到各種不良言行的影響，說粗話也是如此。

2. 被迫罵人：這種情況一般發生在小朋友之間發生了矛盾，以牙還牙；受到欺負之後，藉著罵人來發洩自己的不滿⋯⋯

孩子講髒話是一種不文明的行為，每一位做家長的都要對孩子進行教育。教育孩子是一門藝術，需要掌握兒童的心理和特點，要有耐心，要講究方法，簡單粗暴、過分嚴厲不能解決問題，放任也不能達到目的。具體地說，家長可以參考以下幾點。

1. 端正教育態度：很多家長一聽到孩子講髒話，就暴跳如雷，劈頭蓋臉地訓斥一通，有的父母甚至袒護自己的孩子，這兩種教育方法顯然都是不可取的。身為家長應耐心地進行說服教育，教孩子用謙讓的態度來解決小朋友之間的糾紛，並應明確表態。孩子害怕失去父母的愛、害怕失去友情的心理，會促使孩子改掉自己的不良言行。

2. 家長應該淨化孩子的語言環境：孩子愛模仿，且缺乏是非觀，他們往往從電視、電影中，從父母、同儕那裡學會許多髒話。為此，父母應該做好表率，帶頭說文明語言，並且要慎重選擇影視節目，引導孩子玩健康的遊戲。發現孩子和小朋友說粗話時，應及時指出並給予糾正。

3. 增強孩子的「免疫」力：家長應該教育孩子明辨是非，告訴他們罵人、說粗話是不文雅的行為。當孩子說髒話、粗話的時候，家長可以採用暫時的冷漠，不理會他，以不高興的臉色、嚴厲的語調等來對待，這些都會引導孩子明辨是非，抑制、減少他的不良行為。

4. 採取恰當的態度和措施：對偶爾說粗話的孩子，家長應以文雅的語言把孩子所要表達的思想、感情重複說一遍，進行正確示範。如果孩子經常

津津樂道重複一些髒話，家長就應嚴肅地告訴孩子這句話不文雅、不好聽，爸爸媽媽和所有的人都不喜歡聽，並和孩子一起分析孩子喜歡的、尊敬的人物以及卡通角色是怎樣說話的。利用榜樣的力量，可使孩子明白說粗話不好。

在這個基礎上教育孩子表達氣憤、激動情緒和處理矛盾的正式用語和方法，和他人發生爭執時可以說：「你住口！」「請你走開！」「你不講道理，我很不高興。」或自己先離開等。

5. 對症下藥：家長要解決孩子愛說髒話這一問題，就應先了解孩子說髒話的原因，然後再針對問題給予指導。

如果孩子說髒話是因為沒有明確的是非觀念，家長就要在日常生活中，抓住每一個能增強孩子判斷是非能力的機會，並加以利用，進而給予其深刻而有力的教育。孩子做得對的，應給予表揚；錯的，及時給予善意的批評。

透過正反面教育使得是非分明，從而灌輸給孩子正確的是非觀念。這樣孩子在生活中就能夠排斥不良影響，為形成良好的語言習慣打下基礎。

如果孩子說粗話是因為發洩不滿，家長就要隨時教給孩子表達情緒的正確方式。家長可在孩子安靜時告訴他如何表達心中的不滿，比如告訴對方：「你不講理」、「你這樣說是不對的」等，甚至生氣不理對方也可以，總之比罵人更能解決問題。

如果孩子說髒話只是因為覺得新鮮好玩，故意說來取悅大人或表現自己，家長可在孩子每次說髒話時，表示出不高興或覺得無味，經過幾次以後孩子就不再津津樂道了。

當然，孩子的自制能力差，雖然已經明白了罵人不好，髒話有時還是會脫口而出，所以家長要經常提醒他。如果孩子屢教不改，家長可採取適當的

懲罰措施，明確告訴他，如果不改掉說髒話的問題，就會失去某些權利，比如不帶他出去郊遊或者不帶他吃他愛吃的東西等。這些都能很好地抑制孩子的壞毛病的滋長。

糾正孩子愛說謊的問題

小周上小學四年級的兒子有個壞毛病 —— 愛說謊。

有一次，孩子數學測驗考試得了 92 分，可他卻對小周說考了 100 分，並且說：「老師把考卷都發下來了，只是我忘了帶回來，不然我再回學校去拿吧！」說著就跑回了學校。一會兒，空著手回來的兒子對小周說：「老師下班了，考卷鎖在教室裡了。」小周全都信以為真。

一個星期後，小周到學校問起老師這件事，才知道兒子說了謊話，為了欺騙家長，他把考卷丟了，小周十分氣憤。

說謊會讓孩子失去美好的品格，迷失自己的本性。因為讓謊言蒙住了自己的眼睛，因為怕被點破、怕謊言露餡，所以，孩子得不斷地用新的謊言遮掩它，這樣，不只是被孩子騙了的人，即使是他自己的日子也會過得亂七八糟。這些謊言一個接一個地編下去，最終就會把孩子引上一條歪路。

在生活中，孩子說謊的現象普遍存在，只是程度不同罷了。有些孩子長期說謊形成了一種習慣，他們回家晚了怕父母責罵時會撒謊，想幫同學過生日買禮物沒錢時會撒謊，考試考不好時會撒謊，不想寫作業想出去玩時也會撒謊⋯⋯為此，家長們非常頭痛。其實，孩子並非生來就會撒謊，他們的天性是純真而直率的，他們不會隱瞞自己的意圖，不會掩飾自己的情緒。孩子之所以撒謊，總結有以下幾個原因。

第六章　教孩子從小「會說話」

1. 模仿大人：雖然沒有一個家長故意去教孩子說假話，即使經常說謊的家長也並不喜歡自己的孩子說謊。但如果家長在和孩子相處中，為了哄孩子聽話，經常騙他；或者是家長經常對別人說假話，不時地被孩子親耳聽到，孩子就會慢慢地學會說假話。還有一種情況，就是家長出於大人社會裡的某種掩飾需求，經常說些虛飾的話，雖說並無道德上的不妥，只是一種社會社交技巧，但如果被年齡尚小的孩子注意到，也會讓孩子留下說假話的印象，從而跟著一起說假話。

2. 懼怕「壓力」：有些家長較為嚴厲，對孩子的每一個過錯都不輕易放過，都要批評指責甚至打罵。或者是由於家長太強勢，說一不二，不尊重孩子的想法，不滿足孩子的目的。這些都會造成孩子的情緒經常的緊張以及不平衡，他們為了逃避處罰、達成目的，就會去說假話。

3. 逃避現實：有時小孩子因為不願意做或不想做某事時，便用身體不適之類的各種謊言去欺騙父母或老師，但這種謊言又往往能得到父母或教師的同情，因此以後就常說謊去推掉責任了。

4. 愛面子：一件事本來不是他做的，但卻說是他做的，因為這樣就可以得到獎賞，於是他說謊了；事本來是他做的，但做得不好，怕丟臉，於是他說那件事不是他做的，他也說謊了。

5. 貪利：很多小孩子嘴饞，為了要吃東西便說謊；又有些小孩子為了要得到很高的分數或獎品，便在考試時作弊還硬說自己的成績好。這都是為了貪利。

　　小孩子說謊與他們本身的品性無關，只是每個孩子成長過程中常出現的問題罷了，關鍵的是如何進行教育的問題。家長只要及時發現問題，教育得好，引導得好，孩子自然能夠糾正愛說謊的壞習慣。以下是家長糾正孩子壞習慣的一些有效方法。

1. 家長要以身作則，言傳身教：父母是孩子最早的老師，一言一行都會影響孩子的成長，所以，為人父母不要把一些無關緊要的小謊言當玩笑。生活中我們經常見到這樣的一幕：一些家長遇到不喜歡的來訪者，會讓家裡人敷衍說：「告訴他，我不在家。」家長的這些做法無意中就是在教孩子學會說謊。因此，家長要為孩子樹立正確的榜樣，注意自己的言行，不隨便敷衍別人，更不要為了哄孩子而欺騙孩子。

2. 家長應多與孩子交流溝通：平常要多與孩子交談，透過交談了解孩子的心理情況。對孩子提出的問題，在孩子能夠理解的程度下，細心解答，並肯定孩子的求知欲。同時，透過與孩子的交談，告訴孩子父母對他的希望和要求。

3. 家長應該信任孩子：父母尊重信任孩子，孩子才會反過來更加尊重信任父母。這樣孩子就不會說謊了，當父母和孩子相互信任，孩子說謊的原因就不存在了。

4. 讓孩子從小分清是非：樹立社會化的道德規範是逐漸使孩子建立對自己、對家庭、對社會有責任感的重要途徑。比如，孩子愛花錢，見什麼要什麼，達不到目的就說謊話騙錢等。這就需要父母把家庭的經濟情況向孩子講清楚，並制訂一個開支購物計畫，明確告訴他每個月的零用錢只能有多少，應該根據這個計畫來買東西，以此來降低孩子的購物欲望。

5. 幫助孩子分清真與假：心理學研究發現，有18%的6歲孩子能區別真實與幻想；有90%的9歲孩子能夠理解故事是編造的還是真實的；11歲的孩子已經開始能從新的角度理解誠實的問題。隨著孩子年齡的增長，他們會逐漸理解「謊言」、「誠實」是怎麼回事。因此，父母要在孩子5歲時開始培養教育他學會分辨什麼是假的、什麼是真的。同時，還要說明孩子認識到做錯事和說謊的區別，做錯了可以改正，改正了仍然是

好孩子，尤其當孩子承認錯誤後應及時表揚鼓勵。

6. 對孩子的教育要求與方法要適當：要求過高，會使要強的孩子產生「虛假達標心理」，從而誘發撒謊動機；要求太嚴，管得太死，便會使孩子個性發展受到壓抑，他們就會為尋求一點自由而用撒謊的辦法求得解脫，被管得太嚴的孩子容易撒謊是從實際情況中總結出來的。有些孩子為了獲得獎勵或避免懲罰而撒謊，家長在獎懲方法的運用上，要詳細了解情況後再使用，不能情況不明就草率獎懲。只有真正做到對誠實褒獎、對撒謊懲罰，才能有公正，也才有利於孩子形成以誠實為榮、以撒謊為恥的優良品德。

7. 家長應從小對孩子進行誠實教育：要注意從小培養孩子誠實的好品德，提高孩子說話做事實事求是的自覺性。對待孩子的說謊問題，要從提高思想認識著手，並且要根據年齡的變化，從不做「說謊的孩子」的故事講起，幫助孩子樹立正確的價值標準，做個誠實的人。

對待孩子的說謊，應當根據實際情況，從關心的目的出發，向其說明危害，耐心說服。同時，家長在日常生活中要以身作則，為孩子樹立榜樣，這樣才能有效地糾正孩子的說謊行為。

吹牛的習慣要不得

日常生活中，我們經常看到一些孩子在一起互相吹牛，如「我去的公園比你的多。」、「我的爸爸最厲害了，開了三家公司。」、「我家有六個保姆，一個拖地，一個洗碗，一個做飯……」孩子天真稚氣的童言聽得人忍俊不禁。

吹牛過度，對其良好品德的形成更有一定的負面影響。因此，孩子愛吹牛的習慣並不可取。

那麼，孩子愛吹牛的習慣是怎麼形成的呢？

1. 孩子心理發展的特殊需求：孩子的心理結構，往往是主觀與客觀融為一體，這種現象被稱為「主客觀未分化心理」，是兒童心理的一個特徵。在這一階段中，孩子總把自己幻想中的事物想成自己的，於是就按照自己美好的「幻景」描述根本不存在的東西，從而導致了吹牛行為的產生。同時，在這一階段，孩子的自我意識正處在不斷完善中，他們總是希望透過自己的言語得到他人的認可、誇讚，從而在心理上得到滿足感和優越感。

2. 過剩的虛榮：有一些孩子好勝、虛榮心強，他們認為別人對自己越「仰慕」，自己就越有價值。為了得到他人的「欣賞」，他們不惜一次又一次吹牛。有時候難免被同伴識破了，丟失了面子，從而產生沮喪自卑的心理。

3. 環境的影響：有些家長與其他大人在家中閒聊或談事時，誇大了孩子知道的事物；還有些家長也愛說大話，孩子自然會受其影響。此外，愛吹牛的孩子們在一起吹牛時，吹牛就會升級。

吹牛是孩子成長過程中難以避免的行為。對於孩子愛吹牛的問題，家長一方面不要過於「小題大作」，另一方面也不能放任孩子發展。最明智的做法就是，在了解原因的基礎上，對孩子進行具體教育和引導。

家長應如何克服孩子愛吹牛的習慣呢？要幫助孩子克服愛吹牛的習慣，家長不妨從以下幾個方面著手：

1. 發展自我認知能力：自我認知是進行清晰的自我定位的基礎，也是個人職業與事業生涯的起點。自我認知包括：認知自己的價值觀、人生方向和目標，認知自己的性格特徵，認清自己的優勢和劣勢，覺察自我的情

緒變化、原因等。幼兒的自我認知能力是幼兒自我意識的水準，包括幼兒對自身的認識、評價、監督、調節和控制水準，其中以自我評價為核心。學齡前的孩子已經能夠認識到自己的身體、動作、行為，但對自我的評價卻常常依賴於大人對他們的評價，對大人尤其是教師的評價毫不質疑，可以說幼兒的自我評價幾乎就是對大人評價的再現。因此，家長和老師要從小培養和發展孩子的自我認知能力，這樣就有利於讓孩子正確了解自己，避免自我誇耀。

2. 滿足孩子的想像力：對於那些因為自滿於自己的虛構而吹牛的孩子，家長應該理解和滿足孩子的想像力，鼓勵孩子自編故事，畫下幻想的圖畫，充分釋放孩子的想像力與創造力，鍛鍊他們的語言表達能力。但是，也不能讓孩子習慣於將想像當作現實的事物，總是生活在幻想之中，缺少理智和分辨能力。家長要有效地引導與分析，讓孩子明白自己想像中的東西，經過自己的努力是可以獲取的，光靠說大話不但沒有辦法實現自己的夢想，還會被人看不起。

3. 幫助孩子樹立正確的價值觀：家長應該透過說故事、說道理等方式，讓孩子明白，真正的價值觀與滿足感不是來自於別人的看法，而是自己的做法。做得越多，就越接近自己的夢想。靠吹牛獲得的「價值觀」只是短暫的。愛吹牛還會為他人留下不好的印象，是不可取的。正確的價值觀的確立，能讓孩子克服愛吹牛的問題。

4. 對孩子的讚揚要客觀、具體：孩子可以為家長和教師的一句讚美而高興幾天，也可以為家長和老師的一句批評而難過幾天，可見家長和老師對孩子的正確評價是多麼重要。如果家長只是為了鼓勵孩子便隨口誇孩子：「你是最棒的」，那大可不必。嚴格意義上講，「最」只有一個，如果家長總是對孩子說：「你是最棒的。」就會混淆孩子自我建立起來

的評價標準，再加上孩子「自我中心」的心理特徵，對自己的評價一般
都會過高，導致孩子對自己往往不能做出正確的認識，從而影響孩子自
我認知能力的發展和培養。

5. 給孩子足夠的尊重與信任：家長的尊重、信任和引導，能讓孩子減少自
己的吹牛行為。此外，家長還應該讓孩子明白吹牛的危害。這比單純的
責備、嘲笑、懲罰有效。

每位家長，只要能夠做到循循善誘，持之以恆，你的孩子一定能夠改掉
愛吹牛的壞毛病，變得謙和而富有魅力！

第六章　教孩子從小「會說話」

第七章　讓孩子養成良好的學習習慣

研究顯示，在影響中小學生學習成績的諸多因素中，學習習慣的好與壞對孩子的學習成績影響最大。良好的學習習慣，可以以耗費較少的時間和精力，取得較高的學習效率，使孩子學得順利又愉悅。反之，不良的學習習慣不但浪費時間和精力，影響學習效率，還影響到孩子的身心健康。

因此我們說，從小培養孩子良好的學習習慣，關係到孩子一生的學習成就。

第七章　讓孩子養成良好的學習習慣

學習成績的好壞由習慣決定

談起孩子的學習成績，很多家長會將之歸咎於孩子的智力問題。他們普遍認為，智商高、有學習天賦的孩子學習成績好；反之，如果孩子學習成績不好，則是因為他智商低造成的。實際上，這樣的論斷有失偏頗。心理學研究表明，在決定學習成績的諸多因素中，智商的作用僅占20％，而其他的80％取決於非智力因素。其中，學習習慣這一非智力因素對孩子的學習成績影響最大。良好的學習習慣，可以讓孩子以較少的時間和精力耗費，取得較高的學習效益，使他們學得順利又愉悅。而對於那些學習習慣不好的孩子，花的學習時間多不說，效果還不盡如人意。這也是為什麼很多孩子很聰明，但沒有取得好成績的原因。

小東一直以來都讓老師和家長十分頭痛。按照老師的說法，他聰明是聰明，但最大的問題就是學習習慣非常不好。

上課時，老師正在上課，還沒10分鐘，小東就開始亂動、說話，或者玩他的筆；老師叫他起來回答問題，他一問三不知，不知道老師上課講的是什麼，不知道老師出了什麼作業。

寫作業時，他總要媽媽陪在身邊督促才會寫作業。媽媽一不在他身邊，他就開始玩其他東西，或者偷著看漫畫書，以至於作業不能按時完成。

……

正因為如此，小東的課業成績在班上總是吊車尾，媽媽若因為忙碌，一不監督，他的課業就一落千丈，為此，小東的媽媽疲憊不堪。

生活中像小東這樣的小朋友還有很多。

案例一：

三年級的小明天生好動，上體育課你會看到他總是在隊伍後面手舞足

蹈，課堂上雙手不是玩紙就是玩文具，寫作業愛拖延，而且字跡歪斜，作業本髒兮兮，學習成績非常差。

案例二：

小鵬總是沒有辦法集中精神做事。比如，寫作業的時候，他一下子打開筆盒找東西，一下子又抓抓頭髮、翻翻書……看起來忙得不亦樂乎，實際上什麼事情都沒有做出來。

……

這些學習成績差的孩子，普遍存在著以下幾種不良習慣。

1. 學習無計畫：學習無計畫是學習成績差的孩子最顯著的特點，因為缺乏明確的學習計畫與學習目標，對學習缺乏興趣，沒有學習的動力，他們不明白自己要做什麼、該做什麼，總是要老師和家長在屁股後面催著。

2. 學習時注意力不集中：

   具體表現在：上課不能專心地聽講，總愛分心，無法跟著老師的思路走；學習、寫作業的時候還想著玩的事情，心總是沒有辦法平靜下來；總愛一下子動動這個、一下子玩玩那個……

3. 不愛動腦，依賴性強：懶惰、不喜歡動腦、不愛獨立思考也是孩子學習成績差的主要原因之一。具體表現為：習慣於依賴大人，遇到一點點難題就打退堂鼓；寫作業時，需要大人在身邊陪讀，如果大人一不在身邊，他們的作業就沒有辦法做完。

4. 學習不定時：學習時間不固定，每天必要的學習時間無法固定，學習時完全憑感覺，心情好的時候可以讀到深夜，心情不好的時候，就什麼都做不了。三天打魚、兩天晒網，導致事倍功半。

5. 學習不定量：每天該完成的學習任務沒有完成，喜歡考前一天才複習，每天該記憶的內容總是不做完，該做完的作業也不做，該複習的東西更

是不動。想要好好地掌握知識，必須靠每日的知識累積，靠臨考前的集中複習學到的知識，不但數量少，而且品質差，經不起嚴格的檢驗。

6. 不複習就直接寫作業：作業是每個學生必須要獨立完成的任務，它的目的是要讓學生正確地理解、記憶課堂所學的生詞、語法、定義、定理和公式等，是要讓學生鞏固所學的知識。如果孩子不求甚解地完成了作業，根本就失去了作業的意義。

7. 學習馬馬虎虎：上課時忘了帶課本和學習用具；抄寫中明明是「b」，他抄下來就變成了「d」；經常能以最快的速度完成作業，但字跡潦草、錯誤率高；考試時計算紙上明明做對了題目，但就是忘記謄寫到試卷中。

8. 打腫臉充胖子：過於害羞，雖然學習上有許多沒有搞懂的問題，但也不敢問老師；太愛面子，喜歡打腫臉充胖子，不懂也裝懂，不會的東西從來也不向別人請教；對學習一點都沒有把握，自己都搞不清楚哪些地方懂，哪些地方不懂，似乎什麼都懂一點，但又沒有完全懂。

9. 有錯也不改：學習是一個累積知識的過程，同時也是一個補漏洞的過程，但大部分孩子往往意識不到這一點。比如有的同學作業本發到手裡，雖然上面有許多老師的訂正，卻很少放在心上；測驗題和考試卷發回來，通常都是只看了分數便扔到一邊，從不認真分析原因、檢查和修改錯誤。

　　這些不良的學習習慣嚴重地影響了孩子的學習成績。而成績較好的孩子，幾乎不存在這樣的不良習慣。

　　13 歲的小源從小就養成了良好的學習習慣。已經上初一的他，年年學習成績年級第一。以下是他的日常生活習慣和學習行為習慣。

　　作息：

　　從小學一年級開始，小源的作息時間就特別有規律。他的爸爸媽媽要求他每天晚上 10 點準時睡覺，早上 6 點半必須起床。

作業：

從小學一年級開始，媽媽就很認真培養小源寫作業的習慣。每天小源自己獨立完成作業，做完作業以後認真檢查，保證書寫得工整。做完作業自己收拾書包，並且把第二天上學要用的東西準備好，然後做自己想做的事情。

……

可以說優秀的學習成績與良好的學習習慣是分不開的。

1. 學習習慣與學習成績成正比。
2. 良好的學習習慣能促進學習的進步、成績的提高。
3. 良好的學習習慣有助於孩子的全面發展。

因此，要想孩子取得優異的成績，獲得學習上的成功，身為家長，除了要為孩子提供一些必要的物質資源外，還應該培養孩子良好的學習習慣。良好的學習習慣包括：

1. 學習時集中精力，專心致志，不邊學邊玩。
2. 獨立完成作業，知難而進，樂於思考，自己動手查閱資料解決難題。
3. 熱愛學習、樂於學習、主動學習，不是被逼著被動地甚至委屈地學習。
4. 具有自主學習的態度，高度自律，不用家長「陪讀」，不過分貪玩。
5. 愛動腦筋，遇到問題不會總是依賴別人來解決。
6. 書寫工整，不論筆記還是作業都能做到有條不紊、脈絡清晰。
7. 能做好上課前的準備，不隨便遲到、早退。
8. 樂於閱讀，把閱讀當做自己的需要。

……

只有養成孩子良好的學習心理與行為習慣，才能引導他們取得人生道路上的一個又一個的成功。

陪讀的習慣要不得

　　小航是小學五年級的學生，因為長得高，儼然像個小大人。但是，這個「小大人」卻有一個讓人頭痛的問題：總是要媽媽在身邊「陪讀」。如果媽媽不在身邊監督，他就拖拖拉拉，本來 1 個小時能完成的作業，他要 2 個小時，甚至 3 個小時才能完成。做完作業，他從來不管對錯，將鉛筆往桌上一扔，像脫離魔鬼一樣，迅速地離開書桌，跑向電視機前或奔向門外，將自己的一堆「爛攤子」留給了媽媽。

　　通常是媽媽先將書桌整理乾淨，將他的課本、鉛筆盒等一一放入書包，然後再認真地將他的作業從頭到尾檢查一遍，用鉛筆將錯誤的地方勾出來，再將孩子叫回來改正。

　　對於媽媽指出的錯誤，小航想都不想，也不問為什麼錯了，拿過來就改。改過的作業常常還是錯的。當他再被叫過來改錯時，他就會不耐煩，大聲嚷著問：「妳說要怎麼做？」於是，媽媽只好親自教他應該改正。

　　像小航這樣的孩子在我們的生活中並不在少數。很多家長，尤其是低年級孩子的家長在忙碌之餘總不忘擠出時間來陪孩子寫作業、複習等，他們擔心孩子注意力不集中，寫作業時三心二意。然而事實表明，「陪讀」不但不利於孩子的成長，而且還會產生許多負面影響，從某種意義上來說，家長「陪讀」的這種做法明顯是「吃力不討好」的行為。

1. 「陪讀」會分散孩子的注意力：不少家長認為，自己陪在孩子旁邊，他肯定會集中注意力做功課。其實不然，因為這時孩子會把注意力集中在家長身上，懼怕自己的行為違反家長的規定而受到批評，這樣反倒分散了孩子學習的注意力。

2. 「陪讀」會降低學習效率：有些家長並不了解教育機制，陪讀時總以自

己的標準來要求孩子，甚至要求孩子長時間地學習。結果不但事倍功半，還會造成孩子記憶力不佳、自信心不足、心煩意亂、思維遲鈍等現象，使學習效率下降。

3. 「陪讀」不利於孩子養成良好的學習習慣：一般來說，從孩子入學時起，家長和老師會幫助他們安排好作息時間，包括起床、吃飯、上學、玩耍、完成作業等。讓孩子自覺地按作息時間去做，會養成他們良好的生活、學習和行為習慣。反之，如果孩子一直處在父母督促之下，一切聽從父母安排，這樣一來，孩子將失去主見和自制力，一旦無人督促便會無所適從。

4. 「陪讀」不利於培養孩子堅強的意志，容易使孩子產生依賴心理：堅強的意志是孩子在克服困難的過程中形成的。學習本身就是不斷克服困難的過程，因此也是意志鍛鍊的過程。如果孩子學習時家長陪在身邊，孩子稍微有點困難往往就會求助爸爸媽媽，而爸爸媽媽為了減輕孩子的負擔、縮短他們寫作業的時間，也會把答案直接告訴孩子。這樣，孩子就缺乏了良好的鍛鍊機會，一味地依賴家長，自然難以培養出堅強的意志。此外，因為習慣了依賴，還會造成孩子責任意識的缺失，喪失自主完成作業的信心和能力，還會傷害孩子學習的主動性。

因此，家長應該信任孩子，讓孩子從小學會對自己負責，養成獨立完成作業的習慣，而不是直接干涉孩子的學習過程。以下有幾點建議。

1. 讓孩子獨立完成作業：不管孩子提出什麼理由和藉口，當天的作業必須讓孩子當天完成。孩子寫作業遇到困難，家長只能給予講解和引導，鼓勵他自己去克服困難，找到答案，決不能代勞。

2. 孩子與父母一起檢查作業：關於某些作業裡的問題，家長可以讓孩子說

明是否正確，以及他自己的理由。對於孩子作業中的錯誤，家長不要表達自己的修改意見，而應該建議孩子自己重新思考。

3. 教孩子有計畫地安排作業，養成良好的學習習慣：告訴孩子要記好有哪些作業要寫，或者專門記在一個小本子上，回家後合理安排先做什麼作業，再做什麼作業；寫作業要專心，不能邊玩邊做，做完作業要自我檢查等。

4. 用正面的語言和親自示範的方式來教導他：如果希望孩子學習一種好的行為，那麼最好使用正面的語言，明確地告訴他所要做的行為，然後再親自示範正確的動作來教導他，而不只是批評他、責備他做得不對。如果孩子說他會，那麼就讓他做給你看，錯了就再指導他正確的方式。

5. 提高孩子的學習能力：家長應指導孩子把學習當作一項獨立的活動。家長可根據學校要求，教會孩子完成學習任務的方法，包括聽講、觀察、抄寫和完成作業的學習方法和技巧。

6. 共同制定「合約」：為了更好地做到獨立完成作業，家長可以與孩子討論、設立一個共同遵守的約定。比如，家長可以說：「以後我每天陪你讀書 30 分鐘，別的時間你就要自己做功課，我也可以利用這段時間做些別的事，如果你能做到的話，星期天我就帶你去公園玩。」陪讀的時間可以慢慢縮短，直到孩子最後不再需要陪伴也可以做功課為止。交換的條件可以和孩子討論。同樣的，這種有條件式的要求要逐漸減少，直到不需任何附帶的條件，孩子都願意自己做功課時。

7. 為孩子創造一個愉快、寬鬆、向上的家庭氣氛：做到相互交流感情，共同分享家庭歡樂，從而激勵孩子拼搏向上的精神。如果孩子整天生活在枯燥乏味、責罵不斷、矛盾重重的家庭氣氛裡，他們必定處於壓抑的心態中，容易產生悲觀、失望等消極情緒，連正常學習都難以做到，更不用說發揮學習潛能了。

讓孩子克服注意力不集中的問題

有不少孩子從上學開始，家長們就不斷地接到老師的投訴：上課 10 分鐘後，就開始亂動、說話；或上課走神，不知道上課講的是什麼，不知道有什麼作業；有的孩子雖然看似安安靜靜地坐在那裡寫功課，實際上卻在神游四方，心不在焉；作業中漏字、錯字、錯符號，抄錯計算結果；讀書時，錯字、漏字很多；考試時，看錯題、看漏題。孩子回到家，學習時也非常不專心，一下子看看電視，一下子喝口水，一下子又要上廁所，總之不拖幾個小時作業是寫不完的⋯⋯

以上情況都是孩子注意力不集中、做事無法專心的具體表現。俄國教育家烏申斯基說過：「注意力是心靈的天窗，只有打開注意力的這扇窗戶，智慧的陽光才能灑滿心田。」的確，對於孩子來說，注意力是他們學習和生活的基本能力。注意力的好與壞直接影響到孩子的認知、身心各方面的發展，以及在學校的成績高低。因此，家長應從小培養孩子專注的習慣，對於孩子來說，做事專注的習慣將影響他們的一生。

那麼應該如何幫助孩子克服注意力分散的問題呢？

1. 專注力的培養應在一個獨立、安靜的環境中進行：孩子的注意力與周圍的環境關係密切。一個獨立、安靜的學習環境，能讓孩子很快做到「入境」、「入靜」，而只有做到「入境」、「入靜」，孩子才能夠目的明確、思想集中、踏踏實實地學習，並取得良好的學習成效。相反地，如果孩子的學習環境混亂嘈雜，就很容易對他造成心理干擾、情緒壓力，產生焦慮、厭煩、不安等心態，導致他們無法安心地學習。同樣，這樣的環境不利於孩子專注力的養成。

2. 培養孩子的自制力：孩子專注的習慣建立在自我控制能力上，因此家長

第七章　讓孩子養成良好的學習習慣

應培養孩子的自制力。

培養孩子的自我控制能力可以在日常生活中有計畫地進行。家長應從幫助孩子控制外部行為做起，要求孩子在一段時間內專心做一件事，不要一下子做這、一下子做那（比如不要邊吃飯邊玩）；看書、繪畫時要保持正確姿勢，不亂動、亂摸。還可以讓孩子透過某項專門訓練，如鋼琴、書法、繪畫來培養自制力。訓練時最好在固定的時間、固定的地點進行，因為這樣可以形成「心理活動定向」，也就是每當孩子在習慣了的時間和地點坐下時，精神便反射性集中起來。

還可以用獎勵的辦法鼓勵孩子提高自制力。例如，一個平時寫字總是拖拖拉拉、漫不經心的孩子，如果你答應他認真寫字、按時完成任務之後就送一件他一直想得到的禮物，那麼他一定會安下心來，集中注意力認真地寫字。

3. 要求孩子在規定的時間內完成作業：如果父母要求孩子在一定的時間內完成家庭作業，孩子就會按照父母的要求在規定的時間內完成。在這一限定的時間內，他就會集中注意力，努力認真地完成作業。

   研究表明：不同年齡的孩子，注意力穩定時間是不一樣的。一般來說，5～10歲的孩子能集中注意力20分鐘左右；10～12歲的孩子能集中注意力25分鐘左右；12歲以上的孩子可以集中注意力半小時以上。可見，如果讓一個10歲的孩子坐在那裡60分鐘，去專注地完成作業幾乎是不可能的。因此，家長要根據孩子的年齡，為孩子安排合理的時間，讓孩子在適當的時間內集中注意力，以合理完成作業或學習任務。

   如果父母給孩子的作業過多，超過了孩子注意力穩定的時間，應該讓孩子一部分一部分地來完成，使孩子的學習有節奏，這樣就有利於孩子集中注意力，提高學習效率。如果父母不允許孩子中途休息，長時間地讓

孩子寫作業，甚至坐在孩子的旁邊監督，還嘮叨不停，就容易使孩子產生抵觸的心理，從而失去學習的興趣，注意力也就不能集中。

4. 在興趣中培養孩子的注意力：興趣是最好的老師，不管是誰在做自己感興趣的事情時，都會很投入、很專心，孩子也是如此。對孩子來說，他的注意力經常直接受到他的興趣和情緒的控制，因此，我們應該注意把培養孩子廣泛的興趣與培養其注意力結合起來。

   培養孩子的興趣，要採取誘導的方式去激發。還可以利用孩子喜歡故事的特點，買給孩子一些有文字提示的圖畫故事書。讓孩子一邊聽故事一邊看書，並且告訴他這些好聽的故事都是用書中的文字編寫的，引發孩子識字的興趣。然後，教孩子認一些簡單的象形字，從而使孩子的注意力在有趣的識字活動中得到培養。

5. 教給孩子專注的方法：小偉的爸爸聽小偉的老師說，小偉在上課的時候經常分心，很多時候，老師問他問題他都答非所問。為此，劉爸爸對小偉下了嚴厲的命令，要求他上課的時候必須全神貫注，具體地講就是：

   ・ 眼睛盯著老師。老師的動作、老師的板書、老師的推導和演算過程，任何一樣都不能錯過。
   ・ 耳朵跟著老師。老師強調的重點、講解、各種細節都必須聽清楚，弄明白。
   ・ 手與筆要跟上。聽課時的一些重點、聯想、感受都要隨手記下來，在書上也要有標示。
   ・ 要邊看邊聽邊思考，注意相關知識的聯繫，想得廣一點、深一點，總結出規律和方法。

   爸爸意味深長地對小偉說：「眼在、耳在、神在，那才叫上課。」
   小偉按照爸爸說的那樣去做，上課注意力集中以後，再認真做點作業，

到期末考試，好像也不用怎麼複習，拿出課本和筆記本一翻，老師講的都在眼前了。正因為如此，小偉的學習成績才非常出色。

為此，小偉深有感觸地說：「如果我的爸爸與其他人一樣只會要求我說『上課要集中精神，要聽老師的話，考試要考 100 分』，卻不告訴我具體該怎麼做，我想我必定也是一頭霧水的。爸爸的高明之處就在於他告訴我，具體怎麼做才是全神貫注的表現。而我按照爸爸說的做了，自然也就做到把注意力集中到學習上了！」

小偉的例子告訴我們，要具體地教給孩子專注的方法，孩子才能更好地執行，進而養成一種習慣。

6. 多表揚孩子的進步：當孩子出現一些良好的行為或比以前有了進步的行為時，比如寫作業比以前集中，小動作比以前減少，都應該及時給予表揚、獎勵（可以用「喜歡他」、「關懷他」作為表揚，可用孩子非常喜歡的活動作為獎勵，也可用他喜歡的東西作為獎勵）。多注意孩子的長處，多表揚他的優點。

7. 家長要以身作則：家長的言行舉止、行為方式對孩子的成長是相當重要的表率。因此，家長要培養孩子專注的習慣，首先要從自身做起。比如做事情的時候要專心投入，玩的時候也盡情盡興。家長的這些做法會為孩子留下很深的印象。並以此作為做事遵循的準則。

總之，孩子專注的習慣是在學習和生活中循序漸進、慢慢養成的。家長對孩子的要求要有個梯度，不能要求孩子一下子就要做到「心無旁騖」。如果孩子一時還不能達到自己的要求，家長應耐心引導，給予信任。只有經過長期的訓練，孩子的注意之窗才能灑入更多的陽光。

培養孩子的學習自覺

　　孩子的自覺性表現在學習的各方面，比如按時完成作業、自覺複習功課、自己準備學習用具等。但是，在現實生活中，很多孩子都沒有自覺的習慣。他們總是玩不夠，沒有家長的督促，他們永遠不可能自覺地去學習，更不用說把學習當做一種必須事項了，這讓許多家長非常頭痛。

　　阿遠已經是國二生了，照理說，國二的學生應該已經有學習的自覺性。可是，他似乎永遠長不大，永遠缺乏主動性和自覺性。

　　每次只要一回家，放下書包出門玩，玩累了回到家後，又要上網玩遊戲，根本沒把家庭作業放在心上，直到爸爸多次催促之後，才草草做完作業，然後便呼呼大睡。因為缺乏自覺意識，他的學習成績可想而知很差。而他自己每每遭到批評卻都嘻嘻哈哈的，一點都不放在心上。為此，阿遠的爸爸媽媽十分苦惱。

　　如今，像這樣的孩子並不少見，因為許多的孩子都是獨生子女，他們缺乏吃苦耐勞、勤奮向上的精神，愛玩，潛意識的惰性不斷滋生。更有些孩子因為家庭教育不當，學習非但沒有自覺性，還有叛逆心理，這對孩子的學習乃至於成長都是非常不利的。一個缺乏自覺意識的孩子，我們很難想像他將來可以成才、成功。

　　那麼，家長應該如何讓孩子養成自覺學習的習慣呢？

　　教育專家認為，在教育孩子的過程中，自覺教育要貫穿始終，教育要從根本的原因著手，採用正確、合理的方式方法引導、啟發孩子，培養學習興趣，讓他愛上學習。對於缺乏學習自覺性的孩子，家長千萬不能意氣用事，打罵或者逼迫孩子，這樣只會適得其反。要培養孩子學習的自覺性，家長不妨試試下面的方法。

第七章　讓孩子養成良好的學習習慣

1. 培養孩子的學習興趣：有些家長過早地讓孩子認字、計算、背詩、閱讀，地強迫孩子學習，占用了孩子的娛樂時間，使得孩子對學習產生厭煩的情緒，總是想擺脫學習去玩。有些家長除了讓孩子學習以外還要練琴、畫畫，根本沒有其他娛樂活動，使孩子生活在枯燥乏味之中，對一切都不感興趣，不知道學習是為了什麼，對學習也沒有什麼追求目標。因此，培養孩子的學習興趣是非常重要的。

2. 營造良好的學習氛圍：嚴厲的氣氛不利於大腦思考。大腦如果處於恐懼和驚惶之中，是不可能出現好狀態的。所以父母不該守在孩子身旁，更不要孩子一有錯，就嚴厲訓斥，甚至打罵。這會使孩子恐懼，思維被抑制、擾亂，從而造成嚴重妨礙孩子學習的後果。

3. 激發孩子學習、探索的興趣：家長可以引導孩子從學習性質的電視節目、少兒頻道等著手，因為這些節目會講述一些生物、地理、歷史、科學等各方面的知識，而且節目很具有啟發性，能促進孩子對這些方面的問題的思考，很能激發孩子的學習、探索興趣。

4. 注重習慣的養成：要讓孩子養成學習的自覺性，光跟孩子講道理是不夠的，乏味的說教會破壞學習的氣氛。真正的教育不在於說教，而在於訓練。比如，剛開始可要求孩子回家後半小時內應先坐下來學習，作業要做到認真、獨立、按時完成等。

   習慣要經過長期、反覆的訓練才能形成，何況是要矯正孩子的不良習慣。況且孩子自控能力不強，剛開始時要天天檢查，慢慢地可以隔天檢查、一星期檢查一次，直至完全養成習慣。

5. 和孩子一起學習、閱讀：家長可以與孩子一起學習、閱讀一些好的文章，和孩子共同討論書中的人物等。在閱讀的過程中，家長可以向孩子提問：「如果是你，在這種情況下你會怎麼做呢？」這類的開放式問題。

透過這些問題可以了解孩子的內心想法，對不正確的想法家長也可以借此給予引導，由於孩子的心理不具有排斥性，因此這種閱讀討論比簡單的說教更能夠讓孩子接受。而且這種方式還能促進孩子閱讀討論的興趣，激發孩子對語言課程的學習。

家長是孩子的榜樣，在孩子的心中，是希望家長有知識能指導他們的。

6. 調動孩子學習的積極性：孩子的學習自覺性提高後，可試著放手，讓孩子自己安排學習和自由活動的時間，慢慢地讓孩子自覺、主動地學習。

7. 培養孩子的自控能力：有的孩子總是管不住自己，造成這個問題的原因有很多，一是由於生理的原因，這就需要進行專門的訓練。二是因為家長管得太多，孩子生活在這樣的環境中，當然無法鍛鍊自己的自控能力。所以，家長要給孩子自我管理的機會，讓孩子獨自做自己的事情，比如寫作業等可以用鬧鐘自我監督，要多鼓勵，少批評。三是對孩子的管理要一以貫之，例如，一開始家長鼓勵孩子學電腦，當孩子已經喜歡上玩電腦了，家長卻突然意識到會影響學習，就嚴禁孩子接觸電腦，如此，孩子當然會想方設法地偷偷玩了。所以，與其讓孩子偷偷玩，還不如要求孩子自己合理安排好學習和玩電腦的時間，久而久之，孩子自然會逐漸形成一種自覺性。

總之，只有養成學習的自覺性，孩子才能把學習當做自己的需求，獲得樂趣。

第七章　讓孩子養成良好的學習習慣

激發孩子學習的興趣

學習興趣是學生在學習活動上一種十分重要的動力。

心理學研究表明，興趣可以激發人們的自覺性、主動性和積極性；可以促使人們專心致志，仔細觀察，認真分析，有意識地記住某種事物或知識技能；可以使人們以充沛的精力、頑強的毅力學習、掌握某種知識和技能，逐步形成良好的學習習慣。

激發孩子的學習興趣的途徑是多方面的。堅持鼓勵引導，創造各種條件，使學生獲得進步與成功是最重要的原則。具體應做到以下幾點。

1. 家長的言傳身教：家長的學習興趣對孩子有著潛移默化的影響，很多的音樂世家、書香門第都是這樣產生的。實際上，興趣教育比強迫孩子去做家長自己都不感興趣的事情更容易，效果也好得多。所以培養孩子的學習興趣，家長的言傳身教是非常重要的。

   所謂「言傳」就是家長盡早地讀書給孩子聽，會彈琴的家長就多在孩子面前彈琴，會書法、畫畫的，就多在孩子面前展示自己的學習成果，交流自己的學習心得等。孩子在耳濡目染的情況下，慢慢體會到了「學習」的魅力所在，也就慢慢地有興趣了。

2. 為孩子創造一個愉悅的學習環境：例如，孩子通常都愛聽故事，不管是老師或父母講故事，還是廣播電臺或電視臺播放故事，孩子們總是會專心致志地聽，特別是繪聲繪影地講故事最能吸引他們。當你講繪本中的故事時，你會發現孩子常常是一邊聽一邊很想認識書上的字，這種主動要求學習的精神是非常可貴的。父母可以利用這一時機順勢引導，適時教孩子認認字，不要求孩子寫，更不要求孩子記這些字，只要他們能認識，能夠把一個小故事讀下來就行。孩子聽得多了，讀得多了，自然而

然地就掌握了這些字。總有一天，父母會發現，孩子已經能很連貫地把書上的故事讀出來了。當孩子在閱讀課外書時，家長可將讀物內容作為與孩子對話的材料。這樣，孩子在一個寬鬆愉悅的學習環境中，可以不時地受到啟迪，並逐步養成主動學習、主動探索知識的興趣與習慣。並且，還要給孩子一個安靜的學習環境。孩子學習時，父母不要一下子送水果，一下子與他說話，打斷孩子的思維。家長還可以讓孩子多與愛學習的小朋友接觸，使他受其影響，對學習產生興趣。

3. 讓孩子從學習中尋找快樂：學習若能為孩子帶來快樂，那麼孩子一定會喜歡學習，年齡越小的孩子，學習興趣越是以直接興趣為主。例如，有的孩子喜歡畫畫，可能是他喜歡用五彩的蠟筆在紙上塗抹的感覺，看著五彩的線條在紙上延伸、擴展，他的思維、想像也跟著任意遨遊、旋轉；也可能是因為老師經常表揚他，雖然他畫得並不怎麼樣。那麼，如何才能使學習變成快樂的事呢？

首先，多表揚，少批評，要善於發現孩子的優點。有些家長開口閉口就是「這麼簡單都不會，只知道玩」，本是恨鐵不成鋼，卻不知道孩子已在批評中鈍化了，日久天長孩子就會總是感覺自己很差、總是犯錯，在學習中有壓抑感，於是就越來越厭惡學習。可見這種做法是不對的。

其次，使孩子一開始就有成功的體驗。每一門學科都有它自己的特點，裡面都蘊藏著無窮的奧妙和無盡的樂趣。大人要盡可能引導孩子掌握好知識，每當孩子弄清一個問題或者懂得一個道理的時候，家長要懂得與孩子一起分享這種快樂的感覺，這樣既能增強孩子的自信心，使孩子有探索的積極性，又能讓孩子產生學習的興趣。

最後，家長應該指導孩子讀書。父母和孩子一起學習，當孩子解答出難題後，與孩子分享快樂；當孩子不懂時，與孩子共同探討。這也能讓孩

子覺得學習是件愉快的事。另外，家長的情緒、學習的環境等也能影響孩子學習的情緒體驗。

4. 發展孩子多方面的興趣：一些孩子由於受家庭和周圍環境的影響，在三歲左右就開始對畫畫或樂器產生興趣。特別是孩子進了幼稚園以後，在老師的誘導下，他們的興趣愛好就會出現第一次的提升。最先使孩子產生興趣的通常是畫畫、唱歌和表演，當然這些都是模仿性的。同樣對鋼琴、電子琴、手風琴的興趣都可以在幼兒期喚起，這時不是要求孩子能達到什麼水準，而是以喚起他們對各種樂器的興趣為主。下棋更是如此，有的很小的孩子就喜歡跟大人下棋，當然更喜歡和小朋友們一起下棋。父母只要做有心人，為孩子們提供一些條件，準備一些簡單的器具，多向孩子分享自己的見聞，多與孩子一起玩，孩子多種學習興趣就會逐漸培養起來。

5. 積極鼓勵，適當引導：在學習的過程中，孩子所取得的每一點成績，不管家長還是老師，都應該積極採用多種形式給予適當的鼓勵，讓他們獲得被人承認、被人接受的感覺。我們都知道「水滴石穿」的道理，練習的累積達到一定程度，就會發生技術上的變化。同樣，給予鼓勵也會收到意想不到的效果。孩子對某一問題、某一學科的興趣也就在這一次次的鼓勵中得以形成、得以發展。但另一方面，我們也應該看到，孩子接受新事物的能力比較強，世間的萬事萬物都能引起他們的興趣，而他們由於生活閱歷的欠缺，對美醜、真假的分辨能力有限，不良的學習興趣和學習習慣也會乘虛而入。這時候，身為家長或老師，就應該適當地加以引導，告訴他們哪些是對的、哪些是錯的，哪些該做、哪些不該做。

6. 挑戰困難，循序漸進：學習是個循序漸進的過程，對學習既要知難而進，又要做到從易到難。在學習中遇到困難是很正常的現象，關鍵是要處理

好它。有的孩子喜歡向困難挑戰，在戰勝困難時感到其樂無窮，這樣就形成了自己的學習興趣；有的孩子不喜歡困難重重的感覺，家長便可以引導他們在學習中選擇從易到難的方法，不要急於求成，讓孩子在每前進一步中都體會到一種成就感，這同樣也能培養他們學習的興趣。

總之，每個孩子對知識的學習和掌握，都是被興趣牽引著一步一步地實現的。身為父母，應當珍惜孩子求知的興趣，並積極地給予保護和鼓勵，從小引導孩子在自主求知中快樂學習。既要順其自然正確地培養孩子的學習興趣，同時又要循序漸進，正確引導。這樣，就可以收到很好的效果。

培養孩子獨立思考的習慣

德國物理學家普朗克（Max Planck）曾經說過：「思考可以構成一座橋，讓我們通向新知識。」喜歡動腦筋思考的孩子內心充滿了好奇與求知的欲望，在求知欲的驅使下，這些孩子更加熱衷於學習與求解，主動性當然就更強，而注意力也更集中。可以說，培養孩子思考的習慣，等於為孩子的能力加裝了「引擎」，孩子在「未知」的驅動下，必然能成為一個注意力集中、優秀而傑出的人才。

因此，家長應該鼓勵孩子以積極主動的態度對待學習，在學習時善於開動腦筋多提問題並思考問題，這樣學習的效率才會提高，學習的能力才能加強。那麼，家長應該怎樣培養孩子勤於動腦、獨立思考的習慣呢？

專家建議，家長可以從以下幾個方面培養孩子的思考習慣。

1. 不要直接回答孩子的問題：低年級的孩子總有問不完的問題，而且喜歡打破沙鍋問到底。有些家長為了省事，直接把答案告訴了孩子。這樣的確能馬上「打發」他們，但從長遠來說，這對發展孩子的智力沒有好

第七章　讓孩子養成良好的學習習慣

處。因為家長經常這樣做，孩子必然依賴家長的答案，而不會自己去尋找答案，也就不可能養成獨立思考的習慣。因此，當孩子提出問題時，家長應該啟發孩子，提醒他們運用學過的知識、看過的書、查找到的資料等去尋找答案。當孩子自己得出答案時，他們會充滿成就感，也會更加願意自己動腦。

2. 讓孩子經常處在問題情境之中：家長不但要學會耐心地回答孩子的提問，還要主動、積極地「創造」一些問題去問孩子，引導孩子觀察事物，發現問題，激發他的質疑興趣和欲望。向孩子提出問題時，要符合他的年齡特點和知識範圍，因為問題出得太難或太簡單，都會挫傷孩子思考的積極性。當孩子圓滿地回答了家長提出的一個個問題時，他會感受到獲得成功的喜悅。

　　此外，家長還可放下架子向孩子「請教」一些問題，還可以在家庭遇到一些疑難問題時去和孩子商量。這些做法都可以促使孩子去主動思考。

3. 參與到孩子的「思考」中：要培養孩子勤於動腦、獨立思考的習慣，家長還要善於發現孩子的問題。在孩子遇到問題、並表達給家長的時候，家長要積極參與。

　　如果你陪孩子去參觀一個攝影展，在參觀的過程中，你可以發現他的興趣點，可以一起去討論、評價，更可以問他一些問題：「為什麼喜歡這個作品，你的理解是什麼？」「別人的理解是什麼，為什麼會有不同？」等等。

　　如果你是陪孩子參觀一個科博館，他的問題則會更多：「這是什麼材料？」「這個裝置是什麼功能？」等等。對於這些，可以鼓勵他多問問展場的工作人員，當你碰到孩子提的問題一時難以解答時，千萬不要厭煩或簡單化處理，最好是告訴孩子：「這個問題還真難，我也不太清楚。

等我查查書，或問問其他朋友後再告訴你。」注意要說到做到。當然，現在有網路，可以和孩子一起查一查感興趣的問題。

平時，父母要利用一切機會與孩子交談，透過交流來激發孩子的思考。但是，要注意的是，討論問題時，要盡量談一些有利於孩子獨立思考的問題，而不是代替孩子去思考。無論是當孩子碰到問題時，還是為他們提一些具體的建議時，家長都要引導孩子獨立地進行創造性思維，用自己已掌握的知識和經驗，針對要解決的問題，發現新的具有創造意義的解決方法。

5歲的晨晨是個愛問問題的孩子。有一次，他從幼稚園回來，很神秘地問他的媽媽：「媽媽，你知道唾沫是什麼味道嗎？」

「不知道。」晨晨的媽媽坦白地說。

「唾沫是臭的！」孩子肯定地告訴媽媽。

「你是怎麼知道的？」媽媽好奇地問道！

「我把唾沫舔在手心上，一聞，真的好臭！」說著，他還做了個示範。晨晨的媽媽煞有介事地聞了聞，皺著眉頭說：「果然很臭，這是一個重大發現！唾沫在我嘴裡待了這麼多年，我怎麼就不知道呢？」

晨晨一聽媽媽這麼說，非常得意。

「可是，唾沫為什麼會這麼臭呢？」媽媽不解地問晨晨，「媽媽也不知道，你說該怎麼辦？」

晨晨歪著腦袋想了想說：「那我們上網查一查吧！」於是，兩人開始天南地北地找答案。

從此，每次從幼稚園回來，他都要問媽媽一些莫名其妙的問題。

長大後的晨晨很有創意，做事也有自己的主張，從來不會人云亦云。

一個成功的家長，總是善於引導孩子去動腦、去思考！晨晨的媽媽無疑

第七章　讓孩子養成良好的學習習慣

　　就是這麼一位成功的家長！她在參與的過程中，充分調動了孩子「思考」與「發現」的積極性，讓孩子從思想上獨立了出來！

4. 讓孩子獨立思考、判斷：在生活中，家長應該提供一些機會給孩子，讓孩子自己去思考、去判斷：什麼是對，什麼是錯，什麼應該做，什麼不應該做。能不能全面而深入地思考問題，決定了一個人的思維深度和廣度，也決定了結論的正確性。

　　美國物理學家雷恩沃特（Leo Rainwater）小時候非常善於思考，他能夠從大家習以為常的事物中想到一些更深層的問題。

　　雷恩沃特上小學的時候，在一次語文課上，老師問道：「同學們，你們說1加1等於多少？」

　　「等於2。」同學們異口同聲地回答。

　　只有雷恩沃特若有所思地看著老師，沒有回答。

　　老師有點疑惑，就問他：「雷恩沃特，你怎麼不回答呢？難道你不知道這個問題的答案嗎？」

　　雷恩沃特想了想，對老師說：「老師，我不是不知道1加1等於2，可是，您為什麼要問我們這樣的簡單的數學題呢？您是不是有其他的答案？」

　　聽了雷恩沃特的話，老師感到非常高興。因為，老師提這個問題的目的被雷恩沃特說中了！老師微笑著對大家說：「同學們，雷恩沃特說得沒錯。從數學的角度來說，1加1等於2，但是，從其他角度來說，1加1未必等於2。就像我們今天要學的這篇文章裡所說的，兩個人互相幫助，兩人的力量就大於他們單個人的力量之和。所以，我們要互相幫忙，互相關心，做個樂於助人的人。」

　　在鼓勵孩子獨立思考方面，家長有很多事情可以做，最簡單的就是傾聽孩子敘述自己的想法。儘管孩子的想法常常是天真、幼稚，甚至可笑

的，但家長一定要按捺住想糾正他的衝動，反而要抓住他談話中有趣的、有道理的論點，鼓勵他深入「闡述」，讓他嘗到思考的樂趣，增強自我探索的信心。

5. 跟孩子一起收集動腦筋的故事和資料：動腦筋的故事和資料有很多，家長和孩子可以共同收集，整理好放在家裡。閒置時間，大家可以翻閱這些資料，互相討論感興趣的問題。

6. 創建家庭智力競賽：利用假日進行智力競賽，家長和孩子輪流當主持人，可設立小獎品或其他獎勵措施。為了增加氣氛，可以請親友或其他小朋友參加，這樣既可以令家庭充滿溫馨，也可以讓孩子在遊戲中體會到勤於動腦、獨立思考的樂趣。

總之，為了培養孩子勤於動腦、獨立思考的習慣，家長要經常創造動腦筋的氛圍，鼓勵孩子多想、多問、多實踐。

改掉孩子偏科的問題

案例一：

小麗是國中三年級的學生。她的文科成績很好，尤其是作文寫得很好，常被老師當範文來讀，還參加了全國作文競賽。但她的理科成績卻一直不理想，總是拖累其他學科。馬上就要大考了，小麗的媽媽十分著急，不知道該怎麼辦。

案例二：

小強今年念國中一年級，與小麗完全相反，他是個數理化天才，他的理科成績全年級無人能敵，但文科成績非常糟糕，尤其是英語成績。為此，爸爸媽媽和一直對他信任有加的班導吳老師經常督促他在其他科上多下一點工

第七章　讓孩子養成良好的學習習慣

夫，但小強就是提不起興趣。他對自己感興趣的數理化，可以達到廢寢忘食的程度，可是一面對英文課本，他就想打瞌睡。

　　……

　　孩子偏科是許多家長普遍擔憂的問題。小學和國中階段是打基礎的階段，在這兩個階段出現偏科現象，對孩子今後的學習是非常不利的。首先，它可能影響到孩子升學考試這一現實問題；其次，它阻礙了孩子的全面發展。因此，如果孩子出現了偏科現象，家長應當及時了解並加以糾正。

　　要糾正孩子偏科的情況，家長首先要弄清導致孩子偏科的原因，然後對症下藥，才能取得良好的教育效果。一般來說，孩子偏科，是由以下幾個原因造成的。

1. 孩子自身的原因：孩子自身的智力和非智力因素（如興趣、愛好等），是造成孩子偏科的首要原因。

   興趣是孩子學習的動力，孩子重視感興趣的學科，輕視不感興趣的學科。孩子對某門學科興趣較強，就會產生學習動力，便能積極主動地去學這門課；反之，對某門學科興趣弱或沒有興趣，孩子自然不願把工夫下在這門課上，這樣就使得強的更強，弱的更弱。

2. 家庭對孩子學科的影響：每個家庭都有自己特殊的地方，不同家庭的特殊文化氛圍、家長的愛好以及家長的職業等因素也會誘發孩子偏科。

   比如，家長愛好文藝的，孩子受家庭影響也往往偏愛文藝；家長愛好體育、喜歡活動的，孩子也偏愛體育……

   此外，孩子偏科還跟家長是否進行及時的課外輔導、基因遺傳等有關係。

3. 對教師的喜好導致偏科：研究表明，孩子的偏科問題，受教師影響較大。孩子偏愛的科目，往往是由於喜愛該科任教師所致。孩子偏愛某一個教師，就能提高該科的學習成績，而好的學習成績，又強化了對該科的喜

愛，形成良性迴圈；反之孩子不喜歡某個老師，也往往不喜歡這個老師所教的學科，久而久之，該科的學習成績就會下降，成績下降又會導致孩子喪失對這一科目的信心，從而形成惡性循環。

比如，某個孩子不喜歡語文，但喜歡數學，原因是語文老師總是苛求他，於是他對語文越來越沒興趣了。但數學老師則不然，他有一點進步，老師就給他鼓勵和表揚，於是他越學越有動力。這樣一來，語文就成了孩子的「弱科」，數學則成了孩子的「強科」。

再比如，孩子喜歡學物理不喜歡化學，是因為物理老師知識面廣，講課條理清楚、風趣幽默，對學生又溫和，孩子學習起來比較輕鬆，而化學老師常常照本宣科，不生動、沒有吸引力，和學生又不夠親近。因此，造成了孩子喜歡學物理不喜歡學化學的偏科現象。

找出了孩子偏科的原因後，家長糾正偏科就該從根源上著手解決。大致方法如下：

1. 對於因興趣、愛好造成的偏科，家長一方面要鼓勵孩子學好優勢科目，透過優勢科目，樹立信心，讓孩子認識到自己有學好其他科目的能力，進而逐漸提高對其他科目的興趣，並逐漸加大對其他科目的學習投入；也可以從相關學科中找出突破點，進而帶動弱勢學科成績的進步。

   另一方面，家長要正視與肯定孩子在弱勢科目上的微小進步（如課堂發言、讀書筆記等），引導孩子主動去接觸弱勢學科，加強對弱勢學科的學習。同時要讓孩子知道，自己的偏科是暫時性的，偏科不可怕，怕的是失去了學習的興趣和信心。必要時，家長要對孩子進行該科目的輔導。如果家長不能輔導的，則有必要請專科老師進行輔導。如果老師沒有空閒，就要請家教。但在請家教時應該注意，最多請一到兩科，如果每科都請則沒有意義。而且以每週兩到三次為限，因為孩子的時間是有

限的。

值得提醒的是：家長在糾正孩子的偏科傾向時，著手點一定要放在促使孩子能力全面發展上，在抓「弱科」的同時，還應幫助孩子充分發揮自己的「強科」優勢。既要補「弱科」之短，又要揚「強科」之長，這樣才有利於孩子的全面提高。千萬不能「矯枉過正」，出現「弱科變強科，強科變弱科」的現象，這樣孩子還是不能全面發展。

2. 對於孩子因家庭環境影響造成的偏科現象，家長應該要向孩子講清楚道理，告訴孩子大人這樣是為了工作需要，自己當年在中小學學習時，各科還是均衡發展的，並不存在某科強某科弱的現象。家長要打消孩子因為懷疑遺傳影響而偏科的疑慮，這樣孩子學習起來才更有信心。

值得注意的是，家長千萬不能讓孩子產生對偏科的認同心理。千萬不要講「數學這門課就是不好學，當年我就是學不懂」，或者說「語文學起來太沒勁，作文就是不好寫」之類的話。如果你在孩子面前說這樣的話，就是讓孩子進行偏科的心理認同教育，就等於說偏科沒辦法糾正，孩子的偏科就真的糾正不了了。

家長還要注意觀察孩子，如果出現某科做起作業來較慢，錯誤較多，馬馬虎虎，可能就是偏科的初始表現。這時家長就要和老師及時溝通，了解孩子該科即時的課堂學習情況，防止真的出現偏科的情況。

3. 對於老師原因引起的偏科，家長一方面要對孩子進行正面教育，為孩子說明偏科的危害，另一方面要讓孩子理解老師、接納老師，消除對老師的隔閡和抗拒心理，要讓孩子明白，學習是為自己而不是為老師，因為不喜歡老師而放鬆或放棄某一科的學習，是極端愚蠢的行為，最終受害、後悔的永遠是自己。

另一方面，家長要積極地和老師溝通，誠懇地說出孩子偏科的原因，懇

請老師對孩子進行鼓勵和幫助。

如果這兩方面工作都做到了，孩子因為不喜歡老師而引起的偏科通常會得到改善。但多數情況是：家長只對孩子進行教育，卻覺得對老師不好開口，如此就得不到老師的配合，效果自然不大。所以，為了你的孩子，不管你覺得多麼困難，你都要去做。更何況大多數老師都是通情達理的，對家長的意見和建議，他們都會採納、積極配合。

當然也不排除有極少數有問題的老師，他們只要一聽到家長的建議，就覺得是孩子和家長不好，不但不改進自己的教學方式，反而還會做出一些傷害孩子情感的事情。如果真的不幸遇到這種情況，你就得站出來保護孩子，要求轉班或轉學。這樣你的孩子才不會因為老師的問題而被耽誤。

以上三點，是防止、糾正孩子偏科的常用方法。而當你將這些方法都試過後卻還不能糾正孩子偏科的話，就不要過於強求，不要苛求孩子門門功課都要好。只要在基礎上不要糟糕得過於離譜，家長就不必太過干涉，讓其依照自身的特長去發展，有時候還可能培養出一個專家來呢。

糾正孩子字跡潦草的問題

小軍今年讀國中二年級，他寫的字卻不如小學生寫得工整，歪扭潦草的，還常常出現錯別字。老師批評他，他卻不以為然，還振振有詞地說：「現在都什麼年代了，都用電腦打字了，誰還會手寫呀？以後我需要寫字什麼的，打出來不就好了？」

在我們的身邊，像小軍這樣寫字潦草的孩子還真不少，有時候他們自己寫的字連自己也不認得。造成孩子寫字潦草的原因歸納起來有以下幾個方面。

第七章　讓孩子養成良好的學習習慣

1. 急性子、貪玩：每個孩子都有貪玩的天性，因為急著去玩，他們寫作業的時候，總想著趕快寫好，這樣就有更多的時間去玩了，在這種情況下，孩子字跡潦草肯定是難免的。

2. 書寫方法不正確：有一些孩子寫字的筆法不正確，缺少停頓。也有少數孩子不懂得正確的書寫方法，自己寫字的時候按照自己的習慣去寫，結果是方法不對。

3. 認知上的問題：還有一些孩子從小就接觸電腦，他們自認為電腦打字快而且熟練，寫字太慢還費事，因此，對手寫非常厭煩。此外，他們以為社會進步了，電腦普及了，手寫是比較落伍的工作，沒有必要重視，認知的錯誤就導致了字跡的潦草。

那麼，家長如何才能改正孩子寫字潦草的壞習慣呢？

1. 家長要幫助孩子樹立榜樣：若想讓孩子寫好字，家長可以讓孩子樹立榜樣，有了好的榜樣，孩子就會去模仿，如果經常讓孩子看看優秀的作業，孩子也會產生強烈的進取心，從而使自己的字慢慢規整起來。

2. 教給孩子正確的書寫方法

   - 坐姿要端正：寫字時做到頭正、肩平、身直，大腿放平，小腿併攏，頭稍稍前傾，兩臂自然放在桌面上，書寫用的紙本要放正。

   - 執筆方法要正確：用鉛筆寫字時手指應距筆尖一寸，筆桿稍稍向右後方傾斜。大拇指與食指自然握筆，中指從筆的下面抵住，手腕應自然放鬆。如果執筆姿勢不正確，會影響指力、腕力的靈活，影響肌肉的正常發育和視力的正常。

   - 書寫要整潔、遵循規範：對於一年級小學生而言，寫字時要注意漢字的筆劃、筆順、偏旁部首、結構，同時還須掌握正

確的寫字方法，比如如何執筆、起筆、運筆、收筆等；從而養成良好的書寫習慣。另外，書寫必須做到整潔，想好後再動筆，避免寫錯。家長應鼓勵孩子正確對待練習書寫過程中的困難，對孩子取得的進步應給予表揚和鼓勵，使孩子對書寫感興趣，對寫好字充滿信心。

3. 讓孩子愛上寫字：孩子不喜歡寫字，另一個原因是因為生理發育沒有成熟的問題，導致手眼協調能力差。因此，家長可以買練習簿給孩子，教他學會觀察字形及字的結構。讓孩子一步臨摹字帖去寫，這樣孩子的寫字就會慢慢規整起來。好的字體是練出來的，因此，想要孩子寫好字，就要指導孩子多練習，只有在不斷的練習中，孩子的字才會不斷地進步。

4. 一次不要讓孩子寫太多字：孩子之所以寫字潦草，與一下子寫太多的作業有一定關係。一次性出了太多作業讓孩子做，會讓孩子產生敷衍的念頭，因此，想要避免孩子字跡潦草的問題，在孩子練字的初期，家長盡量不要給孩子太多負擔，否則孩子因為著急，必然要潦草應付作業了，以至於寫出來的字越來越難看。

5. 端正孩子的認知：雖然說現在電腦已經很普及了，但各種考試畢竟還是以書寫為主，字寫不好，不但在考試上吃虧，將來在工作上肯定也有影響。因此，端正孩子的認知很重要。而要端正孩子的認知，除了讓孩子意識到寫字工整的重要性以外，必要的時候還應該讓孩子接受一點教訓，如給寫字潦草、馬虎的孩子一點懲罰，讓孩子承擔寫字潦草的嚴重後果；或讓其重新完成作業，直到認真把字寫得規整為止。

規範、端正、整潔地書寫漢字，是孩子終身學習能力的基礎。堅持正確的寫字姿勢，書寫認真仔細、規範整潔，能夠促進孩子良好的品格和意志力的發展。因此，家長應從小重視孩子良好書寫習慣的培養。

第七章　讓孩子養成良好的學習習慣

讓孩子確立學習的目標

潛能大師布萊恩‧崔西（Brian Tracy）曾說過：「成功等於目標，其他都是這句話的注釋。」對於任何一個人來說，做事情有計畫、有目標，必然事半功倍。反之，就必定如無頭的蒼蠅一樣毫無頭緒，也找不到做事情的動力。

在1980年代，有個日本的馬拉松選手，其貌不揚，他代表日本參加1984年的東京國際馬拉松比賽，很多觀眾都不看好他。但是就是這個其貌不揚、而且不為人所熟悉的人奪得了當年的馬拉松冠軍，他就是後來聞名世界的日本選手山田本一。

有一個記者問他：「你覺得你能夠奪冠的秘密是什麼？」生性靦腆的山田本一說出了他奪冠的秘密：「沒有什麼秘密。當我比賽前，我都會把比賽的路線仔細研究好，然後親自在路線上走一遍，把路線經過的每一個具標誌性的建築都記下來，這樣，我就可以在比賽中給自己幾個小的目標，比如，路線經過一家銀行，我就可以用跑百米的速度，先跑到這家銀行，然後，再用普通的速度跑到第二個目標……這樣，我一個目標一個目標地跑下去，按照一個個小目標跑到終點，就不會感覺終點遙遠，讓自己一步一步走向成功。」

其實，學習也像比賽一樣，需要有一定的目標。沒有目標，孩子在學習的過程中就會像航海時沒有燈塔一樣，很容易迷失方向。相反地，如果他們有了明確的學習目標，就很容易獲得較好的成績。一般來說，那些學習成績好的孩子大多善於計劃，學習的目標也很明確。正因為有目標、懂計劃，他們比那些缺乏目標的孩子更容易獲得成功。

身為家長，想要孩子取得較好的成績，保持較好的學習狀態，就應該引導孩子制訂可行的學習計畫，確定一個奮鬥的目標，並讓孩子養成良好的習

慣。讓孩子學會制訂計畫、明確目標，孩子學習起來才會更有方向，帶著目的去學習才會更有動力，進而帶動效率。而且，每當孩子實現一個目標後，也會增加他自身的成就感。培養孩子的目標習慣，家長可從以下幾個方面著手：

1. 教孩子如何為自己做計畫、定目標

   有一位聰明的媽媽，發現孩子在練習彈琴的時候總是沒有計畫，剛剛還在彈琴，沒過多久又去看卡通了。

   有一天，媽媽對孩子說：「你每天得彈半小時的鋼琴，剛回家的時候彈也可以，吃完晚餐彈也可以，但是，彈的時候你不能中斷，一定要彈完整整半小時。」孩子考慮了一下，因為晚餐前有一個他喜歡看的卡通要播放，於是他選擇了吃完晚餐後再彈。結果，他在確定了自己的計畫後，居然一直執行得非常好。

   過了一段時間，媽媽告訴他：「你計畫每天練習半個小時的鋼琴的這件事情做得很好，但是我不知道你打算用幾天的時間把一首曲子彈得熟練呢？」

   孩子想了想，很有把握地說：「照我目前練習的情況來看，我覺得一週練習一首曲子，把曲子彈好是沒有問題的。」

   媽媽聽了，欣慰地笑了。

   事實上，當孩子有了這樣的目標與計畫以後，學習與彈琴這兩件事情都做得非常好。因為他懂得做計畫、確定目標的好處了！

2. 讓孩子養成把計畫和目標寫在紙上的習慣

   美國著名的商業大學哈佛大學，在 1979 年對應屆畢業生做了一個調查報告。在調查中，他們詢問在應屆畢業生中有多少人有明確的人生目標，結果只有 3% 的人有明確的人生目標並且將其寫在日記本上。他們

把這些人列為第一組；另外有 13%的人在腦子裡有人生目標但沒有寫在紙上，他們把這些人列為第二組；其餘 84%的人都沒有明確的人生目標，他們的想法是完成畢業典禮後先去度假放鬆一下，這些人被列為第三組。

10 年後，哈佛大學又把當初的畢業生全部召回來做一次新的調查，結果發現第二組的人，也就是那些有人生目標但沒有寫在紙上的畢業生，他們每個人的年收入平均是那些 84%沒有人生目標畢業生的兩倍。而第一組的人，即那些 3%的把明確人生目標寫在日記本上的人，他們的年收入是第二組和第三組人的收入相加後的十倍。也就是說，如果那 97%的人加起來一年賺一千萬美元，那麼這 3%的人加起來的年收入就是一億美元。

這個調查很清楚地表明，確定具體的人生目標並將其寫在紙上的重要性。白紙黑字，具有巨大的力量。如果你不把目標寫下來，並且每天溫習的話，它們就很容易被你遺忘，它們也就不是真的目標，它們只是願望而已。實踐證明，寫下自己目標的人比沒有寫下目標的人更容易成功，因此製作一個詳細達到目標的計畫至關重要。如果沒有一個切實可行的計畫，你的目標只能是空中樓閣、海市蜃樓。

3. 教孩子按計畫行動，實現自己預定的目標

在日常生活中，父母要向孩子強調計畫的重要性，並為孩子的各項行為制訂一些計畫。當然，這些計畫的制訂必須讓孩子實際參與，與父母一起來制訂。

當計畫制訂了以後，必須要求孩子按計劃行動，不能半途而廢。對年幼的孩子來講，父母可以要求他們在玩的時候自己把玩具拿出來，玩完以後自己收好；看書寫作業的時候要認真，寫完以後才能去玩；做事還應

該有責任心，自己把握做事的進度。

一位小學生做事非常拖延，本來沒有多少作業，卻非要拖到很晚，熬得媽媽又氣又急。

有一次，媽媽想了一個辦法。她跟兒子約定，寫作業的時間只有半小時。然後，媽媽把鬧鐘設定好，同時，兒子開始寫作業。半小時一到，鬧鐘就響起來了，兒子還差兩道題目沒做完。兒子向媽媽投來求助的眼神，但是，媽媽毫不猶豫地說：「時間到了，你不要做了，睡覺吧。」

第二天，媽媽把兒子沒做完作業的原因告訴了老師，老師也支持媽媽的方法。這天晚上，媽媽又設好了鬧鐘，兒子一開始寫作業就很抓緊時間，效率明顯提高，居然順利地在半小時內做完了作業。

從這以後，兒子寫作業的速度和品質都提高了。而且，做其他事情的時候，他都會有意識地為自己設定一個時限，有計畫地去做了。

4. 告訴孩子在奮鬥中要不斷瞄準新的目標

家長是不是有過這樣的經驗：帶孩子登山時，我們總會指著前面某一處說：「加油，爬到那裡就停下來休息。」孩子一聽這話就躍躍欲試，往往話音未落他們就勇往直前，衝向目標。這就是目標的動力。學習同樣需要有目標。

在孩子學習的過程中，在孩子每一次的寫作業、考試、比賽之前，家長都可以按照孩子的實際水準，替孩子制訂一個可行的目標。這樣，不但能提高孩子的學習效率，給予孩子一定的學習動力，還能讓孩子在學習的過程中體驗到成功的快感！

除此之外，家長們在幫助孩子養成定目標的習慣時，還應該注意以下幾點。

第七章　讓孩子養成良好的學習習慣

1. 當家長在為孩子定目標時，要尊重孩子的意見，因為目標是幫助孩子提升他自己的，不要硬性要求孩子做什麼，要給予孩子提出自己的想法和意見的空間，因為目標最終要靠孩子自己去實現。千萬不要把大人的想法強加給孩子。

2. 定目標要符合孩子自身的條件，不可太低，也不要太高。太低激不起孩子鬥志，太高孩子完成不了，反而影響自信心。

3. 在定好目標後，也要讓孩子學會把大目標分解成許多個小目標，這樣更利於孩子實現目標，鼓勵孩子在分階段去實現小目標的過程中完成大目標。

4. 制定了目標，就要堅持去實現。對孩子來說，堅持實現目標的恆心要比定目標更困難許多，所以，家長要多鼓勵孩子，把目標定下來，就要堅持下去，放棄目標意味著失去執著。

5. 制定目標也要富有一定的彈性，任何一成不變的學習目標和計畫都是不合理的，再好的計畫也會被淘汰。隨著孩子年齡的增長，孩子的學習和生活情況也在發生著很大的變化，所以，制定的目標也要適時調整，將目標始終保持在合理的狀態，這樣也便於孩子更有信心去實現目標。

6. 制定了學習目標，也要留給孩子休息娛樂的時間，目標太多，就會使孩子的發展單一化，所以，每天一定要留給孩子玩耍的時間，讓孩子有一片舒展的天空。

7. 家長也應該做到不要隨意對孩子增加負擔，比如孩子按照家長的要求在規定的時間內完成了作業，但家長不僅沒有因此鼓勵孩子，還要孩子多做幾道題才去玩。這樣做的結果，只會讓孩子覺得自己努力了反而會有更多的作業等著自己，與其這樣，不如邊學邊玩。

　　總之，孩子只有從小熟知目標的好處，養成確立目標，不達目標誓不甘休的好習慣，才能在人生的道路上突破一個又一個障礙，獲取成功。

教孩子學會合理安排時間

　　教育專家在長期的研究中發現，那些成績好的孩子比起那些學習成績差的學生來說，有一個顯著的優點，那就是他們的時間觀念正確，善於合理安排時間，同時在作息時間方面也特別有規律。而那些學習成績差的孩子，時間觀念也差，總喜歡臨時抱佛腳，什麼事情都要等到實在拖不下去的時候才去做，以至於只能任光陰虛度，坐擁失敗和平庸。

　　身為家長，我們應幫助孩子從小學會合理安排時間。孩子學會了合理、有效地利用時間，就等於贏得了時間，爭取了學習和生活的主動性。有效的教育方法，才能產生有效的教育結果。家長要讓孩子認識到時間的重要性，學會合理利用時間，這是生活中更重要的事情。

　　我們看看以下家長是如何幫助孩子的。

1. 循序漸進地引導：我的孩子剛上學的時候，沒有什麼時間觀念，在家裡寫作業總是一邊做一邊玩，速度很慢，效率也不高，總是需要我們督促。後來，我們覺得應該教孩子學會自己合理、有效地利用時間。於是，我們耐心地告訴她，應先完成書面作業，再完成口頭作業。要抓緊時間認真做，不能拖延。後來，在我們的督促下，孩子吃晚餐前基本上就能完成作業，晚餐後，整理好書包還有一些時間，我們允許她玩一陣子遊戲或到樓下去玩。現在，孩子寫作業時效率高多了，那種拖拉拉的習慣改了很多，不用我們天天督促也能自覺完成作業了。

2. 採用獎勵制：孩子在上小學三年級以前，我們很少指導他如何合理安排自己的時間。他經常放學回家後，先看課外書或玩遊戲，等到喜歡的電視劇播放了，就看電視劇。電視劇看完後吃晚餐，晚餐後再寫作業。這樣有兩大弊端，一是當作業較多，同時身體疲勞的時候，寫作業不能集

第七章　讓孩子養成良好的學習習慣

中精力；二是不能促進他提高學習效率，使得他做事拖沓、品質不高。從三年級開始，我們要求他放學後要抓緊時間完成需要獨力完成的作業，晚餐後再完成需要家長配合的作業，比如聽寫、背誦等。晚上9點睡覺前，多餘的時間可自己安排，比如看電視、上網等。而且，每星期都根據他的表現給予獎勵，比如，一週內，每天表現都很棒，雙休日就帶他去吃一次肯德基。這樣一來，他的動力一下子就提高了很多。漸漸地，他做事情、寫作業的效率提高了，基本上每天都能有一小時左右的時間可自由支配。

3. 要有耐心地根據年齡分三步走：孩子剛上學的時候，沒有時間觀念，我們耐心地告訴她，學生的第一任務是學習，放學後的第一件事就是要完成作業和老師安排的其他任務。這些都完成後，才能去玩。應該說，一年級主要是培養在時間安排上的主次關係意識。

從二年級開始，我們主要幫助她明確抓緊時間（拖拖拉拉地寫作業，損失的只是她最愛的娛樂時間），提高學習的效率。一年下來，雖然還有不足，但總體來說，學習效率得到了明顯提高。這一年主要培養了孩子如何利用時間、提升效率。

孩子現在上三年級了，我們著重強調學習是她自己的事，每天學什麼、做什麼應該自己來安排，我們只能向她提建議，目的是培養她自主學習的意識。經過短時間的練習，加上以前的訓練和引導，她基本上能合理地安排從放學到就寢的這段時間，我們家長也感到省心了許多。

4. 榜樣的力量是無窮的：我的孩子剛上小學的時候，沒有時間觀念，在時間的分配上，沒有太多的輕重緩急之分，經常是玩累了，才想起還有遺留的作業。我們經常督促他，但效果也不大。後來我們發現，在我們這個社區裡，有一個比他大1歲的小朋友，每當他沒有完成作業，哪怕

我的孩子打電話約他出來玩，他也斷然拒絕。我們趁機順勢引導，用讚賞的話語誇獎那個小朋友懂事、有時間觀念，分得清輕重緩急。從此以後，我們發現孩子慢慢地有了時間觀念，不再像以前那樣玩起來就什麼都不顧了。我們還規定他在一定的時間內沒有完成作業就不能玩耍。兩相結合，孩子做事的效率大大提高了，有時還提前完成了規定的作業，很有成就感呢！

5. 系統安排時間：孩子上二年級的時候，我們送給了她一臺袖珍收音機，並且跟她說，在看書和寫作業的空檔時間，可以聽聽自己喜歡的廣播節目，同時，我們也允許她看幾個她喜歡的電視節目。我們這樣做是為了引導她能有效合理地安排時間，提高學習效率。除此之外，我們還會認真監督孩子的執行情況，以免她無限制地聽廣播和看電視。孩子很高興，她拿到收音機，每天早上起床後在盥洗的時候，就打開收音機，定時收聽新聞廣播之類的節目；下午放學後，我們發現，她為了收聽、收看自己感興趣的節目，往往會把一天要做的事情分出主次，動作迅速地先做完主要的事情，然後去聽、去看她喜歡的節目。小小的一臺收音機，使她慢慢地有了時間觀念，並且學會合理分配、利用時間了。

6. 有效利用黃金時間：每個人都有生物節律，孩子也是如此。孩子常常會有這種感覺：在相同的時間段，心情好的時候學習效率就高，情緒不穩定的時候，學習效率就低；在一天當中，早上和晚上學習效率高，下午和傍晚學習效率低。可見，學習往往存在一個最佳學習時機。專家指出，對一個孩子來說，一天內有四段高效的記憶時間：

第一段：早上 6 點至 7 點，適合記憶一些新的概念、新的內容。

第二段：上午 8 點至 10 點，適合記憶大量基礎理論知識。

第三段：下午 7 點至 9 點，適合進行綜合性知識的記憶。

第七章　讓孩子養成良好的學習習慣

第四段：晚上 10 點至 11 點，適合記憶精確性高、容易出錯的知識。

當然，每個人的具體情況又有所不同，有些人早上學習效率高，有些人晚上學習效率高。家長可以讓孩子注意觀察自己的特點，掌握自己的最佳學習時間，然後把重要的學習內容安排到最佳的時間段去學習。

如果每位家長都能從小培養孩子的時間意識，讓孩子學會合理地安排自己的時間，孩子必能改變拖延、注意力不集中等問題，變得高效而積極起來。

培養良好的上課習慣

凡是當過學生的人都會有一種共同的經驗：課堂吸收能力高的孩子，通常學習成績較好。由此可見課堂上聽課的重要性。而要提高課堂聽講的效率，必須做到以下幾個方面。

1. 做好課前準備：很多孩子課堂學習效率低的原因並不是在課堂上的學習情況，而是在課前沒有做好充分準備。讓孩子做好課前準備能幫助孩子提高其上課效率。一般來說，課前孩子應做好以下準備：

   - 生理上的準備。學習是一項艱苦而又複雜的腦力勞動。要使孩子的大腦保持清醒，並在整個課堂學習過程中都能維持一種興奮狀態，就必須讓孩子確保每天有充足的睡眠和充分的休息。因為睡眠可以使大腦的功能得到最大限度的恢復，同時，還必須為當天腦力活動供應足夠的能量。

   - 心理上的準備。有的孩子只要一進課堂，就感到煩躁；一見教師走進教室，就感到不自在。他們總覺得上課沒意思，完全沒有求知的需求和欲望，總是希望快點下課。在這種心理

狀態下，課堂學習往往收效甚微。有的孩子上課隨心所欲，一切從個人興趣出發，自己認為有意思、愛聽的部分就聽；認為沒有意思、不喜歡的部分就不聽；想聽的時候就聽一下子，不想聽的時候就開始走神，想一些與課堂無關的事情，甚至於乾脆去做其他的事情。這樣聽課顯然也不會獲得好的效果。還有的孩子下課爭分奪秒，打鬧、看故事書；談論足球、前一天晚上看過的電視節目；或是為了某一問題和其他同學辯論得面紅耳赤。上課鈴響，人雖坐進了教室，下課期間的興奮餘波卻仍未消失，等待心理平靜下來時，課堂已過了一半。如此一來，上課效果往往不佳。由此可見，讓孩子做好課前的心理準備也是十分重要的。讓孩子學會以平靜、輕鬆和愉悅的心情迎接上課和老師的到來，只有在這種心理準備狀態下進入課堂，才能確保聽課的高效率。

- 物質上的準備。上課的物質準備主要是指在課前準備好上課的各種學習用具，如課本、筆記本、筆及其他學習文具。否則，就會因為找東西中斷了自己聽課的思路，漏掉講課的某一環節，為後續課程的學習又帶來了不好的影響，聽課效率自然不會高。

- 讓孩子養成預習的習慣。預習是決定聽課效率高低與否的最主要因素，是最為重要的課前準備工作。由於在預習過程中了解了新課的學習內容，針對排除聽新課的知識障礙非常有幫助，孩子在課堂學習也能主動許多。若在上課時舊知識、舊概念影響到新知識的學習，那就說明上課前的知識準備沒有做好，應及時改進和加強。

第七章　讓孩子養成良好的學習習慣

2. 認真聽講，養成良好的聽課習慣：孩子課堂 5 分鐘認真聽講的效果遠比其他時間去惡補一天的效果要好。因此，想要孩子上課效果好，家長就應讓孩子養成正確聽課的習慣。必須做到以下幾點。

- 在課堂要跟上老師的思路。老師授課通常都是第一遍全面講解或推演，第二遍突出重點，最後是思考或者是完成練習。因此，家長可以引導孩子把主要精力放在老師第一遍講解的幾分鐘乃至十幾分鐘時間裡，而後兩遍只是用來理解和消化。孩子只有聚精會神地聽講，才能跟上老師的思路，領悟老師講授的知識，這是學習成績好必不可少的一個因素。

- 教孩子踴躍發言。踴躍發言是促使學生注意聽講的一種主要手段。要想發言，就必須認真聽講。另一方面，如果認真聽了卻仍有所誤解，透過發言，老師和同學們會及時糾正和進一步給予講解，那麼就可以得到一個完整、正確的答案。

- 教孩子積極思考。事實上，有許多孩子智商堪用，但學習成績卻一直上不去，一個很重要的原因就是聽課時似懂非懂，寫作業時不求甚解、不愛思考，以至於學習成績上不去。因此，在課堂上跟上老師的思路，積極思考，弄懂新知，是提高孩子學習成績的關鍵。

- 做好課堂筆記。學會做課堂筆記是孩子課堂學習的基本功之一。筆記是課堂學習的一分重要資料，它記錄了某堂課學了什麼、學的程度、學的情況等，這些資料都很寶貴。記筆記不僅有利於掌握知識，有利於整體、系統地把握知識，還有利於推敲重點，更有利於課後複習。因此，要讓孩子在聽課的過程中養成記筆記的習慣。

如何才能做好課堂筆記呢？

- 記重點。要記老師板書上所寫的綱目和重要內容、重要的圖解、例子，老師補充的以及書上沒有的內容。需要告訴孩子的是，一定要以聽為主、以記為輔。在聽、記有矛盾的情況下，要先集中注意力去聽，聽思路、聽重點。尤其是在老師講解重點和難點時，老師往往會語速放慢、語調加重，這時教孩子一定要緊跟老師思路思考，努力完整地聽，然後再概括地做一下重點筆記，記思路、記重點。課堂上長期這樣努力，就能養成良好的摘要能力。

- 記收穫。記自己的看法、體會、聯想等，可以將「符號法」、「關鍵字法」等方法結合起來進行。如老師強調某內容重要，可以在筆記本上這個內容旁邊畫上分隔號，越重要畫的分隔號越多。一般筆記左方都要留有一定的空白篇幅，留有批註和課後補充的餘地。

- 教孩子記問題。記筆記既要記沒有聽懂的問題，也要記自己發現的問題。

- 記有困難、需要運用過去學過的知識的地方。把有困難的地方以及需要運用過去學過的知識的地方都記下來，課後，要及時找同學和老師請教，把問題和困難解決掉，需要的舊知識要盡快查找出來，把筆記補上。

教會孩子養成課堂做筆記的好習慣，會使孩子的課堂學習有事半功倍的效果。

第七章　讓孩子養成良好的學習習慣

教導孩子正確的學習方法

敏敏讀書非常刻苦，她在課堂上有認真聽課，課後也認真完成作業。據她的同寢室友說，她幾乎不會放過任何看書的時間，包括吃飯、走路、上廁所等，甚至說夢話也在記單詞……

然而，就是這麼一個學習認真的孩子，學習成績卻很一般，以至於很多同學私下裡嘲諷她說：「像是一個機器人，腦袋也是程式化的，不靈活。」

像敏敏這樣的問題在許多孩子身上都或多或少存在著。面對這樣的孩子，許多家長非常為難，不知道怎麼辦才好。孩子已經很用功了，再抱怨孩子於心不忍。

其實，在現實生活中，那些學習成績最好的學生往往不是那些學習最用功的學生，而是那些摸索出正確的學習方法、學習效率高的學生。如法國數學家笛卡兒（René Descartes）所說的：「沒有正確的方法，即使有眼睛的博學者也會像瞎子一樣盲目摸索。」因此，想要孩子取得學習上的成功，家長除了提供他們一些必要的物質條件、精神上的支持外，最重要的是幫助他們摸索一套正確的學習方法。對於孩子來說，掌握適合自身實際的、有效的學習方法，對於他們學習的成功和未來的成才，都有著極其深遠的意義。

1. 科學的學習方法需要指導與訓練：絕大多數孩子沒有接受過專門的、系統的學習方法的指導與訓練，對什麼是正確的學習方法缺乏明確的認知，在學習中當然無法加以運用。即使有的孩子掌握了一些有效的學習方法，也大都是走了很多彎路之後形成的，並且十分零散。系統性的學習方法很難在學習中自然而然地形成，所以孩子應該接受專門的指導與訓練，有條件的家長應該對孩子進行學習方法的指導。

2. 讓孩子養成課前預習和課後複習的習慣：身為家長應注意孩子對新舊知識的掌握情況。首先要有計畫有目的地指導孩子複習，並做好複習檢查

工作，培養孩子良好的複習習慣，使知識系統化、連貫化。然後等孩子有了一定的自學能力後，即可指導孩子對即將學習的課程進行預習，這樣教師講課時，自己就能有的放矢地突破難題，有利於新知識的接受。

3. 讓孩子學會抓重點：學習方法不當的孩子，在看書和聽課時不善於找重點，找不到學習上的突破口，全面出擊，結果分散且浪費了精力與時間。懂得抓重點，效果顯然就比較好。

4. 要求孩子花時間分析自己的所學內容，形成穩定的知識結構：知識結構是知識體系在學生頭腦中的內化反映，也就是指知識經過學生輸入、加工、儲存等過程後而在頭腦中形成的有序的組織狀態。孩子能形成相應的知識結構，學習起來就比較輕鬆。

5. 讓孩子學會合理利用時間：時間對每個人都是公平的，有的孩子能在有限的時間內，把自己的學習、生活安排得從容、穩妥。而有的孩子雖然忙忙碌碌，經常熬夜苦讀卻如隔靴搔癢，實際效果不佳。所以，學會合理巧妙地利用時間很重要。

6. 讓孩子學會合理用腦，保障充足的睡眠：根據科學機構的研究，人長期睡眠不足，就會造成腦供氧缺乏，損傷腦細胞，使腦功能下降。中學生要確保每天 9 個小時的睡眠時間，小學生要確保每天 10 個小時的睡眠時間。孩子如果睡眠不足，抵抗力就會下降，學習成績也會受到很大影響。因此，家長要讓孩子保障充足的睡眠，此外，還應該讓孩子學會勞逸結合，轉移大腦興奮中心，這樣才能讓學習有效而且心情愉快！

7. 讓孩子從實踐中學習：孩子在實踐中獲得的知識更能牢記在心，為應付考試而死記硬背的知識，很快就會忘得一乾二淨。因為臨時抱佛腳得來的知識，只是一種感覺上的知識，只會暫時留在記憶中，隨著時間的推移，會呈現一種先快後慢直至最終遺忘的規律。而只有經過理性思考所得來的知識才有可能保持得更長久。

8. 讓孩子在玩耍、娛樂中學習：心理學家研究發現，在孩子心理發展的過程中，遊戲是一個不可或缺的重要內容。孩子的語言能力、歸納概括能力、抽象思維能力等，在遊戲中都能夠得到迅速提高。許多孩子雖然認字和算術能力不錯，但由於缺乏充分的遊戲訓練，他們的自然常識和社會常識都不足，從而縮小了他們的智力活動範圍，他們的靈活性和自理能力都不會提升。這些缺點在他們上學後就體現得更加明顯。因此，家長要根據孩子各階段的心理特質，順勢引導，因材施教，讓孩子在遊戲中愉快地學習，孩子的學習效率也就能自然而然地得到提高。

正確的學習方法是孩子通往學習成功的必要條件。每個家長如果都能在具體方法上有效地幫助孩子，而不只是一味簡單地督促孩子「勤奮學習」，相信你的孩子一定能取得優異的成績。

培養孩子勤奮的品格

勤奮是孩子從小就必須培養的一種品格，它能讓天資聰慧的孩子早日成才，也能讓天資稍遜的孩子同樣取得成功。所以，懂得勤奮的孩子，就擁有了幸福生活的源泉！猶太人教育孩子：「勤勞的人，造物主總會給他最高的榮譽和獎賞；而那些懶惰的人，造物主是不會給他們任何禮物的。」

在美國曾報導過一個例子：

美國新罕布夏州的查維斯夫婦的 5 個孩子先後考入了著名的哈佛大學學習，其中大兒子馬蒂在哈佛大學讀完了生物化學學士和電腦學碩士後，又在史丹佛大學讀完了醫療資訊學博士；大女兒安德列亞從哈佛大學畢業後，又在史丹佛大學獲得了電腦碩士和法律方面的學位。只有高中文化程度的查維斯夫婦認為，一個孩子掌握知識的多與少，取得成就的高和低，完全取決於

他的勤奮程度。

　　無數成功人士的例子告訴我們，在天賦、能力、機遇、勤奮，鬥志等成功要素中，排在第一位的一定是勤奮。一個人的成就與他所投入的時間、精力、勤奮程度是成正相關的。即便一個人資質平庸，但只要勤奮，也一定能彌補這點不足。即便一個人聰明絕頂，如果不勤奮，也同樣一事無成。

　　我們的孩子今後無論走哪一條道路，只要有「勤奮」相伴，成功也將如影隨形。正如狄更斯（Charles Dickens）說的：「我所收獲的，是我種下的。」所以，如果你希望自己的孩子有所作為，那就從現在開始在他的思想上播下「勤奮」的信念和種子吧！

　　那麼，家長應如何培養孩子勤奮努力的品格呢？

1. 要嚴格要求孩子：做事情，無論大小，都應該要求孩子要認真對待，培養孩子做事情踏實、勤奮的習慣！如果孩子並沒有勤奮的意識，就需要家長幫助孩子建立起這種意識，並在孩子有所表現的時候給予積極的肯定，讓孩子嘗到「勤奮」的甜頭！

2. 對孩子循循善誘：由於年紀小，大多數孩子意志力都不太強，為了讓孩子養成勤奮的習慣，家長不妨採用循循善誘的辦法，一步步地引導孩子學習。

3. 根據孩子的表現而提升對孩子的要求：孩子總是容易滿足於當前的成績，在取得成績後容易不思進取。這時候，家長應該及時根據孩子的表現而提出高一點的要求，讓孩子永遠有前進的方向和目標。

4. 透過勞動培養孩子勤奮的品格：勤奮不僅表現在學習上，更表現在工作和勞動上。當孩子走上社會後，他的勤奮就直接表現在工作中。因此，家長要有從小就透過勞動來培養孩子勤奮工作的好習慣。如平常多讓孩子做點自己力所能及的事情，比如洗一洗自己的襪子等。

5. 用立志激勵孩子勤奮：俗話說：「有志者事竟成。」如果孩子確定了一個明確的目標，樹立了一個遠大的志向，他就能夠用這個志向去激勵自己勤奮，從而實現自己的理想。所以，父母要多鼓勵孩子，與孩子一起立志！

6. 重視孩子的勤奮教育：從某種意義上說，孩子勤奮與否，與家長的教育與引導是分不開的。如果孩子一直都對成功缺乏欲望，對許多事情缺乏熱情，家長就應該檢討一下自己的教育是否有以下的問題：

   A. 對孩子的事情漠不關心，缺乏引導與教誨，認為勤奮與否只是孩子自己的事情！事實上，孩子的勤奮努力是需要得到家長的肯定的，如果家長能多站在孩子的立場上，肯定孩子的用心，孩子將因為家長的關愛，變得更加勤奮起來。

   B. 要求孩子要勤奮，家長總是態度過激、浮躁、急於求成！事實上，引導孩子勤奮，家長的態度要平和，要給孩子一個階段性的過程！

   C. 經常向孩子潑冷水，認為孩子再怎麼勤奮都沒有用，「天才」是自生自長的，自己的孩子這麼笨，勤奮是解決不了問題的！其實，這樣的想法是錯誤的，任何一個人，即便天賦不怎麼樣，藉由後天的努力，他還是可以取得成績的。

   D. 自己就貪玩，經常出去打麻將，看電視看到半夜，每天上班都沒有精神……事實證明，身教的力量勝於言傳，如果身為家長的人自己的人生態度都是鬆懈的，怎麼能教出一個勤奮的孩子呢？

   總之，每個孩子的身上都深深地印刻著家庭教育的痕跡，因此，想要孩子養成勤奮、努力的習慣，家長應給孩子勤奮、努力的教育。

讓孩子愛上閱讀

很多學習優秀的孩子都有一個相同的習慣 —— 愛閱讀。

一個人孩提時的閱讀習慣與長大後的成就有著必然的聯繫。對於孩子而言，良好的「閱讀」習慣有以下的好處。

1. 閱讀能彌補個人經驗的不足，增添生活感受：透過閱讀，可以把孩子引入一個神奇、美妙的圖書世界，使他們的生活更加豐富多彩、樂趣無窮。同時，閱讀還能讓孩子學到課本上學不到的知識，取得長遠的知識效益。一本好書，就是一個好的老師，不僅會讓孩子學習到更為廣闊的書本知識，更重要的是還可以讓孩子從書中獲得人生的經驗。對孩子來說，不可能事事都去親身體驗，書中的間接經驗，將有效地補充孩子經歷的不足，為孩子的學習和生活增添新的感受。

2. 閱讀能豐富孩子的想像力：孩子在上學的時候想像力是最豐富的，而想像的過程又是孩子對人腦中已經存在的世界表象進行加工改造並形成新形象的過程。因此，想像的產生離不開世界表象的累積，表象的累積又多來源於文學作品。一般來說，孩子可以從文學作品中累積各種各樣的人物和景物形象，孩子的腦中影像累積更快、更多，想像也就有了原料，聯想起來也更加容易。因此，閱讀書籍可以大大提高孩子的表達能力，而文字沒有固定的形象，孩子在閱讀時，可以充分展開想像的翅膀，這也就是我們常說的「一千個讀者心中就有一千個哈姆雷特」。

3. 提高孩子的語言表達能力：孩子只有多讀書，才能讓自己的語言逐漸累積起來，才能擁有豐富的語言，才能提高口頭表達能力和作文能力，才能出口成章。閱讀多了，累積也就多了，作文的表達也就強了，語言自然也就豐富多了。這些都要歸功於閱讀，因為孩子書讀得多了，就會把

第七章　讓孩子養成良好的學習習慣

讀過的知識內化為自己的語言，隨著閱讀量的增加，他的語言累積也就會越來越豐富，下筆自然也「有神」了。

總之，讀書是孩子成才的必經之路，每一個父母都希望自己的孩子成為有用之才，將來能在激烈的競爭中占得一席地位，展現出孩子的天賦和才能，造福社會乃至於全人類。從主觀上看，成才的要素可歸納為知識、能力和素質。對孩子來說，讀書就是累積知識、培養能力和增強素質。

青少年時期是孩子讀書的重要時期，更是人一生潛能發展的最佳時期，所以，父母要抓住關鍵時期，從小就培養孩子閱讀的習慣。以下是具體的辦法：

1. 家長要言傳身教：父母的讀書興趣對孩子有著潛移默化的影響，那些音樂世家、書香門第等正是這樣產生的。實際上，興趣教育更容易，效果也好得多，所以，培養孩子讀書的興趣，父母的言傳身教至關重要。

   所謂「言傳」就是盡可能早地讀書給孩子聽並養成習慣。因為要培養孩子讀書的興趣，就得把書的魅力展示給孩子，就像要讓孩子吃梨，得先讓他看到、嘗到一樣。隨著孩子年齡的增長，還要在他讀完書後進行引導，如：「書可以為我們打開一道門，發現另一個美麗的世界。」「世界上誰的力量最大？有智慧的人。有智慧的人是無法戰勝的。那智慧從哪裡來？從書裡。」「將來我們都會變老，無論長得美的醜的，老了大家都差不多，不同的是什麼呢？用一生累積智慧財富的人，也就是一生都在讀書的人，即使老了，也是美的。」在思想引導之後，孩子自然會更喜愛讀書了。

2. 利用孩子的好奇心誘導孩子與書交朋友：3歲的楓楓好奇心很強，對什麼都有興趣，無論走到哪裡，他都喜歡這兒摸摸那兒看看，然後問別人，「這是什麼？」「為什麼會這樣呢？」他好像有一千個為什麼！

一天，媽媽帶他到動物園去玩，他這裡看看，那裡摸摸，一雙好奇的大眼睛忙碌個不停。

「獅子吃蛇嗎？」

「企鵝為什麼生長在寒冷的地方？」

「貓熊為什麼是黑白的呢？」

楓楓的媽媽微笑著告訴他：「你問的這些問題書上都有，等我們回家以後去查查這些問題好不好？」

回到家後，楓楓迫不及待地要求媽媽拿書給他看。媽媽拿出有關動物的書給楓楓看，楓楓高興極了，「哇！裡面有這麼多動物呀！」書上的動物圖片使楓楓看得入了迷，他一邊看，一邊要媽媽讀書上的文字，楓楓就這樣開始了讀書識字。以後，他只要在外面看到什麼，聽到什麼，就要媽媽幫他找相關的書，不知不覺中，楓楓讀書的興趣越來越濃了。

孩子好奇的提問是一種借助大人的力量對周圍環境進行認識的探究行為，是孩子求知的萌芽。這個時候，家長可以抓住孩子好奇的契機，讓孩子去讀書，透過讀書尋找答案，慢慢地，孩子的讀書興趣培養起來了，其探索的興趣亦會愈加濃厚。一個喜歡探索與求知的孩子，怎麼可能不愛讀書呢？

3. 利用孩子愛聽故事的特點引起孩子閱讀的興趣：每個孩子都喜歡聽故事，尤其是童話故事，因此媽媽可以利用故事來引起孩子的閱讀興趣。對孩子來說，故事無論講多長，永遠都沒有結果。他希望媽媽永遠講下去。他們會經常問媽媽：「後來怎樣了？」「白雪公主現在在哪裡？」這時，媽媽可以針對孩子的心理，先將故事停一半，在孩子急欲知道故事結局時，再借此時機把書拿給他看。未知的故事勾著孩子的興趣，促使他迫不及待地想著看書。

第七章　讓孩子養成良好的學習習慣

　　為了讓孩子始終保持閱讀的熱情，家長千萬不能急功近利。要盡量滿足孩子的閱讀要求，不要讓自己的世俗想法扼殺了孩子的讀書興趣。

　　另外，家長不能把讀書、學習看成是一種得到某種榮譽的途徑和工具，而應把它視作生活的一部分、生命的一部分。這樣，才能用正確的心態教孩子去閱讀。

4. 教孩子把閱讀當作一項消遣活動：在輕鬆的氛圍下，家長可以跟孩子一起看一些有趣的漫畫書，談論書上的內容。也可在外出時，帶上一兩本書，在公園裡、在郊外、在河邊，在清新的空氣中、鳥語花香的環境裡，與孩子一起讀上幾頁書。

5. 閱讀的習慣要堅持：一個好的習慣形成以後，它帶來的效應是多方面的。比如，有個孩子，父母從小就很有意識地培養他的韌性。在他上小學的時候，父母就買給他《十萬個為什麼》類似書籍讓他去讀，遇到不會的字就自己查字典。在他小學階段，就已經讀遍中國古典名著了。日積月累，他的閱讀能力、理解能力、判斷能力提高了，邏輯思辨力也相當出色，這為他的理科學習奠定了很好的基礎，而他的寫作水準更是優於自己的同齡人。

鼓勵孩子養成觀察的習慣

　　觀察是一種有目的、有計畫、有步驟的覺知過程。它是透過眼睛看、耳朵聽、鼻子聞、嘴巴嘗、手腳觸摸等去有目的地認識周圍事物的過程。

　　一個孩子的觀察能力如何，影響著孩子對外界環境的感知程度。只有觀察能力較強的人，才善於捕捉瞬息萬變的事物，才能夠發現那些看上去細微卻十分重要的細節。換句話說，觀察是孩子認識世界的基礎，更是孩子日後走向成功的關鍵所在。因此，家長應從小注重孩子觀察能力的培養。

一位教育名家曾充滿深情地說過：「我最愛孩子熠熠發光的眼睛，因為那是求索的眼睛，是追問的眼睛，是善於思考與觀察的眼睛。」可是，在今天，我們的許多孩子眼神渙散，做起事來漫不經心，對生活中的許多現象缺乏敏銳的感知力與觀察力。

案例一：

小強已經讀國二了，可他總會寫錯字，補衣服的「補」他寫成「埔」，祖父的「祖」他寫成「組」。老師早已不知提醒他多少次了，他卻總是在每次檢查時「視而不見」……

案例二：

小麗每次寫作文總難以下筆，覺得沒什麼東西可寫，因為別人對某一事物可以發現很多細節，而她總是只能看到大概。

案例三：

有一天，多多、南南跟媽媽從阿姨家回來，爸爸問他：「你們今天看到什麼人啦？」南南漫不經心地說：「看到很多人啦！」而多多則開心地說：「有表妹、阿姨和姨夫，還有姨夫的爸爸媽媽！」接著，多多開始比劃了起來，「姨夫家的小白兔好漂亮，眼睛紅紅的，尾巴毛茸茸的，小巧的嘴……」問南南，南南又「哦」了一聲，「好像是有一隻小白兔」。原來，南南一到阿姨家就專心致志地看電視去了。

為什麼會出現以上的這些情況呢？這到底是什麼原因造成的呢？

專家分析，孩子的觀察能力除了一定的遺傳作用外，更多會受環境和教育的影響。現在的許多孩子，面對的誘惑很多，而承受的壓力也很多。一些孩子之所以觀察能力低下，歸納起來有以下幾個方面的原因。

1. 家長占有孩子時間，造成孩子觀察能力低下：生活當中，有很多家長愛子心切，總希望自己的孩子能超人一等，於是，除了讓孩子學好學校的

功課以外，還讓孩子無休止地東補西補。家長這樣的做法，除了讓孩子日漸疲乏，對很多事情失去興致以外，別無其他好處。當然，也正是因為孩子「缺少自己的時間」，孩子的觀察能力也變得越來越差。

2. 外界的誘惑過多，讓孩子沒有辦法靜下心來：電視機、電子遊戲機、網路等，無一不讓孩子動心。愛玩是孩子的天性，是無可厚非的，但孩子的注意力老是被這些東西吸引，他又怎麼能分出心來認真觀察與思考呢？

3. 缺乏觀察的興趣：比如，為了寫一篇老師出的「觀察」作文，孩子不得不對某些自己原本就不感興趣的事物進行觀察。因本身無興趣，又缺乏大人的指導，孩子總是草草了事，匆匆忙忙就交付了自己的「任務」。長此以往，非但不能培養孩子觀察的興趣，還會讓孩子心生抵觸。

正是以上諸多的原因，影響了孩子觀察能力的發展，使他們「目光無神」。因此，家長應從小對孩子進行觀察能力的培養，並為孩子創造良好的環境和條件，幫助孩子拓寬視野，使孩子變得勇於觀察、善於觀察。那麼，家長應如何培養孩子的觀察能力呢？我們的建議是：

1. 培養孩子觀察的興趣：觀察力就是指一個人對事物的觀察能力。思維在觀察中有非常重要的力量，所以有人將觀察稱為「思維著的知覺」。
   觀察的興趣必須在實踐中培養。家長可以有計畫地引導孩子去觀察他所熟悉、喜愛的事物，例如多帶領孩子觀察大自然，參加旅行、參觀等腳踏實地的活動，不斷豐富孩子的觀察內容。在孩子進行觀察時，要圍繞所觀察的事物或現象，講一些相關的科學道理或傳說故事，以激發他的興趣。例如，孩子發現樹葉有稠密的一面，也有稀疏的一面，原因在哪兒呢？家長可引導孩子進行相關的思維活動。在引導孩子觀察時，還要

刻意啟發孩子對觀察到的現象多問幾個「為什麼」，這就能養成孩子有目的、有計畫的觀察習慣。

2. 明確觀察目的：家長應幫助孩子擬訂觀察計畫，讓孩子明確觀察的對象、任務、步驟和方法，有計畫、有系統地進行觀察。觀察目的越明確，孩子的注意力就越集中，觀察也就越細緻、深入，觀察的效果也就越好。孩子在觀察中，有無明確的觀察目的，得到的觀察結果是不相同的。比如，父母帶孩子去動物園，漫無目的地東張西望，逛了半天，回到家裡，也說不清看到的事物。如果要求孩子去觀察動物園裡的小鳥，那麼孩子一定會仔細地說出小鳥的形狀、羽毛的顏色、眼睛的大小、聲音的高低等。這樣孩子就能夠有目的地去觀察，從中獲得更多的觀察收穫。

3. 拓寬孩子的視野，讓孩子見多識廣：觀察力的高低與孩子視野是否開闊有關。孤陋寡聞的孩子缺少實踐的機會，觀察力必然受到影響。因此，從孩子幼小時候起，家長就應該盡可能地多讓他感知客觀事物，並引導他全面、仔細而且深刻地觀察，以便孩子頭腦中累積大量的世界影像。

公園、遊樂場、鄉間田園等地方都是擴大孩子觀察範圍的地方，父母要多擴展孩子的活動空間，讓孩子在優美的自然環境中遊戲、玩耍，帶他們走訪名山大川，看看自然的秀麗山水，帶他們到名勝古蹟、主題公園中參觀、遊玩等，讓美麗的自然景色和人文景觀陶冶孩子的性情和情操，提高他們的審美能力，啟動孩子的想像力。

4. 讓孩子利用多種感官進行觀察：在培養孩子的觀察能力中，家長最好讓孩子透過多種感覺器官參加活動，如用眼睛看、用耳朵聽、用手摸、用鼻子聞等，親自進行實際操作，以增強觀察效果。比如聽一聽水流聲和鳥叫聲有什麼不同？摸一摸真花和塑膠花的表面有什麼不同？聞一聞水和酒的味道有什麼不同？還可以和孩子一起種些花草樹木，指導他們對

第七章　讓孩子養成良好的學習習慣

此留心觀察，比如看看花草的幼芽如何破土出來？花謝後會出現什麼結果？小蟲是怎麼吃食物的？小鳥是怎麼飛的？……

5. 教育孩子觀察與思考相結合：在培養孩子觀察的同時，還應引導孩子在觀察中積極思考，把觀察過程和思考結合起來。科學家看到某種奇特現象，也是要經過一番思考才能有所收穫的。接收資訊而不處理資訊就沒有創造。父母應該教育孩子養成觀察與思考的習慣，只有這樣才能讓孩子的觀察能力一天天敏銳起來。

6. 教給孩子觀察方法：方法是取得效果的必要條件，孩子年齡小，知識、經驗少，缺乏抽象思維力，自己不善於觀察，所以需要家長教給他必要的觀察方法，才能提高觀察力。

- 制訂觀察的任務和計畫。每次觀察活動，定好明確的目的和指向，預先規定好觀察任務，以保證觀察的全面、細緻、清晰、深刻。

- 從不同角度進行觀察。只從一個角度去看事物，無異於盲人摸象。應多啟發、鼓勵孩子嘗試從另一個角度、另一個觀念去看同一個問題，活化了固定的思維，就能使孩子發現更多的問題，也就產生了更強的觀察興趣和能力。

- 注意細節。讓孩子注意細節，觀察到別人沒發現的問題，久而久之，也就養成了觀察的良好習慣。

- 養成寫觀察記錄的習慣。讓孩子多動筆，隨時記錄觀察情況，有利於整理和保存觀察結果，以便利用。

- 多動動腦筋思考。在觀察時，要邊看邊想，學會分清主次、本質與現象，觀察力也就會從中得到提高。

第八章　杜絕小問題，塑造好品行

羅曼・羅蘭（Romain Rolland）說：「99％的努力和1％的靈感，對於成功是不夠的，你還必須要有200％的道德品格。」對於孩子來說，良好、健康的品行是他們的立世之本，更是他們人生大廈的堅實基石。

在孩子小的時候，家長應及時糾正孩子在日常生活中表現出來的不好的行為品格，塑造孩子美好的品行，讓孩子成為一個品行端正的人。

第八章　杜絕小問題，塑造好品行

避免孩子鋪張浪費，讓孩子學會節儉

小文是一名小學三年級的學生，長得乖巧，學習又好，深得全家人的喜愛。但是她有一個改不掉的壞毛病，就是喜歡浪費紙張。往往不到學期結束，一本好好的筆記本就被她撕得只剩下兩張皮。老師對她的這種做法非常反感，常常告誡她不要這麼浪費，可她卻不以為然：「這有什麼，反正我爸爸、媽媽會買給我，浪費幾張紙又怕什麼？何況，他們也不怕我浪費呀！」

隨著社會生活水準的提高，越來越多的家長對「節儉」的概念開始淡漠了，他們認為「節儉」不過是過時的詞。事實上，家長們忽視了非常重要的一點，「節儉」是一種美德，美德是永遠不會過時的。孩子如果從小習慣了鋪張浪費的生活，久而久之，他們對「物質」的需求就會越來越膨脹，以至於深陷墮落奢靡的生活陷阱裡不能自拔。

這是一個真實的故事：

男孩小丁因家境富有、爸爸媽媽寵愛，過慣了「奢侈」的生活，為了在同學面前有面子，他花錢如流水，動不動就請客吃飯。

後來，家裡意外破產。就在爸爸媽媽一籌莫展的時候，小丁卻對爸爸說：「爸，明天，是我們班長的生日，他和我的關係很好，給我 2,500 元，我請他到卡拉 OK 包廂過生日。」

兒子的話，讓他的爸爸大吃一驚。一個小小年紀的孩子，竟然要拿錢幫同學開包廂過生日？爸爸對孩子說：「兒子，我們家最近出了意外，你是知道的，爸爸哪有錢給你請同學過生日？再說，同學過生日，你為何一定要請他到那種場所消費？」

小丁不以為然：「我知道你最近沒錢，但 2,500 元還是拿得出來吧？再說，請班長過生日，我是想讓別的同學看看，我們有多酷多帥。」

聽著小丁理直氣壯地回答，爸爸哀嘆不已，面對家庭困境，兒子不僅不

聞不問，而且還理直氣壯地跟父親要錢去消費。這只怪自己以前對孩子花錢不加控制，才導致孩子有這樣的消費觀念。

那天，為了給孩子一個教訓，爸爸狠下心腸沒有給小丁錢。小丁在家裡又哭又鬧，沒有得逞，最後連課都不想去上了。

因為怕同學嘲笑，小丁動了「偷」的念頭，他趁爸爸媽媽不注意，偷了家裡僅剩的 2,500 元跑出去幫班長過生日。

這一故事讓人唏噓不已，當家裡的生活陷入困境時，身為家庭中的一員 —— 小丁非但不能理解父母的苦衷，依然貪圖虛榮、講究排場，為了所謂的「面子」，甚至偷錢幫同學過生日，這樣的情況是多麼讓人傷心呀！可是，孩子之所以會有這樣的不良行為，追根究柢還是家長忽視了對孩子進行金錢教育，沒有讓孩子養成良好的消費習慣造成的。

因此，想要孩子走出揮霍無度的漩渦，家長應重視培養孩子節儉的品格。

1. 營造節儉的家庭生活氛圍：在日常生活中，家長要以身作則，用自己的節儉行為影響孩子，用自己艱苦樸素的作風感染孩子。

   美國的山姆‧摩爾‧沃爾頓（Samuel Moore Walton）是個富翁，但是他卻住在一座小鎮上的普通房子裡，平時開一輛舊福特車，穿著工作服，像一名普通工人，但他的生活也同樣樂趣無窮。他的後代常以此為榮，並繼承著這一良好的家風。

2. 讓孩子從小事做起，養成節約的習慣：首先在使用學習用品上要節約，不要因為寫錯一兩個字就撕掉一大張紙，橡皮擦沒用完就不要買新的。同時要在生活上節約，如夏天冷氣開二十六度以上，又節電又划算；節約用水，洗菜的水可以沖廁所；用完電器一定要把插頭拔掉；用電腦列印資料，最好兩面都用，這樣可以省紙；抽水馬桶裡放塊磚頭，更省水；出門隨手關燈，各類用品用完再買⋯⋯

3. 要經常向孩子說明勤儉持家的道理：教會孩子量入為出，父母要經常向孩子講勤儉持家的道理，讓孩子懂得一粒米、一滴水、一度電來之不易，都是人們辛勤勞動換來的。要讓孩子學會利用廢舊物品，這樣既可培養孩子的節約習慣，又是一種手工勞動練習。

4. 杜絕孩子攀比的心理：若想讓孩子養成節約的習慣，家長還應該教育孩子不與別人攀比，不愛慕虛榮；購買物品不要追求品牌，要看實際價值；看到特別喜歡的東西，也要三思而後行，不要看到了就買。

5. 讓孩子自己賺錢，培養其自力更生、勤儉節約的習慣：美國有些百萬富翁的兒子，常在校園裡撿垃圾，把草坪和人行道上的紙屑、飲料罐收集起來，學校便會給他們一些報酬。他們一點也不覺得難為情，反而為自己能賺錢而感到自豪。有的家庭經濟並不困難，卻讓八九歲的孩子去打工送報賺零用錢，目的是培養孩子自力更生、勤儉節約的習慣。

6. 幫助孩子理解節儉的價值：家長要用節儉的故事教育孩子，讓孩子知道節儉是一種美德，也是生活的必需。在教育中，父母要讚賞節儉的行為，批評奢侈浪費。父母要讓孩子理解生活的艱難，理解人在生活中難免會遇到各種困難，而節儉則可以做到有備無患，幫助人渡過難關。

　　學會節儉對於孩子的健康成長影響極大。節儉可以使人集中精力，把身心投入到學習和事業上來，關係到一個人一生事業的成敗。節儉可以培養一個人堅強的意志和戰勝困難的不屈不撓的精神，是人生的巨大財富。節儉有助於體察他人的疾苦，培養對他人的愛心，有利於健康人格的形成，這對於孩子的成長極為重要。

　　讓孩子從小學會節儉，就要讓孩子適當嘗嘗苦頭，沒有吃過苦的孩子根本不知道財富的來之不易，也根本不知道珍惜自己擁有的幸福。許多沒有經歷過艱難困苦的孩子，根本不懂得「節儉」二字，只要求吃好的、穿好的，

玩具也是越多越好、越高級越好，如果達不到要求就會生氣。有的孩子隨便浪費糧食，不愛護衣物，隨意搞壞玩具，弄得殘缺不全，還隨意丟棄，嚴重浪費。他們不知道糧食和玩具等來之不易，更不知道珍惜自己擁有的東西。

因此，讓孩子知道好日子來之不易、培養孩子節儉的品格，已成為越來越多的父母努力的方向。許多「以儉養德」的事例告訴我們：要把孩子培養成有志向、有追求、有出息的人，勤儉節約、艱苦樸素的教育是不可或缺的，這是父母能夠給孩子的永久財富。

別忽視孩子貪小便宜的問題

皮皮是個頑皮的小男孩，今年剛剛 5 歲，他有個最大的問題，就是喜歡貪小便宜。與小朋友一起玩的時候，他總是想把小朋友的東西占為己有，而媽媽帶他去商場玩時，他總是喜歡什麼都抓在手裡不放，商場裡的那些試吃品，如花生、果乾等，他也會放到自己的嘴巴裡慢慢咀嚼，大半天捨不得走開。更搞笑的是，有一次媽媽和奶奶帶皮皮一起去賞水果，買完水果以後，皮皮居然從橘子堆上拿了一個特別大的橘子轉身就跑，賣橘子的氣得直瞪眼，而皮皮的奶奶則不以為然地說：「算了，妳看我們買了那麼多，小孩子拿一個就算了吧……」皮皮的媽媽一直在為如何改掉他這個壞習慣而發愁。

現在的孩子，大多數家庭條件優越，照理說不會出現「貪小便宜」的習慣，可是，皮皮小小年紀怎麼就如此貪小便宜呢？專家認為，造成孩子喜歡貪小便宜有多種原因。

1. 孩子的認知能力低：當孩子太小的時候，他分不清楚哪些東西是自己的，哪些東西不是自己的，因此就會把別人的東西帶回家，久而久之就養成了貪小便宜的習慣。

第八章　杜絕小問題，塑造好品行

2. 教育方式不當：孩子貪小便宜不是天生就有「貪小便宜」的潛質，而是後天演變的。這與孩子的環境與家長的教育是分不開的。比如日常生活中，一些家長，特別是老人會有一些貪小便宜的做法，比如，皮皮的奶奶就對皮皮貪小便宜的行為不以為然，因為覺得「都買了那麼多東西了，小孩子拿一個就算了。」而皮皮看在眼裡、記在心裡，慢慢地就形成了習慣。

3. 家長不能為他提供所需要的東西：一些家庭條件不太好的孩子，因為家長不能給他提供他所需要的東西，為了得到這些東西，一些孩子就會透過某些不恰當的方式把這些東西占為已有。

貪小便宜是一種不良的習慣，是犯罪的開始，所以必須引起重視。孩子的可塑性大，一旦發現孩子有貪小便宜的壞毛病，家長一定要給予正確的教育，規範孩子的行為，讓孩子養成良好的品行。

那麼，如何才能糾正孩子貪小便宜的問題呢？

1. 針對「行為」進行教育：對於孩子貪小便宜的行為，家長應該防微杜漸，認真進行教育。

小明今年念幼稚園大班，他帶去的鉛筆經常不見。媽媽常常對他說要保管好，不要亂丟，太浪費了。

有一天，媽媽接小明回家的時候，小明得意洋洋地抓著他的筆盒對媽媽說：「媽媽，我有一個辦法，不會浪費鉛筆。」接下來，他告訴媽媽：「班上的小朋友每天把鉛筆丟在地上都不撿，他可以撿那些鉛筆放到筆盒裡用。」

小明的媽媽一聽，一下子怒氣攻心，但她很快就冷靜了下來，輕輕地問小明：「那這些筆是你的嗎？」

「不，別人丟的，他們都不要了。」

媽媽反問小明：「別人的東西，我們能隨便拿嗎？」

孩子一聽，馬上低下頭來，他知道自己做錯了，因為媽媽平時教育他別人的東西不能隨便拿。

這時候媽媽蹲下來抱著孩子說：「我們家抽屜裡有很多鉛筆的，你沒有筆了，可以去拿新的用，媽媽告訴你不要浪費不是去拿別人的東西，即使是別人不要的，我們也不能撿回來，明天我們把它放回到老師裝鉛筆的盒子裡，好嗎？」小明高興地點點頭。並告訴媽媽這是同桌的小朋友教他這麼做的。媽媽趕緊告訴他，不能別人教你做什麼就跟著做，萬一是做不好的事呢？自己要動腦子想想這件事能不能做？從此，再也沒有這種事情發生了。

可以說，小明的媽媽教育孩子不要貪小便宜的方法非常奏效，她沒有批評孩子，但是糾正了孩子的行為，讓孩子認識到了貪小便宜是不好的行為，認識到遇到事情要懂得自己分析對還是不對，不對就不能做。

有了小的錯誤不及時糾正，錯誤嚴重了再改就難了。如果孩子有占小便宜的問題而不能及時糾正，大了就會犯大錯誤，貽誤終身。

2. 讓孩子分清「彼此」：平時家長應該找機會與孩子正式地討論他人與自己的東西方面的問題：「不動別人的東西是我們所生存社會的公共準則，大家都必須遵守。」讓孩子從小就知道這種行為是在社會中是被人所唾棄的，生活中沒有比拿了不屬於自己東西更可恥的行為了。

3. 正面教育，及時處理：家長發現孩子有占小便宜的問題，要嚴格要求，及時處理，但不要發火或粗暴地打罵，要與老師取得聯繫，共同教育。發現孩子書包裡有別人的東西時要問清楚來歷，妥善處理。如果是撿來的東西一定要讓孩子拿去失物招領，對這麼做了的孩子要表揚鼓勵。

4. 家長要以身作則：家長要以身作則，嚴於律己。日常生活中，家長要做到時時注意自己的言談舉止，處處當孩子的榜樣。這樣對孩子的引導才有說服力。不然，自己都愛貪小便宜了，怎麼能叫孩子服從你的教育？

5. 適當地懲罰孩子：當孩子犯了錯誤後，家長要找個適當的機會施以教育。如，故事中皮皮的媽媽就借孩子隨便拿別人橘子的行為，給了皮皮一次深刻的教訓：

   那天，孩子拿完橘子以後，要求媽媽幫他剝皮，「拿走，媽媽不幫你剝，這個橘子是你拿別人的，媽媽不幫你剝。」皮皮要跟媽媽一起玩遊戲，媽媽不理他，並告訴他：「媽媽不跟隨便拿人家東西的壞孩子玩。」皮皮很委屈，傷心地哭了起來。他向媽媽認了錯，並告訴媽媽：「媽媽，我以後再也不隨便拿人家東西了。」

   從此以後，皮皮的媽媽發現，孩子真的收斂了許多。

別讓「偷」變成習慣

　　芳芳今年 6 歲，剛上小學一年級。有一天放學回家，媽媽翻看她的書包，發現芳芳的筆盒裡有張電話卡，很顯然，那並不是她的，因為媽媽從來沒有替她買過什麼電話卡。於是，媽媽問她這張卡的來歷。芳芳還沒說話就著急地哭了起來，然後抽抽噎噎地說：「卡是同學的。」媽媽問她：「人家是借妳用還是妳拿的？」芳芳說：「是借的忘記還了。」媽媽說：「既然是借的，那妳哭什麼呢？還了就好了，我幫妳打個電話跟同學說說。」芳芳便又大哭起來，告訴媽媽：「自己是中午休息時從同學的課桌裡拿出來的。」媽媽氣急了，把孩子暴打了一頓。

　　孩子漸漸長大了，接觸的事情越來越多，心思也漸漸多了起來，不管在學校還是在家裡，孩子常常會出現偷拿別人的東西的現象。雖然說孩子偷東

西不至於與竊盜罪相提並論，但可以肯定地說，孩子「偷」的現象如果不加以矯正，很可能就會發展成嚴重的問題。

孩子的「偷」往往集中在「物」和「錢」兩個方面，而他們大多又有下列表現。

1. 分不清「偷」與「拿」的不同：一些孩子不知道「偷」的含義，認為隨便拿可能不是錯誤的，尤其是父母管理不嚴的家庭，常常有物品被孩子隨便拿出來，最後發現「小偷」就是孩子。這種行為也會發生在隨便拿別人家的東西上，而且常有這樣的情況發生，父母帶孩子去朋友家玩，回來後發現，幾歲的孩子居然抱著朋友家的玩具回了家。這在年紀小的孩子中經常見到。

2. 因為愛不釋手，所以就「偷」：在學校的團體生活中，眾多孩子在一起學習和玩耍，當看到別人的物品自己特別喜歡時，有的孩子就會忍不住拿來看看，看來看去就會愛不釋手，然後放進自己的口袋。

3. 需求沒有得到滿足，就「偷」：一些孩子要求媽媽買給他某些東西，如果媽媽不買，他就可能出現「偷」的行為，如，偷家裡的錢，或者是同學正好有自己喜歡的這個東西，於是就偷回家裡。

4. 為了滿足好奇心而「偷」：有時候孩子偷的行為是在好奇心的驅使下完成的。曾發生過這樣的事情：幾個小朋友在外玩耍，最後互相講起誰家中有什麼東西，於是約定每人回家偷拿一樣東西出來，這就是好奇的結果。
   當家長發現孩子有「偷竊」行為的時候，不要生氣，也不能急著讓孩子向人家賠禮道歉承認錯誤，孩子年幼，道德意識還沒有發展完全，因此不太懂得道理，而孩子一旦到了青春期便有了羞恥心，就會爆發出來，再加上其他同學的指指點點和嘲笑，會讓孩子無法抬頭做人。正確的做法應該是：

第八章　杜絕小問題，塑造好品行

- 當第一次發現孩子有偷拿東西的行為時，父母應及時向孩子講道理，提出今後改善行為的要求，千萬不能粗魯地打罵。

- 在孩子經過教育之後仍有偷拿東西的行為時，這時家長應該要警惕，再度加強教育，尤其是要循循善誘、引導孩子。

- 孩子偷拿東西在年齡小時是非刻意的行為，但到上學之後，就會發展成故意的行為。因此，家長應盡可能在早期幫助孩子形成「所有權」的概念：借別人的東西一定要先向人家徵得允許；即使是拿家長的東西也要向家長說。當孩子沒有這麼做時，就應讓他嘗嘗「拿別人東西的感覺」，發現這類事情後，要嚴肅地告訴他：「這是不好的行為」，並帶著他把東西還給主人，並向主人道歉。同時應給予懲罰，如不買給孩子愛吃的零食，不給零用錢等。

- 在糾正孩子的錯誤行為時，要維護孩子的自尊心。告訴孩子這種行為改正後並做到不再犯，是可以原諒的，如果再犯就要受到嚴厲的懲罰。批評和懲罰都是針對孩子的行為，而不是他的人格，所以不能讓人們瞧不起他，這就需要父母合理而有分寸地來幫助孩子克服不良行為和習慣。

- 定期給孩子固定的零用錢，讓孩子自己買自己喜歡的東西，不要干涉，讓孩子養成支配自己的財產的意識。

對孩子管教要嚴格，但不是提倡粗暴的辱罵或體罰。如果只是一味地動粗，或者限制他的一切行動，態度冷淡、厭棄他，不去了解他偷竊的真正理由，那麼，他也會產生別的不良行為，比如離家出走、欺負別的孩子等。有時嚴厲懲罰可能會使孩子的偷竊行為消失，但引起偷竊行為的某種因素仍然存在，孩子就可能產生別的行為問題。

投機取巧的習慣要不得

每個人都很容易耍一些自以為是的小聰明，孩子也不例外。

小璐是小學四年級的學生，成績中等。爸爸媽媽工作忙，沒有時間照顧到她的學習，聯絡簿也是看都沒有看就直接簽名。時間久了，小璐就產生了投機的心理。比如，有一次聽寫，因為晚上回家沒有複習功課，她的聽寫只考了 30 分，她不敢給媽媽簽名，就把 30 分改成了 80 分，她想，反正媽媽也不會注意到。果然，媽媽看都沒有看就簽名了。以後，小璐屢試不爽，覺得自己實在太聰明了。

後來，她想，班上那麼多作業，老師怎麼可能每份作業都認認真真地看呢？於是，每次寫生詞練習的時候，她都會有意無意地漏寫一點，數學題不想算，她就隨便寫個答案，反正有寫答案就不會受到處罰，而寫錯答案的，等老師發回來以後，再借別人的答案抄一下就好了。此後，小璐感到輕鬆無比，而她的成績也是一路下滑。

生活中像小璐這樣喜歡耍小聰明，做事愛投機取巧的孩子並不少見。好逸惡勞是人的劣根性，誰都希望不勞而獲。但是現實生活中，這是不可能實現的，因為我們都知道，農夫只有在春耕的時候努力播種，在秋天的時候才能愉快收割，要有收穫必先要付出，這是大自然給我們的指導。而我們也很清楚，成功是需要非常努力付出的，尤其在這個競爭日益激烈的社會裡，稍微不留神、稍微怠惰，就要被這個世界淘汰了，更何況是什麼都不做，只想等著要收成呢？

因此，家長應糾正孩子投機取巧的心理，那麼，要如何改變孩子投機取巧的心理呢？

1. 適度懷疑：不是要你不信任自己的孩子，但是一個真正負責的家長在看

到平時懶於讀書的孩子成績突然進步時，是不會盲目沾沾自喜的，而是會私下向老師或者孩子的同學了解情況。

2. 鼓勵原則：看到孩子的成績時，無論多糟糕，你最好還是盡量克制自己的情緒，哪怕只是沉默。或者可以這樣告訴孩子：「雖然沒有考好，但是你沒有因為要一個及格分數而作弊，我很高興，我為你驕傲。那麼現在來談談這次考試……」接下來的分析原因還是必不可少的。

3. 委婉的批評：在平時的生活中對孩子僥倖心理要及時提出指摘，當然最好採取一種委婉的方式。例如：「我覺得很可惜，這次你的作文又不是自己寫出來的，我還以為你會把我們去旅遊的事寫給你的同學們看呢！我一直覺得你寫得不錯呀！」

4. 明確的態度：告訴孩子：「你這樣做，我覺得很失望，也很傷心。」

5. 樹立正確的價值觀：告訴孩子，一分辛苦，一分收穫，自己的每一分付出，都一定會有收穫。雖然有些收穫必須等待時間，但只要付出了，就不怕任何挑戰。

　　小孩子容易崇拜英雄人物，家長們可以推薦一些人物傳記給他們看，讓他們從具體事例中認識到透過艱苦的勞動才能獲得成功的道理。

6. 讓孩子明白投機取巧並不能長久：家長可以告訴孩子，這個世界上的確有人因為投機取巧，再加上一時幸運而暫時得到了好處。但投機取巧只能靠一時運氣，並不能讓一個人永遠地安樂無虞，而且很可能等到大環境不佳，沒有運氣的時候，後果就會難以想像了。因此，要想無論在什麼環境下，都有實力好好活下去，就不要投機取巧，對於自己該做的事情、該學習的東西，絕不能鬆懈，不要做著不讀書也能考高分的白日夢。

　　總之，家長應讓孩子明白，投機取巧是做人的大忌，因為沒有人可以不勞而獲；暫時因為投機取巧而得到的好處，在未來將會成為負擔。

糾正孩子愛嫉妒的問題

　　當今社會的競爭日益激烈，適者生存的觀念日漸深入人心，為了將來在競爭中立於不敗之地，許多家長在孩子很小的時候就刻意培養他們的「好勝心」和「競爭意識」。

　　過強的「好勝心」與「競爭意識」也催生了一系列的教育問題與社會問題。因為要「競爭」要「取勝」，我們的孩子學會了嫉妒，更學會了「不擇手段」。

　　勤勤是小學六年級的學生，她的學習成績非常好，在班級活動上也非常積極，一直當班長，年年都是模範生。但是這一年，模範生輪到了另一位同學，因為這位同學患了白血病，大家都推舉她。沒有當上模範生的勤勤，對得白血病的同學耿耿於懷，朝著爸爸媽媽又哭又鬧，在媽媽的安慰下方才停止了哭泣。可是，接下來她說的一句話讓她的爸爸媽媽有些吃驚：「讓她當好了，白血病，反正也活不了幾天！」當時她語氣中的嫉恨讓她的爸爸媽媽也覺得不寒而慄：自己的女兒是不是著魔了，她對模範生的渴望已經超過了對同學最基本的同情。

　　事實上，不僅是在這一件事上，在平時，她也處處想爭第一，把每一個同學當作對手。如果沒有經歷這件事情，她的爸爸媽媽還在為自己孩子的「上進心」感到高興，但經過這件事後，她的父母才明白正是因為自己平日過於注重競爭教育，才導致孩子變得善於嫉妒，心理有點扭曲了，這些，自己要負全責。

　　其實，適當的競爭當然是好的，它能激發一個人的上進心，讓人變得有鬥志。但過度了，就可能影響到健康人格的形成。

1. 愛嫉妒，影響個人的情緒：嫉妒心理會使人產生諸如憤怒、悲傷、憂鬱

第八章　杜絕小問題，塑造好品行

等消極情緒，導致煩惱叢生，並忍受精神的折磨，十分不利於身心健康。嚴重者甚至在妒火中燒時喪失理智，誹謗、攻擊、造謠中傷他人，而不能騰出足夠的時間來提升自己，並會因此陷入一種惡性循環中不可自拔。

2. 愛嫉妒的孩子容易生出偏見：嫉妒心理在某種程度上是與偏見相伴而生、相伴而長的。嫉妒有多深，偏見也就有多大。有嫉妒心理者容易片面地看問題，因此會把現象看作本質，並根據自己的主觀判斷、猜測他人。而當客觀地擺出事實真相時，嫉妒者也能感受到自己的醜惡。

3. 愛嫉妒影響人際社交：嫉妒心理是人際社交中的心理障礙。首先，它會限制人的社交範圍。嫉妒心理強烈的學生通常不會選擇能力等各方面比自己優秀的同伴社交。更有甚者，會誹謗、詆毀自己身邊優秀的同學。其次，它會壓抑人的社交熱情。社交時總有所保留，不情願真誠相待。另外，嫉妒心理重者，甚至能化友為敵。他們通常無法忍受朋友超過自己，並懷恨在心，展開暗中攻擊。這是一種不健康的心理，是心胸狹隘的表現，也是自卑的表現。要幫助孩子消除這種不良的心理，家長必須幫助孩子正確認識自我、減少虛榮心、不要以自我為中心、學會接納他人、學會理解他人、學會公平競爭等。具體地說，應做到以下幾個方面。

- 家長要讓孩子學會正確認識自己，激發孩子的競爭意識和自信意識。首先，要讓孩子擺正自己與別人的位置，世界上沒有十全十美的人，每個人都有自己的長處和短處，自己在某一方面超過別人，別人又在另一方面勝過自己，這些都是常見的現象。讓孩子正確地評價自己，從而找到與他人的差距，揚長避短，開拓自己的潛能。其次，有嫉妒心的孩子往往有某方面的才能，爭強好勝，卻又自私狹隘。家長可以充

分利用其爭強好勝的特點，激發孩子的競爭意識和自強觀念。與孩子一起進行自我分析，幫他找出自己的優缺點和趕超對方的方法。

· 家長要培養孩子的熱情、合群的性格，讓孩子充分認識到集體活動和朋友間友情的美好和重要性，讓孩子樂於去幫助別人。

· 父母不要溺愛孩子，因為溺愛是滋生嫉妒的溫床。在日常生活中，父母應經常表現出對別人的寬容大度，這樣，孩子在潛移默化中，就會學到如何正確對待比自己更成功的人，使個性朝著健康的方向發展。

· 培養孩子寬容的品格。有嫉妒心理的孩子，往往有自身的性格弱點。如與人社交時，喜歡當核心人物；不能成為社交中心時，就會發脾氣；同時，他們不會感謝人；易受外界影響等。對有性格弱點的孩子，父母要悉心引導。在孩子面前，要對獲得成功的人多加讚美，並鼓勵孩子虛心學習他人長處，積極支持孩子透過自己的努力去超越別人、戰勝自己，使孩子的嫉妒心理得到正當的發洩。孩子學會了接納他人、理解他人、信任他人，不僅會發現他人的許多優點，而且也會容忍他人的某些缺失，求大同存小異。這樣，孩子的人際關係就會變得融洽和諧。讓孩子懂得「金無足赤，人無完人」，每個人都有自己的長處，也有自己的不足。幫助孩子形成正確的自我認識，能讓孩子認識到自己的優點和不足，變得不再嫉妒。

· 教育孩子承認差異，奮發向上。現實中的人必然是有差異

的，一個人承認差異就是承認現實，要使自己在某方面好起來，只有靠自己奮發向上，嫉妒不僅於事無補，還會影響自己的奮鬥精神。

- 培養孩子開闊的心胸，教導孩子在群體中生活，要培養寬廣的胸懷、開朗的性格、容人的精神。要支持鼓勵孩子參加班內競爭，在同儕比拚的環境中磨練自己的性情。一個心胸開闊的人，看到別人的進步，會激發自己的好勝心，而非嫉妒心。

- 加強孩子的個人修養。加強修養就是培養孩子高尚的品德，這首先要從提高孩子的思想文化修養著手。心理學研究表明，一個人思想文化修養的高低與他對別人的寬容程度有密切的關連性。

- 父母還可以讓孩子充實自己的生活。嫉妒往往會消磨孩子的時間，如果孩子學習、生活的節奏很緊張、生活過得很充實、很有意義，孩子就不會把注意力局限在嫉妒他人身上。父母應該幫助孩子充實生活，讓孩子多參加一些有意義的活動，轉移孩子的注意力，使孩子把精力放在學習和其他有意義的事情上。

讓孩子遠離虛榮的漩渦

　　小美是個漂亮的小女生，圓圓的大眼睛，笑起來還有一對可愛的小酒窩，十分討人喜歡。叔叔阿姨們看到小美，都不禁想捏一捏她粉粉的臉蛋。慢慢地，小美越來越喜歡聽別人的讚美了。但只要聽到其他孩子受到表揚，小美就不高興了，她覺得只有她一個人才配得到別人的表揚。

　　在學校裡，小美總是喜歡出風頭，搶著發言，搶著做好事。只要老師笑咪咪地摸著她的小腦袋，誇她真乖，就高興得什麼都忘記了！除此以外，小美還喜歡穿漂亮的新衣服，衣服稍微舊一點，她就覺得穿出去不漂亮，很丟臉……

　　像小美這樣的行為方式就是虛榮的一種表現。事實上，每個人都或多或少都有點虛榮心，這是正常的，因為大多數人都渴望自己被人尊重、被人敬仰，都希望自己能做得更好、更理想。恰到好處的虛榮心能夠激發一個人的潛能，使其得到更好的發展，但是，如果虛榮心太重，就會影響心理健康，影響正常的學習和生活。聰明、好強的小金就深受其害——

　　小金今年上國中一年級，從小到大，她都是班裡的佼佼者，學習成績沒得說，在校外各類競賽中還頻頻獲獎。同學羨慕她，老師喜歡她，同一個社區的很多家長也都認識她，讓自己的孩子以她為榜樣。可是，這麼一個從小在榮譽與掌聲中成長起來的孩子，最近卻一蹶不振了。先是在中學生作文競賽中沒有取得名次，後來又在一次期末考試中跌出前三名以外。儘管爸爸媽媽安慰她「勝敗乃兵家常事」，但小金依然難以接受如此殘酷的事實。她開始懷疑自己的能力，甚至拒絕參加各種比賽……

　　老師問其原因，小金的回答是，覺得很丟臉，很沒面子，怕比賽再次失敗讓同學嘲笑、老師和家長失望。

　　人人都有維持自尊的需求，都希望自己能在社會生活的群體中得到別人

第八章　杜絕小問題，塑造好品行

的尊重和讚賞，從而產生對個人的聲譽、名望、威信的強烈需求。小金也不例外，但因為她的自尊心過強，過於好勝、虛榮，導致她很難從失敗的陰影中擺脫出來，從而變得一蹶不振。正因為如此，有人說，虛榮心是一種扭曲了的自尊心，如果孩子沾染上「過於虛榮」的問題，對其有害無益。因此，家長如果發現自己的孩子有過於虛榮的問題，就應該及時採取相應的對策對他們進行教育和開導。

虛榮心強的人，會因為一個羨慕的眼神而心神舒暢；會因為一句恭維話而眉開眼笑；還會因為一句言過其實的讚譽沾沾自喜；更會因為一個毫無實質意義的頭銜引以為榮……

虛榮心強的人以追求個人榮譽為奮鬥目標，為了「出人頭地」，可以置社會道德規則和規範於不顧，違背社會道德，竊取他人的勞動成果等。他並不能從社交活動中獲取愉悅和幫助，反而時常和他的鄰居、同事、好友，甚至親人發生衝突。這種人一旦得到榮譽，就會表現出驕傲自滿的情緒，趾高氣揚，獨斷獨行，聽不見周圍同行或朋友的意見。這些人在得不到虛榮的甘霖的滋潤時，便會想方設法謀取自己的榮耀。更有一些人喜歡盲目攀比富人，最終使自己的生活陷入窘境。不少罪犯，便是在虛榮心驅使下，走上了犯罪道路。

一般來說，孩子過強的虛榮心往往表現在以下幾個方面：

1. 對自己的能力、水準估算得過高，常常在別人面前炫耀自己的特長和成績。聽到表揚就得意忘形，而對於批評則不以為然、拒不接受。
2. 常在同學和夥伴面前誇耀自己父母的地位或者家境的富足，以突顯自己的優越。
3. 不懂裝懂，喜歡班門弄斧，自以為是，如果別人指出了他的錯誤，他就會惱羞成怒，死不承認。

4. 跟隨潮流，特別注重穿著打扮，不關心衣服是否適合自己的風格，只關心衣服是不是名牌。

5. 對別人的才能從不稱讚，反而雞蛋裡挑骨頭，說長道短，搬弄是非。

對於孩子過於虛榮的心理，家長應給予正確的引導，採取必要的方法加以糾正。建議做到以下幾點。

1. 榜樣示範：父母是孩子的第一任老師，一言一行都會影響孩子，因此，父母應加強自身修養，以身作則，不卑不亢，為孩子樹立一個好榜樣。

2. 教會孩子客觀地評價自己：虛榮心太重的孩子不是過於自信，就是過於自卑，總是不能客觀地正視自己。所以，家長要教會孩子別欺騙自己，要正確對待自己的缺陷，同時又要看到自己的優點。

3. 高要求：如果孩子做事總比別人做得快、做得好，就要交給他一些有一定難度的任務，使他感到自己能力不足，需要別人指導和說明。進行受挫折訓練，教孩子學會調節情緒，接受失敗的考驗是很重要的。

4. 客觀評價孩子：家長不能過分誇大自己孩子的優點，也不要掩蓋孩子的缺點。對那些符合道德規範的行為，家長應給予適度的表揚；對於孩子的缺點要及時指出，說明分析原因，並鼓勵他逐漸克服。

5. 幫助孩子樹立正確的榮譽感：虛榮的其中一種表現就是沽名釣譽，喜歡追求表面上的東西。家長要幫助孩子客觀認識自己，告訴孩子，對榮譽、地位、得失、面子要保持正確的認識和態度。一個人應該有一定的榮譽感，但面子「不可沒有，也不能強求」，如果「打腫臉充胖子」，過分追求榮譽，顯擺自己，把華而不實的東西作為追求的目標，就會使自己的人格扭曲。

另外，不管經濟條件如何，家長都不能放縱孩子的消費欲，應有目的、有計畫地加以引導，逐步糾正孩子愛慕虛榮的壞習慣。

從小培養孩子的關愛之心

一次，某個幼稚園老師對她所教的中班孩子進行了心理測試，其中有這樣的題目：

一個小妹妹病了，冷得渾身顫抖，你願意把外套借給她穿嗎？

結果孩子們半天都不回答。當老師點名一個個問時，第一個孩子說：「病了會傳染的，她穿了我的衣服，那我也會生病，這樣我媽媽還得花錢。」第二個孩子則說：「我媽媽不會讓我借的，不然她會打我。」結果，半數以上的孩子都找出種種理由，表示不願意借衣服給生病的小妹妹。

巧的是，這位老師的孩子也在這個班級，她實在對這樣的結果不滿意，就問自己4歲的兒子：「一個小朋友沒吃早餐，餓得一直哭，你正在吃早餐，該怎麼做呢？」見兒子不回答，她又引導說：「你會給他吃嗎？」

「不給！」兒子十分乾脆地回答。媽媽又勸道：「可是，那個小朋友都餓哭了呀！」兒子竟然答：「他活該！」

這不是特例。在現實生活中，孩子的這種自私、不懂得關愛他人的行為並不少見。表現在家庭中，許多家長以孩子為中心，好吃的東西總是孩子一個人吃個精光，家長才會「沾」一點，而孩子也把這些視為理所當然的事，好東西他們端到自己眼前，從來不會過問家人吃或不吃。在集體中，這樣的表現則更加明顯，自私、不懂得關愛他人的孩子總怕自己吃虧，勞動時總是挑輕鬆的工作來做，把又髒又辛苦的工作給別人做；發新書時，把好書留給自己，把破書留給別人；出去坐車時，總是跑在最前頭搶占最好的座位，不管年長者或體弱多病的人在那裡站著。

孩子之所以養成這種自私的習慣，與家長的教育是分不開的。在生活中，很多家長把孩子捧在掌心，百般寵愛，導致許多孩子覺得自己生下來就是「小皇帝」、「小公主」，高別人一等，別人都應該關心自己，卻不懂得

向身邊的人表達自己的關愛。事實上，這樣的性格是不利於孩子健康成長的。

身為父母，應該讓孩子知道，每一個人都是平等的，要獲得別人的關心幫助，首先要學會關愛他人。「投之以桃，報之以李。」一個懂得關照他人的人，才能得到更多的人關照，才能獲得更多的機會，也才能取得更大的成功。

在一個多雨的午後，一位老婦人走進費城一家百貨公司，大多數的櫃臺人員都不理她，只有一位年輕人卻問她是否能為她做些什麼。當她回答說只是在等雨停時，這位銷售人員並沒有轉身離去，反而拿給她一張椅子。

雨停之後，這位老婦人向這位年輕人說了聲謝謝，並向他要了一張名片。幾個月之後，這家店主收到一封信，信中要求派這位年輕人往蘇格蘭收取裝潢一整座城堡的訂單！這封信就是這位老婦人寫的，而她正是美國鋼鐵大王卡內基（Andrew Carnegie）的母親。

這個年輕人之所以有這樣的運氣，就在於他比別人付出了更多的關心和禮貌。而且這種行為是一種道德上的「本能」行為，也就是已經成為了一種習慣。它體現了做人最重要的一個品格──關心他人的精神。這種精神不是一朝一夕可以形成的，它必須從小培養。

家長要幫孩子養成關心別人的好習慣，可以從以下幾個方面做起：

1. 要從小培養愛心：嬰幼兒期是人各種品格形成的關鍵時期，愛心的形成也是在嬰幼兒時期。因此培養孩子的愛心，要從孩子很小的時候培養起。在嬰兒時期，父母要經常愛撫孩子，對孩子微笑，讓孩子感受到父母對他的愛，這是孩子萌生愛心的起點。隨著孩子一天天長大，父母要把自己當作孩子的玩伴，陪孩子遊戲、聊天、學習，讓孩子感受到家庭的溫暖，感受到被愛的幸福，為孩子奉獻愛心打下基礎。

2. 父母要富有愛心：家長是孩子的第一任老師，舉手投足都會為孩子留下深刻的印象，要讓孩子有愛心，家長就要做出有愛心的行動。比如要孩

第八章　杜絕小問題，塑造好品行

子愛父母，家長就得愛孩子的祖父母，為孩子做好表率。孩子的心是潔白無瑕的，從小在孩子的心中種下愛的種子，孩子必將成為愛父母、愛他人、愛社會的人。

有一對知識分子父母，他們深深地懂得父母的言行在孩子成長中所起的重要作用。他們總是以身作則，並以此去引導孩子。他們孝順長輩，在家裡，總是主動為長輩倒茶、盛飯，搬凳子；逢年過節幫長輩東西、送長輩禮物，父母總是會讓孩子知道，還常常請孩子發表意見該送長輩什麼禮物。每逢公司旅遊或活動，如果能帶家屬，他們總是帶上孩子和長輩，既讓孩子與長輩都能開闊眼界，更重要的是，讓孩子從中體會到父母對長輩的關心。

他們關心孩子，對孩子說話總是溫和體貼，還常常與孩子進行情感的交流，給孩子適當的鼓勵和表揚，讓孩子直接感受到父母對自己的愛。

他們夫妻之間互相關心，在餐桌上，總是不忘幫彼此夾愛吃的菜；每逢出差，在幫孩子買禮物的同時，總不忘幫愛人也買一份；吃東西的時候，他們總會提醒孩子幫爸爸或媽媽留一份。他們還注意使用愛的語言，比如「你辛苦了，先休息一下！」「別著急，我來幫你！」「謝謝你為我所做的一切！」等。

這樣，孩子在父母的引導下，也學會了去愛他人。

3. 培養孩子的共情能力：所謂共情能力是指能夠設身處地為他人著想、感受他人情感的能力。比如當看到別人生病疼痛時，要讓孩子結合自己的疼痛經驗而感受到並體諒到他人的痛苦，進而為他人提供力所能及的物質或精神上的幫助。

4. 為孩子提供奉獻愛心的機會：許多父母只知道一味地疼愛孩子，卻忽略了提供孩子奉獻愛心的機會。其實施愛與接受愛是相互的，如果讓孩子

只是接受愛，漸漸地，他們就喪失了施愛的能力，只知道索取而不知道給予，並且覺得父母關心他是理所當然的。有的父母以為給孩子多點關心和疼愛，等他長大了，就會孝敬父母、疼愛父母。其實這是一種誤解，你沒有給孩子學習關愛的機會，他們怎麼會關愛父母呢？還有的父母認為孩子的任務就是學習，其他的都不重要，只有學習好了，將來才會有一個好的前程，於是什麼事都為孩子著想，導致孩子衣來伸手，飯來張口。學習固然重要，但是孩子的性格、習慣、品格、心理對孩子的成長、成才更重要，並且這些都是需要在生活、學習中培養的，不會一蹴而就。

5. 透過讓孩子照顧寵物或者種植植物表達自己的愛心：家長可以透過讓孩子自己照顧寵物或者種植植物來表達自己的愛心，孩子從這樣的行為可以學會最基本的責任心，從而成為善解人意的孩子。

有條件的家長可以在家中餵養一些小雞、小鴨、小貓、小狗等，讓孩子養成愛惜小生命的品德，有利於培養孩子的愛心。人們發現，幼年時期飼養過小動物的孩子，感情比較細膩，心地比較善良。相反地，從小沒有接觸過小動物的孩子性格比較冷漠，與同學發生衝突時表現為衝動易怒，出口傷人，行為粗魯，並且會欺負弱小的同學。

所以，只要孩子願意養小動物和植物，父母就盡可能允許他去養。在家中養一些小狗、小貓、金魚等小動物，或者養一些花花草草，讓孩子去照顧，這樣往往能夠培養孩子的愛心。

6. 保護好孩子的愛心：有時候父母由於工作忙或其他原因，對孩子表現出來的愛心視而不見，把孩子的愛心扼殺在萌芽階段。比如有個小女孩為剛下班的媽媽倒了一杯茶，媽媽卻著急地說：「去去去，快去寫作業，不用妳倒茶。」再比如有個小孩蹲在地上幫一隻受傷的小雞包紮，小孩

的媽媽生氣地說：「誰叫你摸牠的，小雞多髒呀！」孩子的愛心就這樣被父母剝奪了。事實上，在很多情況下父母並不知道自己的行為會在不經意間傷害或剝奪孩子的愛心。

7. 利用電視等，對孩子進行愛心教育：多向孩子講些有關愛的故事，多讓他看和愛有關的短片來激發愛心，家長還可透過卡通引導孩子認識「愛心」。讓孩子在看卡通的過程中，受到愛心教育。

古話說：「愛人者，人恆愛之。敬人者，人恆敬之」愛是相互的，只有對他人付出愛，才會得到別人的愛。身為家長，如果在孩子小的時候就深諳此道理，並給予孩子正確的愛心教育和培養，等到孩子長大以後，自然就懂得用自己的愛心來贏得他人乃至全社會的愛。這樣的孩子，將會生活得更幸福、美滿。

教育孩子要信守承諾

曾經有人在企業經理人員中做過一個調查，調查問卷的題目有兩個：一是「你最願意結交什麼樣的人」；二是「你最不願意結交什麼樣的人」。調查結果是：在「最願意結交」的人中，「正直誠信的人」排在了第一位；在「最不願結交」的人中，「不守信的人」排在了第一位。可見，「誠信」是主事之根、為人之本。

正所謂「無信不立」。重諾言、守信用不僅體現著相互信任，而且也體現著道德的教養。

當今社會，對孩子的誠信教育已經成為了家庭教育和社會教育中重要的組成部分。如果我們的孩子能從小養成守信用的好習慣，必定能為自己的人生鋪墊更加平坦的道路，獲得更多成功的機會！

那麼，如何使我們的孩子做到信守承諾呢？

1. 父母應對孩子講誠信：不要隨意對孩子許下諾言，在向孩子許下諾言之前一定要三思，不能言而無信，在日常生活中，一旦允諾給孩子什麼，就要努力兌現。

   有一次，曾子的妻子要出門，兒子要跟著一起去。她覺得孩子跟著很不方便，想讓孩子留在家裡，於是對兒子說：「好兒子，你別哭，你在家裡等著，媽媽回來殺豬燉肉給你吃。」兒子聽說有肉吃，就答應留在家裡。曾子把這一切看在眼裡，記在心裡。

   當曾子的妻子回到家時，看到曾子正在磨刀，就問曾子磨刀做什麼，曾子說：「殺豬燉肉給兒子吃。」妻子說：「那只是說說哄孩子高興的，怎麼能當真呢？」

   曾子語重心長地對妻子說：「妳要知道，孩子是欺騙不得的。如果父母說話不算數，孩子長大後就不會講信用。」於是，曾子與妻子一起把豬殺了，做了香噴噴的燉肉給兒子吃。

   在日常生活中，我們經常會聽到媽媽這樣警告孩子：「如果你再撒謊，我就用針把你的嘴縫起來。」但有人問這位母親：「如果孩子真的撒謊了，妳真會縫上他的嘴嗎？」顯然，這位媽媽對孩子說的話本身就是不現實的，用這種方式來教導孩子不要撒謊是非常不可取的。

   要想孩子養成守信的品格，媽媽首先要做到言行一致。如果媽媽言行不一，不履行承諾，孩子就會受到暗示，跟著模仿。例如，媽媽如果答應孩子，星期天帶他到公園去玩，就一定要去。如果兌現不了，應及時向孩子解釋、道歉，讓孩子理解和原諒父母，事後父母應設法兌現自己的承諾。

2. 要培養孩子樹立誠信觀：孩子的思想是單純的，父母要為他們樹立一種誠信為大的觀念。教育他們與朋友結交要真心，對老師、父母不說假

話，作業不抄襲，考試不作弊，對待他人要做到「己所不欲，勿施於人」，答應別人的事情就要做到，做不到就要道歉，並接受懲罰。

3. 給予孩子充分的信任：父母尊重信任孩子，孩子才會反過來更加尊重、信任父母。

然而，在現實生活中，我們經常會看到這樣的父母：他們要求孩子吃完飯在房間裡讀書半小時，結果卻每隔五分鐘進去看一下孩子是否在偷懶；他們要求孩子去買件東西，也總是擔心孩子把多餘的錢買零食吃。

父母們的這些行為，往往導致孩子用撒謊來對抗，而父母們卻認為自己的懷疑是有根據的，這就更加滋長了孩子的不誠信。蘇聯的教育家馬卡連柯（Makarenko）非常注重對孩子的信任，他認為，信任可以培養孩子的誠信。

有一次，馬卡連柯派一個曾經是小偷的學生去幾十里外取回一筆數額不少的錢。這位學生由於曾經偷過東西，在同學的眼中被視為異類，沒人想要與他來往，他非常渴望得到信任。

接到馬卡連柯的任務後，這位學生簡直不敢相信這是真的，他問馬卡連柯：「校長，如果我取了錢不回來了，你會怎麼辦呀？」馬卡連柯平靜地回答：「這怎麼可能？我相信你是一個誠實的孩子，快去吧！」當這位學生把錢交給馬卡連柯的時候，他要求馬卡連柯再數一遍。馬卡連柯卻說：「你數過了就行。」於是，隨手把錢扔進了抽屜。

事後，這位學生是這樣描述自己的心情的：「當我帶著錢在路上的時候，一路上我都在想，要是有人來襲擊我，哪怕有十個人，或者更多，我也會像狼一樣撲上去，用牙咬他們、撕他們，除非他們把我殺死！」

馬卡連柯就是運用信任的方法培養了這位學生誠信的行為。因為，用信任才能換來誠信。

4. 從小對孩子進行誠實教育：在日常生活中，家長可以多向孩子講一些誠實的故事，從小以正確的引導和教育灌輸給孩子，使孩子從小就在潛移默化中認識到誠實的孩子受人喜歡，說謊的孩子不受人喜歡。

5. 透過實例讓孩子明白誠信的重要性：進行誠信品格教育，家長需要借助實例、故事的形式講給孩子聽，讓孩子明白誠信對一個人來說是非常重要的，不誠信會帶來什麼惡果，誠信會有什麼收穫。

   在美國華盛頓州塔科馬市，10 歲的漢森正在與小朋友在家門口的空地上玩棒球。一不小心，漢森將球擲到鄰居的汽車上，把車窗玻璃打壞了。

   其他小朋友見闖了禍，都嚇得逃回了家。漢森呆呆地站立了一下子，決定親自登門承認錯誤。剛搬來的鄰居原諒了漢森，但還是將這件事告訴了漢森的父母。當晚，漢森向父親表示，他願意將替人送報紙儲蓄起來的錢賠償鄰居的損失。

   第二天，漢森在父親的陪同下，又一次去敲鄰居家的門，表示自己願意賠償。鄰居聽了漢森的話，笑著說：「好吧，你如此誠信，又願意承擔責任，我不但不怪罪於你，而且從心裡佩服你，希望你經常到我家裡來玩，我喜歡誠信的孩子。」

   由此可見，誠信自有它的報償。如果你的孩子付出誠信，他就會收獲信賴；如果你的孩子付出虛偽，他就會得到欺騙。

6. 幫助提高孩子的認知水準：孩子有時表現出的不守信用的現象，是由於孩子對事物認知不足，總是把希望、幻想當成現實存在的，因此容易導致孩子做出不守信用的事情。所以培養孩子面對現實，認清現實，減少對現實的誇大等意識，可以幫助減少孩子不守信用的情況。

7. 切忌不問緣由懲罰孩子的「撒謊」：孩子不是生來就會撒謊的，說謊的原因可能是受到了父母的不良影響、父母對孩子不守信用、孩子害怕說

真話受到父母責罵，或者孩子只是即興而為。發現孩子撒謊，正確的做法應該是耐心地啟發孩子，讓孩子認識到自己的錯誤，如果孩子承認了錯誤，父母應該諒解孩子並施以鼓勵和監督。

8. 對孩子遵守誠信的言行要及時表揚和鼓勵：例如：孩子答應了要把自己心愛的玩具送給朋友，並且真的做到了，這時家長應給予表揚，而不要心疼玩具被孩子送人而斥責他。家長應鼓勵孩子不管在什麼時候都要做到說話算話、遵守誠信的原則。

此外，家長還應該告訴孩子，在承諾別人之前一定要慎重，考慮自己的確能夠做到的再答應別人，不然就失信於人了。特別是「天天」、「永遠」這樣的詞不能輕易用，因為通常做不到。也就是說承諾與應諾都應該適度，留有餘地，不要心血來潮胡亂答應。一旦答應了別人的事情，沒有做到，就等於食言了，一個經常食言的人，是談不上有誠信的。

教孩子做一個勇敢的人

在香港一家商場的玩具櫃檯前，站著一對父女。5歲的小女孩怯生生地拉住父親的衣襟，懇求父親再玩一下子。其實，她並不是貪玩的孩子，她只是被櫃檯裡漂亮的娃娃吸引住了，眼睛裡全是想要得到的渴望。

父親卻故意裝作看不出女兒的心思，他決定女兒不說出來她想要什麼，他就不去主動買給她。他認為，女兒想要什麼，應該要有說出來的勇氣，而不應畏畏縮縮。

小女孩在櫃檯前不肯離開，想說出要求，又怕父親拒絕，一臉的憂鬱。終於忍不住了，小女孩用細若蚊蠅的聲音說：「爸爸，我……我想要一個娃娃。」

「什麼？說話別吞吞吐吐，想買什麼就大聲說出來。」

「我要洋娃娃！」小女孩大聲說。爸爸笑了，於是小女孩得到了一個洋娃娃。從這件事中，小女孩也得到了一個經驗，在以後的日子裡，無論對父母有什麼要求，她都會直言不諱地提出來。

這父女倆，就是香港著名財經作家梁鳳儀和她的父親梁卓先生。

梁卓早年單槍匹馬開創事業的經歷，使他養成了敢說敢做的堅毅性格。他認為一個人要想成功，就不能唯唯諾諾、人云亦云，懦弱不言的人不但令人無法與他交流，也難以表現他自己的能力。

出於這樣的考慮，梁卓在教育女兒梁鳳儀時，首先就是培養女兒堅決、果斷的性格。在成長的過程中，每當梁鳳儀讓父親幫忙出計策時，梁卓就說：「妳想做的事情，妳自己決定。」父親的堅定態度，使梁鳳儀養成了一切都靠自己的習慣。

上大學時，梁鳳儀的表現非常突出，性格潑辣外向、敢作敢為。她寫劇本、演戲、當電視主持人，都做得有板有眼。畢業後，她進入香港大公司新鴻基集團，照樣無畏地打拚，最終成為最高層主管，在男人的霸業中，贏得了一席之地。

正如一位哲人曾經說的：「勇敢和智慧，是一對孿生兄弟，你如果沒有勇氣叩開你想走進的那扇大門，那麼，你永遠都不可能知道那門後的秘密。」這個故事就是一個很好的例證。

當然，對於孩子來說，勇敢不僅能為他們贏得成功的機會，更蘊含著生的希望。因為「勇敢減輕了命運的打擊」。

那麼，家長應如何把孩子培養成一個勇敢的人呢？專家建議：

1. 教孩子正視自己畏懼的事物，認清它的真面目，並且堅定地抗拒它：讓孩子在面對自己畏懼的事物時，採取堅強的行動，直面讓自己害怕的人

第八章　杜絕小問題，塑造好品行

或者物，同時輔之以積極的自我暗示、自我激勵。如「這點區區小事不值得害怕」，「別人能做到我也能做到」，從而為自己打氣、壯膽。在困難與阻力面前要有一股勇氣和氣勢，從而戰勝自己的畏懼怯懦，迎著困難與壓力邁出關鍵的第一步，並義無反顧地大膽往前走。

2. 讓孩子提高勇氣，大膽走出個人的小天地：在平時讓孩子模仿和學習一些泰然自若、活躍開朗的人的言談舉止，使其養成鎮定、從容、落落大方的習慣。只要能這麼做，在今後的各種社交場合裡，孩子才不會瞠目結舌、言不達意了。

3. 讓孩子重新樹立信心：信心的力量就像身體裡的腎上腺素，可以在危機中發揮出你令人驚異的潛力來。恐懼之所以能打敗我們，使我們不敢前進、自覺虛弱渺小，那是因為我們的心智受到了恐懼的左右。然而，一旦危機出現，信心就會使我們冒出一種以前一直隱藏著而沒有發揮出來的超級力量，使我們做出前所未有的事來。

4. 讓孩子時刻保持內心的平靜：心中不要有任何妄念和衝突，用正常的、自然的態度來處理情況。事先採取一些預防措施，相信自己，也相信別人，然後正常發揮、毫無畏懼地做自己該做的事。

5. 教孩子不要把憂慮和懼怕隱藏在心中：許多人有憂慮與不安時，總是深藏於心間，不肯坦白地說出來，其實，這種辦法是很愚蠢的。內心有憂慮煩悶，應該盡量坦白地講出來，這不但可以替自己從心理上找出一條出路，也有助於恢復頭腦的理智，把不必要的憂慮與恐懼除去。

6. 激勵孩子不要怕困難：人遇到困難，往往是成功的先兆，只有不怕困難的人，才可以戰勝任何的憂慮和恐懼。

7. 引導孩子把自己力有未逮之事暫時拋一邊：因為每個人的能力都是有限的，並且每個人的擅長不同，不能相提並論。對於自己能力無法企及的

事，何必去想它呢？時時去想一件辦不到的事，就會令人憂慮不安，因此不妨先暫時罷手，把它拋在一邊。

8. 告訴孩子，不要在別人面前訴苦：心中有什麼苦悶，當然可以向要好的親友訴說，可是過多地在別人面前訴苦，博取別人的同情，更會覺得自己遭遇不幸。

值得家長們注意的是，培養孩子的勇敢之心，並不等於說強迫孩子做他們不喜歡做的事情，事實上，強迫不能培育出勇氣。

曾有這麼一則新聞：

一個年輕的父親將 3 歲的兒子放在摩托車前面的踏板上，讓他自己站著，抓緊車座，父親則騎著摩托車左搖右晃地飛馳，兒子被嚇得哇哇大哭，行人驚呼危險，父親也不顧。終於有人強行將摩托車攔下，那位父親大聲斥責，兒子愛哭，此舉就是要為他練膽，怪別人「管太多」。

孩子為什麼愛哭？就是因為沒有安全感！而他為什麼沒有安全感？從這位父親「練膽」的方式上，就可以推測出孩子平時的生活恐怕難以得到細緻的呵護，更遑論心理上的支持和人格上的尊重了。孩子並非天生膽小，是世界讓他感到危險，他才有了恐懼和退縮之心。身為父母，如果不去尋找孩子的恐懼之源加以安撫，反而施以更大的恐懼，就顯得有些「南轅北轍」了。

因此，如果你的孩子在某些時候表現出膽怯，家長不該責備孩子，應該了解孩子，關注孩子的需求，這樣才能更好地培養孩子的勇氣。

第八章　杜絕小問題，塑造好品行

讓孩子從小學會感恩

「感恩」二字在字典裡給的定義是：「對別人所給的幫助表示感激」。一個人在感恩的時候，他的內心就在承受更大的恩，這恩是來自他自身的善意，因此，他才會活得快樂而堅定、勇敢而有力量。因為懂得感恩，他們看待問題不會偏激，考量每件事時不會只顧自己，他會顧全別人的感受，推己及人。

而一個懂得感恩的孩子更會快樂、幸福、樂觀、容易滿足，他們不會因為小小的不如意就怨天尤人，不會因為一點點的失落就煩惱不已。一個懂得感恩的孩子內心是溫暖的，因為，他們始終覺得自己是被喜愛、被幫助、被關懷的，孤獨感因此而驅散，對世界的懷疑和對抗也因此而消弭。這樣的孩子更熱愛生活、珍惜生命，心態也更平和。

然而，在現實生活中，卻有這麼一些孩子，他們極盡考究地講究吃穿玩樂。他們習慣於父母無微不至的愛而不知道感恩，習慣於接受他人的幫助而不說「謝謝」，習慣於充足的物質享受而不懂得珍惜。他們多數人記不住父母的生日；對來自父母的照顧視為理所當然；攀比心強，不懂得珍惜幸福生活；不服父母、師長的管教……這樣的孩子，只懂得索取，不懂得回報，其情感是匱乏的，內心更是貧瘠的，他們哪怕遇到一點點的不順利都會怨天尤人，把自己的「不順」歸結於他人對自己的不公平。這對孩子的成長極為不利，因為這樣的孩子更經不起風雨。

以下就是這麼一個案例。

小邱的學習成績很好。媽媽每天在家裡為他端茶倒水，伺候得他如同少爺一般。

有一天早上，媽媽因為忙而忘記幫他裝水了，結果小邱走出門了發現水壺沒裝水，又退回來，狠狠地對他媽媽講：「都是妳害的，害得我要遲到了！」

還有一次，小邱要參加朗讀賽，媽媽忘了把他的筆記本帶來，他也當著大家的面對著媽媽大發脾氣，一定要媽媽回家把筆記本帶來才肯上臺，因為他有一句重要的臺詞記在筆記本裡了。等到媽媽把筆記本拿來，比賽已經結束了，而他因為發揮不好沒有取得名次，這下更是責怪媽媽「服務」不周，如果不是因為她忘記了帶筆記本，他肯定會取得第一名。說著說著，索性在大家面前對媽媽又推又打的。

這時候，小邱的媽媽才意識到自己平日對孩子溺愛過多而教育不夠，是自己把孩子的事情當自己的事情來做，以至於孩子把媽媽為他做的事情視為理所當然，絲毫不懂得尊重媽媽，不懂得感謝媽媽的付出。

可想而知，當時，媽媽有多心寒！

事實上，父母愛孩子，這是一種發自內心的情感，這種情感驅使父母願意為自己的孩子做很多很多的事。而他們恰恰忽略了一個問題，對孩子進行感恩教育，也就是教育孩子，對於別人的付出，一定要表示感謝，心懷感激。孩子只有心懷感激，才能把這種感激轉化為成長的動力。

有一位孩子名叫阿遠，他家境貧寒，父親左手殘疾，母親癡呆。因為從小就知道父母的艱辛與不易，小小年紀的阿遠顯得比其他的同齡人更加成熟與懂事，他除了更加勤奮刻苦地學習，以此來報答親人對他的期望，還想方設法減輕家裡的負擔。

為了節省作業本，他寫了擦，擦了寫，至少要寫三遍；為了節省鞋子，暮春時，他就光腳，一直到立秋才穿鞋；若是遇到下雨、下雪天，即便是冬天，他也要脫下鞋走路；假期還去工地打工。

他的故事感動了千千萬萬的人，因此，大家為他捐款、捐物，資助他學習。而他對於大家的幫助始終心懷感激，更加努力地學習，且不負眾望，取得了好成績。他說，他要把這種愛傳播出去，要做更多的事情回報這個關愛他的社會。

第八章　杜絕小問題，塑造好品行

這就是感恩的力量。那麼，我們如何才能讓孩子懂得感恩呢？

1. 父母要反思自己的行為：孩子缺乏感恩之心，與父母有很大的關係。有的家長對待親人、朋友很吝嗇，不知道給予愛，而是一味索取，比如對老人不孝，對家人不好，得到朋友的幫助，不知道感謝。所以，在教育孩子時，父母首先應該反省自己：在接受別人的關懷、幫助、祝賀時，是否表示過真誠的謝意？除此之外，淡化甚至忽略對孩子感恩意識的培養，讓孩子感受不到父母的關愛，將孩子萌芽的感恩之心扼殺掉的行為，也是孩子長大後不懂感恩的原因之一。

2. 父母應身體力行，讓孩子看到你對長輩的孝道：孝順長輩是日常生活裡讓孩子體會感恩的最基本做法。平時多幫自己的父母做家務，並且告訴孩子：「爺爺奶奶年紀大了，自己煮飯、打掃都很辛苦，平常沒有幫到忙，所以回來時要多為父母盡點力。」這樣一來，孩子看到了父母的行動，也了解到了感恩的意義，以後也會和父母一起做家務。

3. 家長應該讓孩子知道：愛應當是雙向的，滴水之恩當湧泉相報：一個只懂得向他人索取而不懂得回報的孩子，長大後將不僅不懂得孝道，不知回報親人，更不會幫助他人，自然也不會得到他人的相助。

4. 讓孩子學會感謝自己身邊的人：家長在與身邊的人乃至不認識的人相處時，都要給予積極的幫助，並且在得到他們的幫助時，要把自己的感恩之心傳遞給孩子，讓孩子也感覺到他人給予的恩，不能忘卻。

要培養孩子的感恩之心，家長應讓孩子學會從感謝身邊的人開始。

1. 感謝自己的母親：母親既給了孩子生命，又哺育孩子成長。母親應該多向孩子講述他們成長的故事，使孩子從小意識到自己並不是從石頭裡蹦出來的，也不是從天橋撿來的，而是媽媽一點一滴養大的。當然，媽媽

在講述時要自然，情感要真摯，不可讓孩子覺得你在「居功自傲」，要讓孩子體會到無私和高尚的母愛。在歡慶孩生日的同時，細心的父親不應該忘記在兒子切生日蛋糕前，叫兒子選一束花給媽媽，感謝媽媽在這一天迎接他來到這個世界上。

2. 感謝自己的父親：所有的母親都要教育孩子尊敬和熱愛他們的父親。告訴孩子父親的辛勞，父親為這個家庭所做的種種犧牲和努力。父親是家庭這艘大船的船長，感謝他給了我們安全和溫暖的家。教育孩子好好學習、好好做人，以報答父親的辛勤。

3. 讓孩子感謝自己的朋友：有不少父母因為對孩子的世界漫不經心，所以常常會忽視孩子與同儕之間的友情，結果造成對孩子的傷害。事實上，做父母的應該重視孩子們之間的友誼。在孩子的世界裡自有一種父母無法想像的「法則」和相互間不可忽視的影響力。

4. 感謝老師和學校：學校從父母懷中把孩子接過去，將孩子變成了強健、善良、勤勉的少年。父母常常告誡孩子在學校要聽老師的話，但是要真正使孩子聽老師的話，首先要讓孩子尊敬老師，能細心體會到老師的辛勤而感謝老師。家長不能在孩子面前的面批評老師或學校，一旦教師和學校在孩子心中失去了威信，那麼孩子教育的危機也就來了，他將不再聽從教師的教導，你也就無計可施了。因此，父母們千萬要維護教師的威望，這是為你的孩子著想。

感恩教育是家庭教育的重中之重。一個懂得感恩的孩子會更珍惜自己的生活，會善於發現事物的美好，會感謝他人給予的一切，會感受平凡中的美麗，這樣他們才會以坦蕩的心境、開闊的胸懷來應對生活中的酸甜苦辣。讓孩子學會感恩，才能讓孩子以友善之心對待他人，尊重他人的勞動，從而更加尊重自己。總之，懂得感恩的孩子，他的內心永遠不會貧瘠！

誰教壞了你的孩子：

愛說謊、亂打人、沒禮貌，不立即糾正，小心孩子越長越歪！

編　　著：孫桂菲，陳雪梅

發 行 人：黃振庭

出 版 者：崧燁文化事業有限公司

發 行 者：崧燁文化事業有限公司

E - m a i l：sonbookservice@gmail.com

粉 絲 頁：https://www.facebook.com/
　　　　　sonbookss/

網　　址：https://sonbook.net/

地　　址：台北市中正區重慶南路一段六十一號八
　　　　　樓 815 室

Rm. 815, 8F., No.61, Sec. 1, Chongqing S. Rd.,
Zhongzheng Dist., Taipei City 100, Taiwan

電　　話：(02)2370-3310

傳　　真：(02)2388-1990

印　　刷：京峯彩色印刷有限公司（京峰數位）

律師顧問：廣華律師事務所 張珮琦律師

定　　價：399 元

發行日期：2022 年 09 月第一版

◎本書以 POD 印製

國家圖書館出版品預行編目資料

誰教壞了你的孩子：愛說謊、亂打
人、沒禮貌，不立即糾正，小心孩
子越長越歪！/ 孫桂菲，陳雪梅編
著 . -- 第一版 . -- 臺北市：崧燁文
化事業有限公司 , 2022.09
　面；　公分
POD 版
ISBN 978-626-332-654-5(平裝)
1.CST: 親職教育 2.CST: 子女教育
528.2　　111012449

電子書購買

臉書